Ute Leimgruber (Hg.)

Catholic Women
Menschen aus aller Welt für eine gerechtere Kirche

Catholic Women

Menschen aus aller Welt für eine gerechtere Kirche

Herausgegeben von
Ute Leimgruber

Unter Mitarbeit von
Anna-Nicole Heinrich und Magdalena Hürten

Übersetzt von
Magdalena Hürten und Ute Leimgruber

echter

Bibliografische Information der Deutschen Nationalbibliothek
Die Deutsche Nationalbibliothek verzeichnet diese Publikation
in der Deutschen Nationalbibliografie; detaillierte bibliografische
Daten sind im Internet über ‹http://dnb.d-nb.de› abrufbar.

© 2021 Echter Verlag GmbH, Würzburg
www.echter.de

Umschlag: wunderlichundweigand.de
Covermotiv: © Angelina Bambina/shutterstock.com
Satz: Satzsystem metiTec, me-ti GmbH, Berlin
Druck und Bindung: CPI - Clausen & Bosse, Leck

ISBN 978-3-429-05653-7 (Print)
ISBN 978-3-429-05169-3 (PDF)
ISBN 978-3-429-06548-5 (ePub)

Inhalt

Teil 2: Initiativen, Organisationen und die Synodalität der Kirche – Engagierte Netzwerker*innen

Teil 3: Zwischen Ordo und Lai*innenapostolat – Frauen in Diensten und Ämtern in der Kirche

In weltweiter Solidarität verbunden erheben Frauen ihre Stimme

Einführung

„Und wenn ich nun mal eine Frau bin? Ist nicht der Gott der vergangenen Tage auch der Gott unserer modernen Zeit? Berief er nicht Debora, eine Mutter und Richterin in Israel zu sein? Rettete nicht Königin Ester den Juden das Leben? Und war nicht Maria Magdalena die Erste, die erklärte, dass Christus von den Toten auferstanden war? (...) Wüsste Paulus um unsere Entbehrungen und das Unrecht, das uns widerfährt, er würde keinen Einspruch dagegen erheben, dass wir öffentlich um unsere Rechte bitten."

(Maria Stewart, 1803–1879, afroamerikanische Aktivistin, Lehrerin, Kämpferin gegen Sklaverei und für Frauenrechte; Zitat aus ihrer „Abschiedsrede" von 1833)[1]

Im Frühjahr 2020 erschien in Deutschland eine Ausgabe der Zeitschrift *Lebendige Seelsorge*, die zum ersten Mal in der Geschichte der Zeitschrift nur Beiträge von weiblichen Autorinnen beinhaltet: *Catholic Women. Ein internationales Frauenheft* (LS 3/2020). Die Beiträge stammen von deutschsprachigen und nicht-deutschsprachigen Autorinnen, und die Vielfalt und das Verbindende der Anliegen von Frauen weltweit werden deutlich sichtbar. Aus meiner Arbeit als Schriftleiterin an diesem „Frauenheft" der Lebendigen Seelsorge ist die Idee für dieses Buch entstanden.

Viele katholisch gläubige Frauen sehen sich im 21. Jahrhundert, nicht nur in den Ländern des globalen Nordens,

---

1 Zit. nach Russell, Anna/Pinheiro, Camila, Wenn nicht ich, wer dann? Große Reden großer Frauen, München 2019, 18.

sondern weltweit, in einer kaum mehr überbrückbaren Diskrepanz von gesellschaftlichen Selbstverständlichkeiten und kirchlichen Rollenzwängen, von misogynen Strukturen und modernen Freiheiten. Viele Katholik*innen[2] erheben teils seit vielen Jahren und in vielen Ländern der Erde ihre Stimme gegen die erfahrenen Diskriminierungen, gegen Fremdbestimmung und geschlechtsspezifische Benachteiligungen. Es ist ihnen ein Anliegen, die Kirche – ihre Kirche – gerechter und menschenfreundlicher zu machen, jenseits von einengenden Geschlechterzuschreibungen und im Bewusstsein kultureller und regionaler Unterschiede. Papst Johannes XXIII. hat in *Pacem in terris* die Frauenemanzipation in der Gesellschaft als ein Zeichen der Zeit herausgestellt. Für die Binnenorganisation der Kirche war die Frage nach der Rolle von Frauen gleichwohl stets umstritten. Viele Frauenverbände, Vertreterinnen der feministischen Theologien und engagierte Gläubige haben sich für eine Gleichberechtigung von Frauen und Männern auch in der katholischen Kirche und für den Abbau von patriarchalen Herrschaftsstrukturen eingesetzt. Religiöse Frauenbewegungen, häufig auch ökumenisch, entstanden in Ländern des Nordens ebenso wie des globalen Südens. Sie zeichnen sich aus durch die Suche nach einer inklusiven Sprache, eine feministische und interkulturelle bzw. post-koloniale Lektüre der Bibel und eine feministische Befreiungstheologie. Frauen kämpften schon früh gemeinsam für Frieden

---

2   Dieses Buch sieht sich dem Anliegen einer genderinklusiven Sprache verpflichtet. In Absprache mit den Autorinnen verwenden wir in den meisten Artikeln den Asterisken (z. B. Katholik*innen). Wir sind uns der kontroversen und unabgeschlossenen Diskussionen diesbezüglich bewusst. Mit der Bezeichnung „Frauen" sind alle gemeint, die sich selbst mit dieser Bezeichnung identifizieren. Trans nichtbinäre Menschen sind ebenfalls im Bewusstsein, dem Thema widmet sich der Beitrag von Mara Klein.

und Versöhnung, Ökologie und gerechte Lebensbedingungen, wie z. B. die Geschichte des Weltgebetstags beweist. Und doch: trotz aller Anstrengungen konnten viele Ziele bis heute nicht erreicht werden. Das theologische Denksystem und die Organisation gerade der katholischen Kirche sind nach wie vor zutiefst patriarchal und androzentrisch, Frauen sind von vielen Entscheidungen ausgeschlossen, weltweit erfahren Frauen und trans Menschen auch in der Kirche spirituellen und sexuellen Missbrauch, Gewalt und Unterdrückung.

In der deutschen Kirche wurde die Wichtigkeit der Frauenfrage mittlerweile von den kirchlich Verantwortlichen anerkannt. Der Synodale Weg hat neben den drei inhaltlichen Foren zu den Themen Macht, Sexualität und Priester noch ein viertes Forum ins Leben gerufen, das sich mit „Frauen in Diensten und Ämtern in der Kirche" beschäftigt. „Die Thematik Frau in der Kirche ist die dringendste Zukunftsfrage", formulierte am 4. März 2020 der Vorsitzende der Deutschen Bischofskonferenz, der Limburger Bischof Georg Bätzing. Weiter sagte er: „Wir werden nicht mehr warten können, dass Frauen zu gleichen Rechten kommen" (Interview im ARD-Morgenmagazin, 4. 3. 2020). Doch die Beharrungskräfte sind enorm. Forderungen nach echter Partizipation, Gleichberechtigung und einem Zugang von Frauen zu allen Diensten und Ämtern der Kirche werden von den Gegner*innen der Reformprozesse zurückgewiesen, häufig mit dem Argument ‚Weltkirche': Man müsse stets die Einheit der ‚Weltkirche' im Blick haben und diesbezüglich wären Veränderungswünsche aus einzelnen Regionen eher kontraproduktiv. Dass dieses Argument im Blick auf Frauen und Menschenrechte in der katholischen Kirche nicht verfängt, zeigt das vorliegende Buch.

„The problem with gender is that it describes how we should be rather than recognizing how we are. Imagine how much happier we would be, how much freer to be our true individual selves, if we didn't have the weight of gender expectations."
(Chimamanda Ngozi Adichie, We Should All be Feminists, TED Talk 2012)

Die Frage nach Frauen in der Kirche, nach *Gender Issues* und Geschlechtergerechtigkeit ist keine des 20. oder 21. Jahrhunderts. Im Gegenteil. Seit jeher sind Frauen mit Ausgrenzung, Ausbeutung und geschlechterspezifischer Gewalt konfrontiert, und ebenso lang kämpfen sie dagegen. Sie tun es in ihren jeweiligen Ländern und Kulturen, in ihren Religionen und Kirchen, auf unterschiedliche Weise und mit unterschiedlichem Erfolg. Die Geschlechterhierarchien können historisch von der Antike bis in die Moderne nachgezeichnet werden. Vorstellungen darüber, was Frauen „dürfen", wie Frauen „sind" und wie sie zu sein haben, ihr Ausschluss vom öffentlichen Leben, von Bildung und Entscheidungsprozessen sind in patriarchale Ordnungen und Strukturen eingebettet. Insbesondere wissenschaftliche und religiöse Systeme waren (und sind großteils immer noch) männliche Herrschaftsbereiche, die Geschlechtervorstellungen normativ beschreiben, ideologisch begründen und praktisch durchsetzen. Blickt man in die Kirchengeschichte, findet man zahllose Beispiele von Frauen, die an den Grenzen, die ihnen aufgrund ihres Geschlechts vorgegeben worden waren, gescheitert sind, die daran gelitten haben, die sich dagegen – offen oder subversiv – aufgelehnt haben, aber auch nicht wenige, die die Grenzen verschieben konnten. Blickt man auf theologische Überlieferungsprozesse, findet man epistemische Grenzen mit enormen kulturellen Konsequenzen. Viele Frauen wurden von der Tradition verunsichtbart. Aus der frühen Zeit des

Christentums und der Antike sind etliche solcher Verunsicht-barungen erforscht, besonders bekannt ist der *Gender Shift* der weiblichen Junia zum männlichen Junias (Röm 16,7). Die Forschung hat in den letzten Jahren zunehmend Traditionen und Texte über die Rolle von Frauen in der frühen Kirche beleuchtet, darunter Diakoninnen, Presbyterinnen oder Bischö-finnen (vgl. Taylor Joan E./Ramelli, Ilaria L. E. (Hg.), Patterns of Women's Leadership in Early Christianity, Oxford 2021). Auch wenn hier noch viel Forschungsbedarf besteht, kann im Wissen um diese Forschungen nicht mit eindeutiger Sicher-heit behauptet werden, dass es in der Tradition der Kirche keine Frauen in liturgischen und Leitungsämtern gegeben habe – und es sollte nicht mit Verweis auf eine vermeintli-che ‚ununterbrochene kirchliche Tradition' den Frauen der gleichberechtigte Zugang zu Ämtern heute verweigert wer-den. Es wird damit über die historischen Erkenntnisse hinaus eine theologische Tradition offengelegt, die mit männlicher Deutungshoheit weibliche Spuren getilgt hat und damit in ihren Tiefen geschlechterungerecht agiert.

Jede soziale und kulturelle Praxis hängt eng mit ihrer ideo-logischen Grundlegung zusammen, und die Bedeutung des Geschlechts unterliegt immer auch seiner sozialen Deutung. Im Fall der christlichen Kirchen ist dies die anthropologische Lehre über „die Frau" – selbstredend von Männern geschrie-ben. Die auf Aristoteles zurückgehende Formulierung von Thomas von Aquin, die Frau sei ein *„mas occasionatus"*, al-so ein missglückter oder verhinderter Mann, schreibt den Frauen intellektuelle und körperliche Defizite zu, aus der ihre kulturelle Rolle geschlussfolgert (und mit der Bibel hinter-legt) wird: dem Mann zu dienen, ihm Kinder zu gebären und ihm unterlegen zu sein. Später, im 18. und 19. Jahrhundert, werden aus den Defiziten der Frau – immer noch im dualen

Gegensatz zum Mann – weibliche Tugenden. Das weibliche ‚Wesen' wird ontologisch geformt, die ideale Frau ist nun in ihrem ‚Sein' vor allem häuslich, zärtlich, mütterlich, emotional unterstützend, hingebungsvoll und aufopfernd. Im politischen und gesellschaftlichen Bereich erstreiten sich viele Frauen im 19. und 20. Jahrhunderten erfolgreich Freiheiten, angefangen von Wahlrecht und Bildungsmöglichkeiten hin zu reproduktiven Rechten und gesellschaftlicher Gleichberechtigung. Säkulare Gesetzestexte benennen in vielen Teilen der Welt die Gleichberechtigung der Geschlechter als ihre Grundlagen (auch wenn die Umsetzung nach wie vor nicht vollends eingeholt ist und die Benachteiligungen durch Rassismus oder Klassismus intersektional potenziert werden). Während also in vielen Gesellschaften Frauenrechte erkämpft werden, wird in kirchlichen lehramtlichen Texten der wesensgemäße Unterschied von Mann und Frau in dieser Zeit vertieft. Von *Familiaris consortio* (1981), *Mulieris dignitatem* (1988) über das *Schreiben über die Zusammenarbeit von Mann und Frau in der Kirche und in der Welt* (2004) bis zu *Amoris laetitia* (2016) wird klar gemacht: weil Männer und Frauen *wesentlich* anders sind, wird es in der Kirche keine Gleichberechtigung geben. Die Texte betonen, dass Frauen, die nicht so handeln und sein wollen, wie es ihnen und ihrem „weiblichen Genius" (AL 172) vom Lehramt zugeschrieben wird, entgegen der Schöpfungsordnung und damit entgegen dem göttlichen Willen agieren. Das wahre Wesen der Frau sei die „Verwirklichung der Mutterschaft" (Zusammenarbeit von Mann und Frau 13), und ihre „speziell fraulichen Fähigkeiten (...) erteilen ihr zugleich Pflichten" (AL 172). Die Frau sei in einer natürlichen Ordnung der Geschlechter diejenige, die soziale Güter, ja das Leben zum Nutzen der anderen gibt, sie sei komplementär hingeordnet zu Männern, die in der Tradition des Petrus ihre „männliche Wesensart" (AL 55) durch aktive Organisation und Leitung z. B. der Kirche verwirklichten. Die lehramtlichen Schreiben idealisieren und wertschätzen ausdrücklich ‚die Frau' und ihr ‚Wesen'. Doch diese vermeintliche Anerkennung hat eine dunkle – und gewalttätig misogyne – Seite. Sie verhindert nicht nur die gleichberechtigte Partizipation von Frauen an den Diensten und Ämtern der Kirche, sondern hat prekäre Auswirkungen auf das ganz konkrete Leben von Frauen, besonders in Ländern, in denen die kulturellen Bedingungen der Gesellschaft auf einem ‚Geschlechtervertrag' beruhen, der besagt, dass Frauen bestimmte Bereiche und Verhaltensweisen, v. a. in der Familie, zugewiesen werden, während Männer das öffentliche und wirtschaftliche Leben bestimmen.

Und genau hier liegt eine Gefahr, auf die viele der in diesem Buch versammelten Texte hinweisen: die ideologische Überhöhung der Frau und ihre idealisierenden Rollenbeschreibungen und -erwartungen hängen eng mit einer männlich codierten Anspruchshaltung in konkreten kulturellen bzw. sozialen Kontexten zusammen. Denn von Frauen wird erwartet, dass sie sich so verhalten, wie es ihr ‚mütterliches Wesen' von ihnen verlangt. Tun sie es nicht, müssen sie mit Sanktionen und negativen Reaktionen für ihr weibliches ‚Fehlverhalten' rechnen. Die Gewaltforschung zeigt, dass Gewalt gegen Frauen durch die Täter häufig als ‚Strafe' für ein ‚normwidriges' Verhalten der Frauen legitimiert wird. Frauen als zärtlich Gebende und fürsorglich Umhegende zu idealisieren verhindert nicht die misogyne Gewalt gegen Frauen – im Gegenteil. Viele der Texte in diesem Buch, u. a. von Ordensfrauen, berichten auch davon. Die Idealisierung von Frauen, ihre geschlechtsbezogene, eindeutig binäre moralische und soziale Festlegung ist im täglichen Leben konkreter Menschen nicht selten eine

Frage von Leben und Tod. Die Genderlehre der Kirche führt in dieser Linie sogar zu mehr und nicht zu weniger Ungleichbehandlung, Ausbeutung und Diskriminierung von Frauen.

„Die Frauenfrage ist ein Thema, das die Hälfte der Menschheit als Individuen betrifft und in allen Kulturen, Gesellschafts- und Staatsformen eine Rolle spielt. Als weltumspannende Institution könnte die katholische Kirche hier eine Vorreiterfunktion übernehmen, um der Ungleichbehandlung, Ausbeutung, Diskriminierung von Frauen auf dem Boden der (...) Botschaft Jesu Christi, (...) seiner Erwählung von Frauen zu Erstzeuginnen der Auferstehung und seines Rufs in die Nachfolge unabhängig von Geschlecht, Herkunft oder Status entgegenzuwirken. Von dieser Voraussetzung sind wir allerdings innerkirchlich weit entfernt."

(Sr. Katharina Ganz, Frauen stören. Und ohne sie hat Kirche keine Zukunft, Würzburg 2021, 34.)

Das Buch gliedert sich in drei große Kapitel. Das erste Kapitel *„Von männlich bis weiblich mit gleicher Würde geschaffen – Frausein und Menschsein in Kirche und Welt"* umfasst Texte, die auf die Erfahrungen von Frauen und nicht-binären Personen in der Kirche unterschiedlicher Länder zielen. Jadranka Rebeka Anić schreibt mit Blick auf die spezifische, national konnotierte Situation der Kirche in Kroatien, Christine Böhl fokussiert die Frauenfrage in der katholischen Kirche in Deutschland. Es folgen Erfahrungsberichte zweier Benediktinerinnen: Sr. Makrina Finlay, eine gebürtige Amerikanerin, die von ihrer Konversion herkommend Fragen zu Geschlechtergerechtigkeit stellt, und Sr. Judith Sakwa Omusa, Ordensfrau in Kenia, deren Text die Präsenz alltäglicher Gewalt gegen Frauen offenlegt. Sr. Nuala Kenny, eine kanadische Ordensfrau, nimmt den Beitrag von Frauen zur Heilung der Kirche in den Blick. Aus einer kirchenhistorischen Perspektive deckt

Regina Heyder die Ambivalenz subversiven Sprechens von Frauen auf. Mara Klein erweitert das Kapitel um eine trans nichtbinäre Perspektive, die unverzichtbar auf dem Weg zu einer gerechteren Kirche ist, denn die Ideologien und die Strukturen, die einer patriarchalen und heteronormativen Logik folgen, führen nicht nur zu Ungerechtigkeiten gegen Frauen – hier stehen zu bleiben, wäre selbst ein verkürzter Blickwinkel –, sondern befördern auch gegen trans und nichtbinäre Menschen Ungerechtigkeiten, welche es offen zu legen und zu minimieren gilt.

Das zweite Kapitel eröffnet den Blick auf *„Initiativen, Organisationen und die Synodalität der Kirche – Engagierte Netzwerker*innen"*. Es beginnt mit einem Grundlagenartikel von Margit Eckholt, die interkulturelle und weltkirchlich-feministische Perspektiven von Synodalität und Internationalität beleuchtet und damit ein theologisches Fundament für das gesamte Buch liefert. Die drei folgenden Texte hängen eng zusammen: Sr. Irene Gassmann, Dorothee Becker und Karin Klemm schildern die Entstehungsgeschichte und Umstände rund um das Donnerstagsgebet und die #JuniaInitiative in der Schweizer Kirche. Nontando Hadebe aus Südafrika stellt zwei Frauennetzwerke vor: *The Circle of Concerned African Women Theologians* und *Catholic Women Speak Network*; gefolgt von einem Text von Lena Jäger und Judith Klaiber über das *Frauen*Volksbegehren 2.0* in Österreich. Ein besonderes Augenmerk dieses Kapitels liegt auf der Amazoniensynode. Sr. Daniela Cannavina und Sr. Birgit Weiler beschreiben in ihren Texten aus unterschiedlichen Perspektiven die Wichtigkeit der Synode gerade für Frauen in Amazonien.

Das dritte Kapitel *„Zwischen Ordo und Lai*innenapostolat – Frauen in Diensten und Ämtern in der Kirche"* fächert ein weiteres konkretes Anliegen von Frauen in der Kirche auf.

Den Auftakt macht Zuzanna Flisowska-Caridi, die das Netzwerk *Voices of Faith* und dessen Eintreten v. a. für die Belange von Ordensfrauen vorstellt. Sr. Jean Goulet, seit mehr als 65 Jahren Ordensfrau, erzählt von ihrem Engagement in der Kirche von Kanada, und Sr. Mary John Mananzan beleuchtet die nach wie vor prekäre Situation der Frauen in der katholischen Kirche auf den Philippinen. Mit Claire Heron spricht eine weitere Kanadierin über ihren jahrzehntelangen Einsatz als Laiin für Frauen in der Kirche: in Kanada und weit darüber hinaus. Die Erfahrungen einer jungen Indonesierin, die in den USA Theologie studiert hat, hält Janice Kristanti fest, ebenso wie den Kampf der Frauen für Befreiung in Indonesien. Sr. Caroline Mbonu legt die vielfältigen Diskriminierungen von Ordensfrauen in der katholischen Kirche Nigerias offen. Das Buch schließt mit dem Text einer deutschen Autorin: Andrea Qualbrink sieht trotz aller Schwierigkeiten im Heute den Kairos für eine geschlechtergerechte Kirche.

Alle in diesem Buch versammelten Texte machen deutlich, dass Frauen weltweit ihre Stimme erheben und immer noch erheben müssen, denn Missstände und Machtmissbrauch, Diskriminierung und Gewalt sind allgegenwärtig. Die Autorinnen sind gläubige Christinnen, viele von ihnen Ordensfrauen, sie stehen ein für Frieden und Gleichberechtigung, für Gerechtigkeit und die Partizipation aller Geschlechter in Kirche und Gesellschaft, für eine Welt im Sinne des Evangeliums Christi. Mit ihren Texten dokumentieren sie grenzüberschreitende Solidarität: über Zeiten und Länder hinweg. Ihre Beiträge machen greifbar, wie sehr die Kirche der Erneuerung bedarf.

Wie bei allen Büchern waren auch bei diesem Buch zahlreiche Menschen beteiligt, denen an dieser Stelle herzlich gedankt werden soll. Zehn Texte wurden für diese Ausgabe ins Deutsche übersetzt. Für die Unterstützung bei der Übertragung, die nicht nur den Sinn, sondern auch die sprachliche Schönheit und Eigenart der Texte einholt, sei ein großer Dank ausgesprochen an Dr. Juliane Eckstein, Dr. Regina Heyder, Judith König, Dr. Michael Lohausen, Maite Piris und Charlotte von Schelling. An einigen Stellen schien uns eine Übersetzung nicht geraten, dort haben wir uns entschlossen, die englischen Originalausdrücke zu belassen, an anderen Stellen werden sie der deutschen Übersetzung hinzugefügt. Sr. Philippa Rath OSB sei herzlich gedankt, durch sie wurden Türen geöffnet in andere Klöster und Herzen. Ich danke meinen beiden Mitarbeiterinnen Magdalena Hürten und Anna-Nicole Heinrich für ihre gründliche und kompetente Unterstützung in allen redaktionellen und inhaltlichen Belangen. Herrn Thomas Häußner vom Echter-Verlag sei gedankt für die umsichtige Begleitung bei der Drucklegung und Herausgabe des Buchs. Natürlich aber gilt mein Dank ganz besonders allen Autor*innen des Buchs. Nur wenn die Stimmen der Frauen endlich zählen, ihre Schreie und Klagen gehört werden, die Gewalt gegen sie ein Ende findet und ihre Theologien das Wissen, Denken und Handeln in Kirche und Gesellschaft nachhaltig verändern, kann die Menschenwürde *aller* Menschen zur Entfaltung kommen. So lange werden wir weiter in Solidarität und über Grenzen hinweg gemeinsam für das Evangelium und Gottes Geist in Freiheit und Gerechtigkeit einstehen, eine bessere Welt erhoffen und unsere Stimmen erheben.

Am Fest der hl. Maria Magdalena, erste Auferstehungszeugin und *Apostola Apostolorum*, 22. Juli 2021,
Ute Leimgruber

Teil 1

Von männlich bis weiblich mit gleicher Würde geschaffen – Frausein und Menschsein in Kirche und Welt

Schweigende und verschwiegene Frauen

Frauen in der Kirche in Kroatien[1]

Jadranka Rebeka Anić (Split, Kroatien)

Ein Merkmal des Verhaltens der Frauen in der Kirche in Kroatien im 20. und im 21. Jahrhundert, wenn es um ihre Lage und ihre Rechte in der Kirche geht, ist Schweigen. Dieses Schweigen und die Versuche es zu brechen werden in diesem Artikel erörtert.

Blickt man auf die Frauen in der Kirche im sozialistischen Kroatien (1945–1990/91), fällt besonders ihr Schweigen auf. Es war eine besorgniserregende Tatsache, dass die Frauen eine schweigende Mehrheit bildeten, die an ihrer Situation in der Kirche nicht interessiert zu sein schien. Dies erkannte auch die 55. Bistumssynode von Split (1987/88) und warf die Frage auf: „Ist die Resignation der Frauen Ausdruck einer allgemeinen Passivität – die Lethargie der Mehrheit der Laien? Oder haben die Frauen erkannt, dass es unmöglich ist, das ihnen als Frauen entgegengebrachte Misstrauen zu überwinden, und sich selbst blockiert?" (Šimundža, 123) Die Synode sah in der „desinteressierten Mehrheit" ein „großes Potenzial der Kirche" und wollte, dass dieser Zustand analysiert werde (Šimundža, 123). Dazu ist es jedoch nie gekommen. Die zweite Bistumssynode von Đakovo und Syrmien (1998–2002) und die zweite Synode des Zagreber

---

1   Dieser Text wurde erstmals veröffentlicht unter dem Titel *Das doppelte Schweigen*, in: Lebendige Seelsorge 71 (3/2020) 199–203, und für die vorliegende Publikation aktualisiert und geringfügig verändert.

Erzbistums (2016–2018) erwähnen in ihren Berichten die Lage der Frauen in der Kirche überhaupt nicht. Die Frauen haben gar nicht erst versucht, ihr Schweigen selbst zu definieren. Vergebens haben sie darauf gewartet, dass jemand es erkennt und ihm Aufmerksamkeit schenkt (vgl. Anić 2004, 419–420). Das Schweigen der Frauen, das die katholische Kirche in Kroatien im 20. Jahrhundert charakterisiert, kennzeichnet es auch im 21. Jahrhundert, wobei es Gemeinsamkeiten und Unterschiede gibt. Eine Gemeinsamkeit besteht darin, dass die sogenannte Frauenfrage in Bezug auf andere gesellschaftliche und kirchliche Fragen immer zweitrangig war und dass auch die Frauen selbst dies akzeptiert haben. Denn Frauen in Kroatien erheben nicht ihre Stimme und fordern ihre Rechte nicht ein, wenn die Familie, die Nation und die Kirche bedroht scheinen – und in Kroatien besteht diese Bedrohung immer, ob real oder konstruiert.

Antifeminismus als Ausdruck katholischer und nationaler Gesinnung

In der vorsozialistischen Zeit (bis 1945) wurde von Frauen erwartet, sich dem „Kampf" der (männlichen) katholischen Bewegung gegen Liberalismus und Kommunismus anzuschließen. Da die damaligen Forderungen des säkularen Feminismus nach Gleichberechtigung und dem Wahlrecht von Frauen in der katholischen Bewegung als ideologisches Mittel der Liberalen, Freimaurer und Kommunisten gegen die Familie, die Nation und die Kirche ausgelegt wurden, distanzierten sich die Katholikinnen davon. Anstatt auch ihre Rechte einzufordern, fokussierten sie sich auf die Pflichten, die sie (vermeintlich) gegenüber dem Volk und dem katholischen Glauben hatten und wollten damit ihre Hingabe und Solidarität mit den Männern im Kampf für „höhere Ziele" unter Beweis stellen (Anić 2004, 130–145). Diese Haltung war nicht nur den Katholikinnen eigen. Da der säkulare Feminismus für Frauenrechte kämpfte, verzichteten Frauen auch jenseits der Kirche aus Solidarität mit den Männern auf den Kampf für ihre Rechte. Beispielsweise folgten sie nicht der Einladung der Ungarinnen, gemeinsam ein Wahlrecht zu fordern, weil sie mit den Männern solidarisch waren, die mit den Ungarn im Rahmen der österreichisch-ungarischen Monarchie (bis 1918) um nationale Interessen stritten (Anić 2004, 208). In der sozialistischen Phase nach Ende des Zweiten Weltkrieges sah man kirchlicherseits im Feminismus ausschließlich eine kommunistische „Keule" gegen die Familie, die Nation und die Kirche. Dabei wurde stets übersehen, dass auch von der Kommunistischen Partei der Feminismus abgelehnt und als westliche, bourgeoise Ideologie denunziert wurde (Anić 2004, 43). Nach der demokratischen Wende im Jahr 1991, besonders während des kroatischen Verteidigungskrieges (1991–1995), wurden feministische Organisationen wegen ihrer angeblichen anti-nationalen Einstellung angegriffen. Die Frauen bemühten sich daher, ungeachtet ihrer Weltanschauung oder ihrer Bildung, nicht mit Feministinnen gleichgesetzt zu werden.

Antigenderismus in der katholischen Kirche

Das Schweigen der Frauen in der Vergangenheit könnte also damit zusammenhängen, dass sie in einem bestimmten historischen und gesellschaftlichen Kontext Angst hatten, mit dem Kampf für ihre Rechte gleichzeitig Verrat an nationalen und konfessionellen Interessen zu begehen. Das Problem ist jedoch, dass in Kroatien die Überzeugung, die Familie, das Volk und die Kirche seien in Gefahr und müssten verteidigt werden, bis heute fortwirkt. In der jüngeren Zeit, insbesondere nach 2013, als auch in anderen europäischen Ländern die Anti-Gender-Kampagnen begannen (Kuhar/Paternotte, 1–22), wird in der sogenannten „Gender-Ideologie" eine Gefahr erkannt. Sie wird zur Ideologie erklärt, deren Ziel es sei, die christliche Anthropologie und die gesamte Menschheit zu zerstören. Der „Gender-Ideologie" wird unter anderem vorgeworfen, Geschlechter-Stereotypen zu dekonstruieren, was als Versuch gewertet wird, einen neuen, geschlechtslosen Menschen schaffen zu wollen. Die Dekonstruktion von Geschlechter-Stereotypen stellt das Modell der Komplementarität von Frau und Mann in Frage, das v. a. Papst Johannes Paul II. in seiner Theologie des Leibes vertreten hat. Obwohl diese Dekonstruktion eine Befreiung der christlichen Anthropologie von aristotelischen Voraussetzungen darstellt, auf denen die Geschlechter-Stereotypen schließlich basieren, wird sie als Destruktion der christlichen Anthropologie und Vernichtung der menschlichen Kultur allgemein interpretiert (vgl. Anić 2019). Man kann nicht sagen, dass diese Interpretation das eigene Forschungsergebnis kroatischer Theolog*innen sei. Genau wie die kroatischen Bischöfe übernehmen sie Aussagen über die „Gender-Ideologie" und die Zerstörung der christlichen Anthropologie von Päpsten (z. B. Benedikt XVI., Franziskus), Bischofskonferenzen (z. B. der polnischen, slowakischen), einzelnen Bischöfen (z. B. Vitus Huonder, Chur oder Andreas Laun, Salzburg) (vgl. Marschütz 2014, 458) und Kardinälen (z. B. Robert Sarah) (vgl. Anić 2017, 427–433; Anić 2021, 168).

Binäres Geschlechtermodell als Grundlage der Ekklesiologie

Das komplementäre Geschlechtsmodell ist laut der Anti-Gender-Bewegung unverzichtbar für die katholische Kirche. Papst Johannes Paul II. hatte es aus dem anthropologischen auf den ekklesiologischen Bereich übertragen, mit der Konsequenz, dass er damit das Verbot der Priesterweihe für Frauen rechtfertigen konnte. Er führte nämlich eine Unterscheidung zweier kirchlicher Dimensionen ein: die "apostolisch-petrinische" (= männliche), die führt, lehrt und verwaltet, und die "marianische" (= weibliche), die gehorcht und folgt (vgl. *Mulieris dignitatem*, 27). Die Dekonstruktion des anthropologischen Komplementärmodells weckt nun die Angst vor einer möglichen Veränderung bestehender kirchlicher Strukturen, die die fehlende geschlechtliche Gleichberechtigung verteidigen. Durch die Angst vor den Folgen einer zerstörerischen "Gender-Ideologie", die als schlimmer als Kommunismus und Faschismus zusammen dargestellt wird, wird eine Atmosphäre moralischer Panik hervorgerufen (vgl. Anić 2015). Infolgedessen wird jede Rede über Frauen außerhalb des Rahmens des Komplementärmodells als gefährlich, unchristlich und "genderideologisch" bezeichnet. Aus Angst vor Denunziationen oder um anderen Schwierigkeiten aus dem Weg zu gehen, meiden viele Frauen, insbesondere Theologinnen, dieses Thema oder schreiben im Einklang mit den Thesen des komplementären Geschlechtsmodells.

An diesem Punkt stößt man auf einen Unterschied zur sozialistischen Zeit. Vor dem demokratischen Wandel äußerten Frauen die Hoffnung, dass ihr Schweigen ein Ende hätte, wenn sich die Zahl der Theologinnen vergrößern würde. Die

Zahl der Theologinnen hat sich vergrößert. So unterrichtete z. B. 1999/2000 keine Frau an einer der theologischen
Fakultäten Kroatiens. Im Studienjahr 2020/21 sind vier Frau-
en Leiterinnen von Lehrstühlen (10,5 Prozent), es gibt sechs
ordentliche (20 Prozent) und acht außerordentliche (32 Prozent) Professorinnen, zehn Dozentinnen (26 Prozent). Eine
Frau ist Leiterin der Theologie in Rijeka (Regionales Zentrum
der Katholischen Theologischen Fakultät in Zagreb). Darüber
hinaus sind Frauen Prodekaninnen und stellvertretende Leiterinnen verschiedener Abteilungen.[2] Außerdem nahm die
Anzahl von Frauen in kirchlichen Einrichtungen nach den
demokratischen Veränderungen erheblich zu, und so haben Frauen heute auch führende Ämter in der Kirche inne.
Derzeit gibt es allerdings keine Übersicht darüber, an welchen Stellen Frauen in kirchlichen Institutionen beschäftigt
oder als Volontärinnen tätig sind. Eine Analyse der Websites der (Erz-)Diözesen in der Republik Kroatien gibt Einblick
in die Tätigkeiten und Führungspositionen von Frauen in
kirchlichen Einrichtungen: Es gibt mittlerweile Direktorinnen
der (erz-)diözesanen Caritas, Direktorinnen von katholischen
Schulen, Leiterinnen von Volksküchen, Familienberatungs-
stellen, von Unterkünften für Frauen und Kinder, die Opfer
häuslicher Gewalt wurden, Leiterinnen von verschiedenen
Büros und Buchhaltungsabteilungen, Leiterinnen der Pres-
sestellen, Herausgeberinnen religiöser Rundfunk- und Fern-
sehshows, offizieller Newsletter und Websites der Diözesen
usw. (Anić 2019a).

---

2   Die Daten wurden von den Webseiten der folgenden katholischen Fakul-
    täten gesammelt: Katholisch-Theologische Fakultät in Zagreb und ihr Re-
    gionales Zentrum in Rijeka (Theologie in Rijeka), Katholisch-theologische
    Fakultät in Split und Katholisch-theologische Fakultät in Đakovo (vgl. https://
    www.kbf.unizg.hr/, http://www.kbf.unist.hr/hr/, http://www.djkbf.unios.hr/
    hr/, http://ri-kbf.org/.

Wer nicht schweigt, erfährt Ressentiments

Doch auch wenn sich Frauen öffentlich zu Wort melden und bestimmte Entscheidungsbefugnisse haben, herrscht ein doppeltes Schweigen: Es sind die Frauen selbst, die über die „Frauenfrage" schweigen, und es ist die Situation der Frauen, über die geschwiegen wird. Es gibt keine Forschungen über ihre Arbeitsbedingungen, Aufstiegsmöglichkeiten, die Vereinbarkeit von Beruf und Sorgearbeit, ihre Erfahrungen und ihre Vorschläge zur Verbesserung ihrer Situation in kirchlichen Einrichtungen. In informellen Gesprächen weisen einige dieser Frauen auf viele Probleme hin und reden von ihrer Angst, darüber zu sprechen. Ein anderer Aspekt dieses doppelten Schweigens verweist auf die negativen Konsequenzen für die wenigen Frauen, die *nicht* schweigen, sondern sich öffentlich mit der „Frauenfrage" beschäftigen: Sie werden angegriffen und denunziert, indem man sie des Feminismus, des Protestantismus, des Liberalismus oder der „Gender-Ideologie" bezichtigt. Ich kenne dies aus eigener Erfahrung, seit ich das Buch *Kako razumjeti rod? Povijest rasprave i različita razumijevanja u Crkvi (Wie ist Gender zu verstehen? Debattengeschichte und unterschiedliche Interpretationen in der* Kirche, 2011) veröffentlicht habe. Ich wollte damit die kroatische Öffentlichkeit über die Geschichte des Begriffes *Gender* informieren, dessen Gebrauch in internationalen Dokumenten und in der Theologie, die Begriffsverwirrung und die falschen Interpretationen der Thesen von Judith Butler bei Gabriele Kuby und die Position des Heiligen Stuhls während der vierten internationalen Weltfrauenkonferenz in Peking (1995). Wegen dieses Buches wurde ich als „Gender-Ideologin" verurteilt und aufgrund der dadurch entstandenen Spannungen habe ich meine Arbeit als Lehrbeauftragte an der Katholischen Fakultät in Split, wo ich das Wahlfach „Frauen in Kirche und Gesellschaft" lehrte, gekündigt.

Ähnliche Angriffe erlebte auch der Bischof des Bistums in Dubrovnik Mate Uzinić, der 2019 die erste theologische Summer School in Kroatien organisierte, die sich mit aktuellen Themen der zeitgenössischen Theologie befasste. Als Vortragende lud er die feministische Theologin Tina Beattie ein, Professorin der Katholischen Studien an der Roehampton University in London. Wegen dieser Einladung wurde er von einem anderen Bischof in einem offenen Brief kritisiert. Negativ reagierten auch einige Vertreter der katholisch-theologischen Fakultäten, sowie verschiedene Autor*innen und Aktivist*innen auf ultrakonservativen katholischen Portalen. Auf diesen Portalen wurden dabei auch etliche Frauen angegriffen – Ordensschwestern und Laiinnen aus Kroatien –, die es wagten, in der Öffentlichkeit kritisch über die migrantenfeindliche Atmosphäre, Friedensprozesse und Gender-Theorien nachzudenken. Sie wurden ohne Argumente in einen Topf geworfen und beschuldigt, eine „Kultur des Todes" zu fördern.

Das Schweigen der Frauen in der katholischen Kirche Kroatiens ist aber nicht nur ein Thema der Frauen. Es ist Teil einer komplexen Problematik, in der sich die Kirche nach dem demokratischen Wandel befindet. Einige Aspekte seien genannt: Die kirchliche Hierarchie kam in einer pluralistischen Gesellschaft nicht zurecht, sie entwickelte daraufhin eine starke Sehnsucht, in eine vormoderne Gesellschaft zurückzukehren, in der die katholische Kirche Einfluss und eine Sonderstellung hatte. Ultrakonservative katholische Organisationen erstarkten in den letzten Jahren, sie üben Druck aus, erpressen Kirchenoberhäupter und Theolog*innen und lassen keinen theologischen Dialog zu. So entstand eine neue

Generation von Theolog*innen, denen die Sicherung ihrer Arbeitsplätze an den theologischen Hochschulen wichtiger ist als ihre Rolle als Theolog*innen. Weiter ist ein Teil der Problematik das Kirchenrecht, nach dem die Frauen zwar gleichwertig, aber nicht gleichberechtigt sind, was einen untergeordneten, abhängigen und unsicheren Status für die Frauen in kirchlichen Institutionen bedeutet, sowohl allgemein ekklesiologisch als auch auf Ebene der lokalen Kirche. Interessant ist, dass einige (männliche) Theologen in Kroatien vor etwa zwanzig Jahren offene und auf Dialog bedachte Standpunkte zu Fragen der modernen Wissenschaft und Gesellschaft einnahmen, sich aber schon nach einigen Jahren dem konservativen kirchlichen Mainstream anschlossen. Ein Kontext, in dem Unsicherheit und Angst herrschen, Identität im Kampf gegen Andere und Andersartige geschaffen und erlebt wird und für die Selbstversicherung ein Feind benötigt wird, fördert das Schweigen der Frauen. Es sind wieder die bereits genannten Gründe: die traditionelle Erwartung, dass sie den Kampf für ihre Rechte aufgeben, um damit nicht den einheitlichen „katholischen" Block im Kampf gegen verschiedene Bedrohungen zu gefährden sowie die institutionelle Verletzlichkeit der Frauen, deren Stellung in der Kirche vom guten Willen in der Hierarchie abhängt.

Anlass zur Hoffnung

Was zur Hoffnung Anlass gibt, ist die Tatsache, dass einige Theologinnen (aber hauptsächlich diejenigen, die nicht in kirchlichen Institutionen beschäftigt sind) begonnen haben, an öffentlichen Debatten über die Rechte von Frauen und Gewalt an Frauen teilzunehmen und versuchen, sich zu vernetzen. An dieser Stelle sollte das Wirken der Nicht-regierungsorganisation *U dobroj vjeri* („Im guten Glauben") erwähnt werden, die seit 2019 daran arbeitet, die feministische Theologie und Gleichberechtigung der Frauen in der Kirche zu vermitteln. Der Verein hat 2019 die Konferenz *Gender-Gleichberechtigung in der Kirche für die Gender-Gleichberechtigung in der Gesellschaft* organisiert. Auf dieser Konferenz wurde die Ökumenische Frauengruppe *Ne boj se, #nisikriva* („Hab keine Angst", *#dubistnichtschuld*) gegründet, die am 06.12.2019 in mehreren kroatischen Städten eine Protestaktion gegen genderbedingte Gewalt an Frauen durchführte. Mit dem *Gebet für Gleichberechtigung* vor der Kathedrale in Zagreb schlossen sich die Vereinsmitglieder der Aktion *Catholic Women's Council* an, in der Katholikinnen aus der ganzen Welt ein Stimmrecht für Laiinnen auf Bischofssynoden und die Beteiligung bei Entscheidungsprozessen in der römisch-katholischen Kirche fordern. Außerdem hat der Verein drei kurze Animationsfilme in kroatischer Sprache über Frauen in der Bibel produziert, die auf der zeitgenössischen feministischen Exegese basieren. Im Rahmen des *Human Rights Film Festivals* (2020) wurde online ein ökumenisches Gespräch von Theologinnen zum Thema *Gleichberechtigung der Frauen in der Kirche für Gleichberechtigung der Frauen in der Gesellschaft* organisiert. Einen Beitrag zur öffentlichen Debatte über Frauen in der Kirche leistet auch die Kroatische Sektion der Europäischen Gesellschaft für theologische Forschung von Frauen (ESWTR-CS) durch Übersetzungen theologischer Bücher oder Artikel, die für das Verständnis der theologischen Anthropologie und die Gendertheorien wichtig sind. Nicht zuletzt hat die kroatische Regierung im Jahr 2018 die sogenannte Istanbul-Konvention des Europarats gegen Gewalt gegen Frauen ratifiziert – gegen die Stimmen der Bischofskonferenz, die zuvor die Konvention kritisiert und davor gewarnt hatte, sie richte sich gegen das Wohl der Familie und unterstütze die „Gender-Ideologie". Trotz dieser hoffnungsvollen Entwicklungen sind Bewegungen wie beispielsweise *Maria 2.0* oder *#NunsToo* in Kroatien bisher kaum vorstellbar – zu gering wäre die Unterstützung, zu massiv wären die Angriffe.

Literatur

Anić, Jandranka Rebeka, Die Frauen in der Kirche Kroatiens im 20. Jahrhundert, Wien 2004.

Anić, Jadranka Rebeka, Gender, Politik und die katholische Kirche. Ein Beitrag zur Dekonstruktion der „Genderideologie", in: Elżbieata Adamiak/Marie-Theres Wacker (Hg.), Feministische Theologie in Europa – mehr als ein halbes Leben. Ein Lesebuch für Hedwig Meyer-Wilmes, Berlin 2013, 64–79.

Anić, Jadranka Rebeka, Der Begriff „Gender" als Anathema. Eine Kampagne der kroatischen Bischöfe als Beispiel, in: Herder Korrespondenz 69 (3/2015), 157–161.

Anić, Jadranka Rebeka, Die Anti-Gender-Bewegung in Kroatien – Ein nationales Phänomen transnational beeinflusst, in: Eckholt, Margit (Hg.), Gender studieren. Lernprozess für Theologie und Kirche, Ostfildern 2017, 413–433.

Anić, Jadranka Rebeka, Die „anthropologische Revolution". Zerstörung oder Befreiung der christlichen Anthropologie?, in: Gruber, Judith/Pittl, Sebastian/Silber, Stefan/Tauchner, Christian (Hg.), Identitäre Versuchungen. Identitätsverhandlungen zwischen Emanzipation und Herrschaft, Aachen 2019, 215–224.

Anić, Jadranka Rebeka, Žene i službe u Katoličkoj crkvi: mogućnosti, stanje, perspektive, in: Bogoslovska smotra 89 (4/2019a), 861–884.

Anić, Jadranka Rebeka, Anti-Genderismus in Kroatien – Kontextbezogene Besonderheiten, in: Strube, Sonja A./Perintfalvi, Rita/Hemet, Raphaela/Miriam Metze/Sahbaz, Cicek (Hg.), Anti-Genderismus in Europa. Allianzen von Rechtspopulismus und religiösem Fundamentalismus. Mobilisierung – Vernetzung – Transformation, Bielefeld 2021, 161–172.

Kuhar, Roman/Paternotte, David, "Gender ideology" in Movement. Introduction, in: Kuhar, Roman/Paternotte, David (Hg.), Anti-Gender Campaigns in Europe. Mobilizing against Equality, London/New York 2017, 1–22.

Marschütz, Gerhard, Wachstumspotenzial für die eigene Lehre. Zur Kritik an der vermeintlichen Gender-Ideologie, in: Herder Korrespondenz 68 (9/2014), 457–459.

Šimundža, Drago (Hg.), Crkva danas i sutra. Akti 55. splitske sinode „Različiti su darovi ali je isti duh" (1 Kor 12,4), Split 1988.

Bibliographischer Nachweis der lehramtlichen Texte: S. 283
[Links alle zuletzt eingesehen am 05. Juni 2021]

Die andere Hälfte der Kirche

Die Frauenfrage in der katholischen Kirche in Deutschland[1]

Christine Boehl (Berlin, Deutschland)

(Auch) Frauen sind Kirche. Sie haben die gleiche Würde, stellen den größten Teil derer, die Gottesdienste besuchen und halten in zahlreichen Haupt- und Ehrenämtern in der Katechese, als Kommunionhelferinnen, Lektorinnen oder in der Caritas das kirchliche Leben aufrecht. Zu Ostern hören wir, wie Maria Magdalena am Grab zur ersten Zeugin der Auferstehung wird (Joh 20,11–18) – seit 2016 wird der *Apostola Apostolorum* im liturgischen Kalender am 22. Juli gleichrangig mit den anderen Apostelfesten gedacht. (Auch) Frauen wollen gleichberechtigt mitwirken und Leitungsaufgaben in Kirche und Verkündigung übernehmen. Bestärkt durch das Zweite Vatikanische Konzil haben sie dies in der katholischen Kirche in Deutschland seit Jahrzehnten nachhaltig zum Ausdruck gebracht. Seit Mai 2019 hat das Anliegen durch *Maria 2.0* eine unerwartet breite Resonanz in die Mitte der Kirche hinein erfahren.

---

1   Der Artikel ist im Erstdruck auf Italienisch erschienen und liegt hier in einer aktualisierten Version vor: Boehl, Christine: La questione delle donne nella chiesa cattolica in Germania (Übersetzung Elena Raponi), in: munera, rivista europea di cultura, 3/2020, 45–54. Wir danken dem Verlag für die Abdruckerlaubnis.

Vom Zweiten Vatikanischen Konzil über die Würzburger Synode bis ins 21. Jahrhundert

Das Zweite Vatikanische Konzil (1962–65) hat Katholikinnen in Aufbruchstimmung versetzt, vor allem mit der Pastoral-konstitution *Gaudium et Spes*, in der auch die wachsende gesellschaftliche Bedeutung der Frauen angesprochen wird (u. a. GS 8,9 und 29) und dem Dekret über das Laienapostolat *Apostolicam actuositatem* sowie der Kirchenkonstitution *Lumen Gentium*, welche die Rolle der Laien neu bestimmt: Sie haben als Teil des pilgernden Volkes Gottes – im Rahmen ihrer je spezifizierten Sendungsaufträge – am Sendungsauftrag und dem gemeinsamen Priestertum aller Getauften teil (LG 10 und 32). Bereits im Vorfeld des Konzils hatten sich deutsche katholische Frauen auch unter Beteiligung der Verbände mit Eingaben an das Konzil gewandt: Die heutige Katholische Frauengemeinschaft Deutschlands (kfd) hatte 1961 über ihre Verbandszeitschrift aufgerufen, Bitten an das Konzil zuzusenden und ebenso wie der Katholische Deutsche Frauenbund (KDFB) eine Eingabe eingereicht. Zwar wurden die Anliegen der Frauen keinesfalls durchweg umgesetzt, jedoch fanden sie Beachtung bei den Konzilsvätern (vgl. Heyder, 16, 22). Als ab der dritten Sitzungsperiode des Konzils auch Laienau-ditorinnen zugelassen waren (zunächst 15, die 1965 auf 23 erweitert wurden), waren in Rom mit Sr. Juliana Thomas (ab 1964) und Dr. Gertrud Ehrle (1965) auch zwei deutsche Teil-nehmerinnen im Laienauditorium beteiligt (vgl. Heyder, 15f.).

Der starke Impuls des Zweiten Vatikanums mündete in die Würzburger Synode (1971–75). Die 300 Teilnehmenden, darunter 140 Laien, die in den Diözesen gewählt beziehungs-weise durch das Zentralkomitee der deutschen Katholiken (ZdK), dem höchsten Gremium katholischer Laien, und die

Arbeitsgemeinschaften der Orden benannt wurden, wollten das Zweite Vatikanum für die deutsche Kirche umsetzen. 18 Beschlüsse wurden gefasst, von denen für die Frauen jener über den Diakonat der Frau besonders interessant war, der wegen der weltkirchlichen Entscheidungsdimension an den Vatikan gesandt werden musste. Bis heute steht eine explizite Rückmeldung zu diesem Votum aus. Für die künftige Mitwirkung von Frauen und Männern im Gemeindeleben und an der Kirchenleitung waren Beschlüsse zu den Diensten und Ämtern und den pastoralen Strukturen, aber auch der Jugendarbeit bedeutend. Wesentlich wirkte sich die infolge des Konzils erfolgte Öffnung der Habilitationen für theologische Laien und damit auch Frauen und deren Anstoß für die wissenschaftliche Theologie aus (gleichwohl ist der Frauenanteil unter den Professuren noch gering, obwohl inzwischen mehr weibliche Studierende in der katholischen Theologie eingeschrieben sind, vgl. Emunds/Hagedorn; DBK 2019/20, 16; AGENDA). In den nachkonziliaren Jahrzehnten folgte Ernüchterung, was die Forderung nach einer geschwisterlichen Kirche anging, jedoch hat in den letzten Jahren auch die Deutsche Bischofskonferenz zunehmend erkannt, dass die Stellung der Frau für die Glaubwürdigkeit und Zukunftsfähigkeit der Kirche entscheidend ist. Es wurden Mentorinnenprogramme und Führungstagungen für weibliche Beschäftigte im kirchlichen Dienst eingeführt und die Bischöfe verpflichteten sich selbst (2013 auf einem Studientag, 2019 als verbindlich bekräftigt) zu einer Frauenquote von einem Drittel bei den Leitungspositionen ohne Weiheerfordernis. Dabei sollen auch Öffentlichkeitsarbeit, Priesterausbildung sowie Beratungsgremien berücksichtigt werden. Die Anstrengungen wirken (vgl. Qualbrink, 230); einige Bistümer haben mittlerweile das Seelsorgeamt oder die Caritasdirektion mit

Frauen besetzt, München-Freising hat im Januar 2020 in der Bistumsleitung eine Doppelspitze mit Amtschefin Dr. Stephanie Herrmann neben dem Generalvikar installiert. Im Februar 2021 haben die Bischöfe mit Dr. Beate Gilles erstmals eine Generalsekretärin der Deutschen Bischofskonferenz gewählt.

Kirchen- und Religionszugehörigkeit in Deutschland

Für alle Belange von Frauen in der Kirche sind die nationalen Gegebenheiten in der Kirchen- und Religionszugehörigkeit prägend, daher ist es angezeigt, sich hier kurz die spezifische Situation in Deutschland vor Augen zu führen: Nur etwas über die Hälfte der Menschen sind Mitglied einer der großen christlichen Kirchen; circa ein Drittel gehören keiner Religionsgemeinschaft an, wobei mitgezählt wird, wer aus der Kirche ausgetreten ist. Beim Blick auf die Zahlen der Kirchenaustritte ist mit zu berücksichtigen, dass das Staatskirchenrecht Religionsgemeinschaften, die als Körperschaft des öffentlichen Rechts anerkannt sind, erlaubt, eine sogenannte Kirchensteuer zu erheben (Art. 140 GG i. V. m. Art. 137 Abs. 6 WRV) mit der die Kirchen ihr Angebot im Wohlfahrtsstaat verlässlich aufrechterhalten können. Viele Menschen treten daher aus, wenn sie sich ihrer Kirche nicht mehr ausreichend verbunden fühlen, um die Kirchensteuer weiter zahlen zu wollen. Bei anderen mögen verschiedene Gründe dazukommen oder ausschlaggebend sein, so ist die Zahl der Austritte aus der katholischen Kirche seit Bekanntwerden der Missbrauchsfälle 2010 merklich, in den letzten beiden Jahren noch weiter gestiegen (DBK 2019/20, 76f.). Die hohe, regional sehr unterschiedliche Zahl der Menschen ohne Kirchenzugehörigkeit ist einer Vielzahl historisch bedingter Faktoren geschuldet, unter denen neben den Folgen der Aufklärung und Säkularisierung vor allem die Kirchenfeindlichkeit des Nationalsozialismus und die Vergangenheit der ostdeutschen Bundesländer, die von 1949 bis 1989 zu der sich als atheistischer Weltanschauungsstaat begreifenden Deutschen Demokratischen Republik (DDR) gehörten. Zu diesen gehören mit Sachsen, Thüringen und Sachsen-Anhalt auch die Stammlande der Reformation. Ein Trend zu weiterer Entkirchlichung zeichnet sich auch heute noch ab. 27,2 Prozent (22,6 Millionen) der Menschen in Deutschland sind katholisch, 24,9 Prozent evangelisch (20,7 Millionen) sowie circa 2,9 Prozent andere Christen in orthodoxen Kirchen (1,8 Millionen) oder freikirchlichen Gemeinschaften (DBK 2019/20, 72; EKD, 3). Daneben sind circa 4,4 bis 4,7 Millionen Menschen Muslime (BMI) sowie rund 97.791 Mitglieder in den 105 jüdischen Gemeinden, die vom Zentralrat der Juden vertreten werden (Zentralrat der Juden).

Frauen, die sich aus Deutschland für eine geschlechtergerechte Kirche engagieren, agieren aus einem Raum, in dem sich Christen und Christinnen seit 500 Jahren paritätisch auf die katholische und die evangelische Kirche verteilen. Katholischen Frauen ist damit ein alternatives gelingendes Modell präsent, da die Frauenordination in allen Landeskirchen der evangelischen Kirche in Deutschland – nach heftigen Diskussionen und in verschiedenen Schritten bis zur den Pfarrern gleichgestellten Ordination – eingeführt wurde, so zunächst 1958 in den Landeskirchen Anhalts, der Pfalz und Lübeck bis zuletzt 1991 in der kleinen Landeskirche Schaumburg-Lippe (vgl. Strübind, 174ff.). Neben den evangelischen Landeskirchen sind Pfarrerinnen auch in den evangelischen Freikirchen vertreten, auch die altkatholische Kirche ordiniert seit 1996 in Deutschland Frauen mit allen Vollmachten, nimmt mit circa 15.000 Mitgliedern jedoch nur einen geringen Anteil der Christen und Christinnen in Deutschland ein.

Diese strukturellen Gegebenheiten beeinflussen den Alltag und damit die Wahrnehmung der Katholikinnen auf verschiedenen Ebenen, so gehört die von Frauen geleitete Liturgie durch die große Zahl konfessionsverbindender Ehen zur familiär gelebten religiösen Alltagserfahrung vieler katholischer Frauen. Auch die Herausforderungen der säkularisierten Gesellschaft wirken insofern zurück, als sie die Diskrepanz zwischen der Rolle der Frau in der Kirche und in der Gesellschaft besonders spürbar werden lässt. So ist für deutsche katholische Frauen die Frage nach einem Verbleib in der Kirche unter den gegebenen Alternativen des Wechsels in eine Kirche der Reformation oder dem formalen Austritt aus der katholischen Kirche besonders virulent.

Zudem ist zur Situationsbestimmung deutscher Katholikinnen auch ein Blick in die pastoralen Strukturen der Gemeinden wesentlich, die neben dem Priestermangel von eigenen pastoralen Berufen geprägt sind: 2019 sind von 12.983 Priestern 8.323 im pastoralen Dienst aktiv (bei nur 63 Neuweihen 2019; vgl. DBK 2019, 2). Sie werden von 3.335 ordinierten ständigen Diakonen (viele hauptberuflich) unterstützt. Seit den 1970er Jahren gibt es mehr Gestaltungsspielraum für Laientheologen und -theologinnen, die mit kirchlicher Sendung, aber ohne ein Weiheamt als Pastoralreferenten und -referentinnen mit theologischem Hochschulstudium (3.267, davon 1.538 weiblich) und als Gemeindereferenten und -referentinnen mit einer vierjährigen religionspädagogischen Ausbildung (4.499, davon 3.533 weiblich) das Gemeindeleben gestalten (DBK 2019/20, 81). Gerade für die Kompetenzen der Pastoralreferenten und -referentinnen ist wesentlich, dass die Aufgabenbestimmung für diese pastoralen Berufe der einzelnen Diözese obliegt, so dass die Einsatzfelder differieren und teilweise den Predigt- oder Bestattungsdienst umfassen.

Die Forderung nach dem Diakonat der Frau

In dieser Situation ist die Weihe zum Diakonat der Frau ein umso wesentlicheres Element einer geschlechtergerechten Kirche. Nachdem das Zweite Vatikanum den ständigen Diakonat für Männer als eigenständiges Weiheamt wiedereingeführt hatte (vgl. LG 29), gewann die Forderung nach dem Diakonat der Frau, die als Eingabe beim Konzil – wenngleich ohne Aussicht auf Erfolg – angesprochen worden war, an Fahrt (vgl. Eckholt, 15). Der Beschluss der Würzburger Synode markierte den vorläufigen Höhepunkt. Bereits hier war die Diskussion auf dem Grund einer fundierten sakramentaltheologischen, historischen, liturgiewissenschaftlichen und exegetischen[2] Argumentation erfolgt. Die wissenschaftliche Arbeit zu diesen Grundlagen wurde in den letzten Jahren weiter vertieft, so 1997 auf einem Kongress in Stuttgart, aus dem auf der praktischen Ebene ein „Netzwerk Diakonat der Frau" hervorging, das in zwei Ausbildungskursen bereits berufene Frauen ausgebildet hat, ein dritter Kurs hat im September 2020 begonnen. Jährlich unterstreichen die Frauenverbände am Gedenktag der Heiligen Katharina von Siena am 29. April, dass sie an ihrer Forderung nach der sakramentalen Weihe für weibliche Diakone festhalten. Dabei können sie sich selbstbewusst auf die Tradition berufen: Die vielgestaltige Wirklichkeit

---

2   V. a. Röm 16,1–2 wird mit dem Gruß an die Diakonin Phoebe herangezogen (wissend, dass die exegetische Diskussion um den Begriff sowie die zeitliche Abfassung vor der Ausprägung der kirchlichen Ämter Interpretationsraum lässt) (vgl. Hainthaler, 227f.).

der Diakoninnen in der frühen Kirche ist belegt, v. a. für die ersten sechs Jahrhunderte (vgl. Hainthaler). In jüngster Zeit erfuhren hierzu die Arbeiten von Hubert Wolf eine breitere Rezeption, der auf die frühere Äbtissinnenweihe und deren weitreichende Vollmachten verweist. Der Ritus der *ordinatio abbatissae* ist in frühmittelalterlichen Sakramentaren ausgeführt und eng an das Formular der Bischofsweihe angelehnt (vgl. Wolf, 46–54; Röttger, 150ff.). Bei der Forderung nach der sakramentalen Weihe für Frauen ist stets mitzubedenken, dass katholische Frauen in Deutschland durch die Ökumene mit den evangelischen Schwestern und Brüdern geprägt sind und Pastoral mit Pfarrerinnen und Bischöfinnen alltäglich erleben. Dies führt zu einem fruchtbaren theologischen Austausch, so zuletzt bei einem Kongress über Ämtertheologie 2017 an der Universität Osnabrück, der auch die Praxis der orthodoxen Kirche und die Wiedereinführung der Diakoninnenweihe in den Patriarchaten von Alexandrien und Jerusalem 2017 in den Blick nahm (vgl. Hainthaler, 223–227 sowie Vasilevich, 261–272).[3] Die ökumenische Prägung verstärkt sicherlich auch, dass deutsche Frauen die lehramtliche Gegenargumentation als wenig befriedigend empfinden, die mit dem päpstlichen Sendschreiben *Ordinatio sacerdotalis* (Papst Johannes Paul II.) den Ausschluss der Frau von der Priesterweihe als jenseits der kirchlichen Vollmacht liegend festgestellt und auch seither im Blick auf den eigenständigen Diakonat der Frau keine überzeugende theologische Argumentation für den Ausschluss von Frauen von dieser eigenständigen Ausprägung des Weiheamtes vorgelegt hat. Damit

---

3 Am Ende des Kongresses wurden sieben Osnabrücker Thesen verabschiedet (plus vier Selbstverpflichtungen der Unterzeichnerinnen) als Grundlage der weiteren notwendigen (ökumenischen) Diskussion um die Frage nach Frauen in kirchlichen Ämtern (vgl. Eckholt et al., 25; 465–467).

besteht die Notwendigkeit fort, die theologische Diskussion unter Wahrung der Substanz des Sakramentes weiterzuführen (vgl. Demel). Anfänglich wurden dazu große Hoffnungen in das Pontifikat des Franziskus gelegt, als dieser im Mai 2016 auf die Anfragen der internationalen Vereinigung der Generaloberinnen eine Kommission eingesetzt hat, welche die historische Rolle des Frauendiakonats prüfen soll. Diesen überhöhten Erwartungen hat Papst Franziskus jedoch durch Presseäußerungen und das nachsynodale Schreiben *Querida Amazonia* später vorgebeugt. Haben die Frauenverbände selbst sich lange Zeit explizit darauf beschränkt, die Diakonatsweihe zu fordern, zeichnet sich jüngst eine pro-solidarische Haltung mit jenen Frauen ab, die auch einer Forderung nach der Priesterweise offen gegenüberstehen (KDFB). Für viele deutsche Katholikinnen ist mittlerweile klar: Theologisch begründungsbedürftig ist nicht die Diakonatsweihe der Frau, sondern der Ausschluss der Frauen von der Weihe (3. Osnabrücker These 2017, Eckholt et al., 465).

Maria 2.0 bis zum Synodalen Weg – ein Hoffnungsschimmer?

Eine neue Reichweite, um die Anliegen der Frauen stark zu machen, hat die Initiative *Maria 2.0* erreicht, aus der, zunächst initiiert von Frauen in Münster, eine bundesweite Reform- und Protestbewegung hervorgegangen ist, die auch außerhalb des kirchlichen Raumes ein großes Medienecho erfährt. Das Besondere an dieser Bewegung ist, dass ihr Anstoß nicht aus der „organisierten Katholikenschaft" erfolgte und dass sich *Maria 2.0* zahlreiche Frauen (und unterstützende Männer) angeschlossen haben, die bis dato ihren Status in der Kirche still akzeptiert hatten. Vielen Frauen hat die Initiative den Mut gegeben, ihr Schweigen zu brechen, sich bestehenden engagierten Netzwerken anzuschließen – und mit neuer Hoffnung auf Veränderung bewusst in ihrer Kirche zu bleiben. Auslöser für *Maria 2.0* und sicherlich der Grund für die breite Beteiligung waren die seit 2010 auch in Deutschland bekannt gewordenen Missbrauchsfälle und ihre zögerliche Aufarbeitung. So wird in der offenen Petition von *Maria 2.0* an Papst Franziskus zuerst eine vorbehaltlose Aufklärung der Missbrauchsfälle und uneingeschränkte Kooperation mit den staatlichen Instanzen bei der Weiterverfolgung gefordert. Eng mit der Forderung nach einem Ende der Vertuschung verknüpft ist der Wunsch, die männerbündischen Strukturen in der Kirche aufzubrechen, in der einer der begünstigenden Faktoren für die mangelhafte Aufarbeitung der Missbrauchsfälle gesehen wird. So war die sogenannte MHG-Studie (vgl. Dreßing et al.), welche die deutschen Bischöfe in Auftrag gegeben hatten, ein wesentlicher Schritt, jedoch müssen ihre Einschränkungen ebenso berücksichtigt werden wie später das unterschiedliche Vorgehen einzelner Diözesen mit selbst in Auftrag gegebenen Einzelgutachten. Weitere Forderungen des Schreibens von *Maria 2.0* an den Papst, das über 42.000 Menschen unterzeichnet haben, betreffen neben dem Zugang für Frauen zu allen Ämtern die Abschaffung des Pflichtzölibats sowie die stärkere Ausrichtung der kirchlichen Sexualmoral an den Lebenswirklichkeiten der Gläubigen, ein Aspekt, der bereits in den Fragebögen von den deutschen Gemeinden und Verbänden zur Familiensynode 2015 als zentral adressiert worden war. Im Mai 2019 hatte die Initiative zu einer Aktionswoche aufgerufen, in der Frauen dem Gottesdienst und kirchlichen Ehrenamt fernbleiben und damit sichtbar machen sollten, was und wie viel der Kirche ohne sie fehlte. Stattdessen wurde in Gebeten *vor* der Kirche die Geschwisterlichkeit in der Kirche angemahnt. Viele Frauen haben sich seither angeschlossen und zeigen bundesweit in wiederkehrenden Aktionszeiträumen auf, dass Austreten für sie keine Option ist und sie weiter für eine partnerschaftliche Kirche eintreten, die freudig und glaubwürdig die Botschaft des Evangeliums verkündigt. Zwei der Gründerinnen von *Maria 2.0* sind inzwischen leider aus der Kirche ausgetreten.

Ebenfalls durch die Erschütterung aufgrund des Missbrauchsskandals angestoßen wurde der Synodale Weg der Kirche in Deutschland, der als Weg der Umkehr und der Erneuerung auch Antworten auf drängende Fragen der Kirche finden soll. Zwei Jahre lang erarbeiten die 230 Teilnehmenden (in gleicher Anzahl Mitglieder der Bischofskonferenz und Delegierte des Zentralkomitees der deutschen Katholiken ZdK, ebenso sind die geistlichen Dienste und kirchlichen Ämter sowie junge Menschen und Einzelpersönlichkeiten vertreten) in vier Synodalforen konkrete Reformvorschläge – wobei für den zeitlichen Verlauf berücksichtigt werden muss, dass auch die Synodalversammlung und die Foren durch die Corona-Pandemie nur eingeschränkt tagen konnten. Es ist bemerkenswert, dass neben den Themenfeldern Macht, priesterliches Leben und Sexualmoral auch die Stellung der Frau in der Kirche ein eigenes Forum bekommen hat. Bereits in Protokoll und Geschäftsordnung (der online live übertragenen Sitzungen) gelten ungewöhnliche Gepflogenheiten, so erfolgt die Sitzordnung alphabetisch, ohne die kirchliche Hierarchie zu berücksichtigen. Für die Beschlussfassung ist (neben der satzungsgemäßen Zweidrittelmehrheit der Bischöfe) in der Geschäftsordnung vorgesehen, dass bei Antrag auf getrennte Abstimmung auch eine Zweidrittelmehrheit der weiblichen

Delegierten erforderlich ist. Eine spätere Umsetzung von Beschlüssen bleibt jedoch dem Diözesanbischof vorbehalten, Themen mit gesamtkirchlicher Bedeutung bedürfen eines Votums aus Rom.

Fallhöhe und Hoffnung sind entsprechend groß: Sollten aus dem synodalen Weg konkrete Reformschritte hervorgehen – gar das Frauendiakonat? –, könnte die deutsche Kirche entscheidende Anstöße für die Weltkirche geben. Sollte nach dem hoffnungsvollen Start der Weg ohne konkrete Ergebnisse enden, würde die katholische Kirche (nicht nur in Deutschland) zu Lasten der Frauen *und* Männer erheblich geschwächt.

Literatur

Agenda Forum katholischer Theologinnen e. V., Frauen in theologischer Wissenschaft – Eine Untersuchung der Repräsentanz von Frauen in theologischen Zeitschriften und auf Tagungen theologischer Arbeitsgemeinschaften, https://www.agenda-theologinnen-forum.de/aktuelles/aktuelles-vollansicht/frauen-in-theologischer-wissenschaft.html.

Bundesministerium des Innern, für Bau und Heimat (BMI), https://www.bmi.bund.de/DE/themen/heimat-integration/staat-und-religion/islam-in-deutschland/islam-in-deutschland-node.html;jsessionid=F0288139FEF6F03052ADA42F1AFEDBA3.2_cid373.

Demel, Sabine, Weniger als Priester, aber mehr als Laien. Ein Argument für die Einführung eines Frauendiakonats?, in: Stimmen der Zeit 8/2012, 507–519.

Dreßing, Harald et al., Sexueller Missbrauch an Minderjährigen durch katholische Priester, Diakone und männliche Ordensangehörige im Bereich der Deutschen Bischofskonferenz (MHG-Studie). Mannheim – Heidelberg – Gießen 2018, online: www.dbk.de/fileadmin/redaktion/diverse_downloads/dossiers_2018/MHG-Studie-gesamt.pdf.

Eckholt, Margit, Partnerschaftlich Kirche sein – die Forderung nach dem Diakonat der Frau. Vortrag, in: KDFB, Dokumentation Tag der Diakonin 29.4.212, Köln 2012, 12–20.

Eckholt, Margit et al. (Hg.), Frauen in kirchlichen Ämtern. Reformbewegungen in der Ökumene, Freiburg i. Br. 2018.

Emunds, Bernhard/Hagedorn, Jonas, Zur Lage des wissenschaftlichen Nachwuchses in der deutschsprachigen Katholischen Theologie. JCSW 58 (2017), 341–403 | urn:nbn:de:hbz:6:3-jcsw-2017–20892.

Evangelische Kirche in Deutschland (EKD), Kirchenmitgliederzahlen Stand 31.12.2019, Hannover 2020, www.ekd.de/ekd_de/ds_doc/Ber_ Kirchenmitglieder_2019.pdf.

Bertsch, Ludwig u. a. (Hg.), Gemeinsame Synode der Bistümer in der Bundesrepublik Deutschland. Beschlüsse der Vollversammlung. Offizielle Gesamtausgabe I, Freiburg i. Br. 1976.

Gielen, Marlis, Frauen als Diakone in paulinischen Gemeinden, in: Winkler, Dietmar W. (Hg.), Diakonat der Frau. Befunde aus biblischer, patristischer, ostkirchlicher, liturgischer und systematisch-theologischer Perspektive, Wien, Berlin 2010, 11–40.

Groß, Walter (Hg.), Frauenordination, Stand der Diskussion in der katholischen Kirche, München 1996.

Hainthaler, Theresa, Diakonat der Frau, in: Eckholt, Margit et al., Frauen in kirchlichen Ämtern. Reformbewegungen in der Ökumene, Freiburg i.Br. 2018, 223–246.

Heimbach-Steins, Marianne, Geschichte und Gegenwart katholischer Frauenverbände. Zwischen Tradition und Emanzipation; in: Herder Korrespondenz Spezial 1/2016, Marias Töchter. Die Kirche und die Frauen, 13–15.

Heyder, Regina, Frauen beim Konzil, in: Theologische Kommission des Katholischen Deutschen Frauenbundes, Die Tür ist geöffnet, Das Zweite Vatikanische Konzil – Leseanleitung aus Frauenperspektive, Münster 2013, 15–23.

Katholischer Deutscher Frauenbund (KDFB), Zugang von Frauen zu allen Diensten und Ämtern der Kirche, Köln 2020, https://www.frauenbund. de/wp-content/uploads/KDFB_Broschuere_Weihe_Einzelseiten.pdf.

Qualbrink, Andrea, Frauen in Leitungspositionen. Möglichkeiten, Bedingungen und Folgen der Gestaltungsmacht von Frauen in der katholischen Kirche, Stuttgart 2019.

Röttger, Sarah, Die Äbtissinnen und ihre Weihe. Stütze in der Diskussion um die Ordination von Frauen?, in: Eckholt, Margit et al. (Hg.), Frauen in kirchlichen Ämtern. Reformbewegungen in der Ökumene, Freiburg i.Br. 2018, 148–159.

Katholische Kirche in Deutschland, Zahlen und Fakten 2019/20, (Arbeitshilfen Nr. 315), hg. vom Sekretariat der Deutschen Bischofskonferenz, Bonn 2020.

Katholische Kirche in Deutschland, Statistische Daten 2019, hg. vom Sekretariat der Deutschen Bischofskonferenz, Bonn 2019, https://www.dbk. de/fileadmin/redaktion/diverse_downloads/presse_2020/ 2020–106a-DBK_Flyer_Kirchliche-Statistik_2019.pdf.

Katholische Kirche in Deutschland, Wiederaufnahmen, Eintritte und Austritte, hg. vom Sekretariat der Deutschen Bischofskonferenz, Bonn

2019,   https://www.dbk.de/fileadmin/redaktion/Zahlen%20und%
20Fakten/Kirchliche%20Statistik/Eintritte%2C%
20Wiederaufnahmen%20zur%20katholischen%20Kirche%20sowie%
20Austritte%20aus%20der%20katholischen%20Kirche/2019
-Wiederaufnahmen-Eintritte-Austritte_1950–2019.pdf.

Strübind, Andrea, „Ich habe euch kein Frauengeschwätz geschrieben, sondern das Wort Gottes als ein Glied der christlichen Kirche". Frauen in
kirchlichen Ämtern – eine kirchenhistorische Spurensuche, in: Eckholt,
Margit et al. (Hg.), Frauen in kirchlichen Ämtern. Reformbewegungen
in der Ökumene, Freiburg i.Br. 2018, 160–185.

Vasilevich, Natallia, Frauenordination in der orthodoxen Kirche. Wird die
Diakonninenweihe im Patriarchat von Alexandrien der Flügelschlag
des Schmetterlings?, in: Eckholt, Margit et al. (Hg.), Frauen in kirchlichen Ämtern. Reformbewegungen in der Ökumene, Freiburg i.Br.
2018, 261–272.

Wolf, Hubert, Krypta. Unterdrückte Traditionen der Kirchengeschichte, München 2015.

Zentralrat der Juden, https://www.zentralratderjuden.de/der-zentralrat/
aufgaben/.

Bibliographischer Nachweis der lehramtlichen Texte: S. 283
[Links alle zuletzt eingesehen am 05. Juni 2021]

Katholisch, weiblich, autonom?

Erfahrungen einer Benediktinerin

Makrina Finlay OSB (Dinklage, Deutschland / Kalifornien, USA)

„Wie in aller Welt bist du hierher gekommen?" ist oft eine der ersten Fragen, die mir Menschen stellen. Es ist eine gute Frage. Ich bin Benediktinerin in der Abtei Dinklage in Niedersachsen, wuchs aber freikirchlich in einer kleinen Stadt in Nordkalifornien auf. Meine Familie und ich gehörten zur *Church of the Nazarene* (dt. „Kirche des Nazareners") – eine Kirche, die seit ihrer Gründung im Jahr 1908 Frauen ordiniert. Als Kinder besuchten meine Schwester und ich die konservative christliche Schule, an der unsere Eltern unterrichteten. Ich ging auf eine methodistische Universität in der Nähe von Los Angeles und hatte wenig Kontakt mit dem Katholizismus oder anderen liturgisch und sakramental ausgerichteten Kirchen. Erst als ich mit Anfang 20 für ein Auslandssemester nach Oxford ging, lernte ich anglikanische, katholische und orthodoxe Christ*innen kennen und besuchte viele unterschiedliche Kirchen. Später belegte ich einen Patristik-Kurs, der mich schließlich begeisterte.

In dieser Zeit studierte ich unter anderen Athanasius, Johannes Chrysostomus und die Kappadokier. Vor allem die heilige Makrina und ihr jüngerer Bruder, der heilige Gregor von Nyssa, hatten es mir angetan. Mir gefiel es, dass Gregor etwa zur gleichen Zeit, als er am Konzil von Konstantinopel teilnahm und die Lehre von der Dreifaltigkeit ausarbeitete (381), auch das Leben der heiligen Makrina schrieb. Darin stellt er seine Schwester als eine Person dar, die über geschlechtsbezogene Normen hinausging und sich beispielsweise aktiv dafür entschied, genauso wie ihre Dienerinnen zu leben. Er wollte deutlich machen, dass sie die von Paulus in Galater 3,28 beschriebene Vision in die Tat umsetzte: „Es gibt nicht mehr Juden und Griechen, nicht Sklaven und Freie, nicht männlich und weiblich; denn ihr alle seid einer in Christus Jesus." Gregor präsentiert Makrina als eine Person, die eine monastische Gemeinschaft leitete, Bischöfe lehrte, Männer und Frauen segnete, ein priesterliches Gebet sprach, als Braut Christi lebte und auf diese Weise in ihrem eingeschränkten Bereich der Kirche als Ganzer diente. In seinem Bericht über ihre letzten Tage beschreibt er sie und ihr Wirken nicht nur *wie* das Weihrauchopfer auf dem Altar, sondern als den Weihrauch selbst. Es ist nicht ersichtlich, ob Makrina aus Sicht Gregors *„in persona Christi"* handelt, aber in seiner Darstellung ist sie aufs engste mit Christus verbunden und hat nicht nur die Fähigkeit, die Opfergabe zu weihen, sondern selbst die Opfergabe zu *sein*.

Das war eine Vision von Kirche, zu der ich mich hingezogen fühlte.

Als ich einige Monate später nach Oxford zurückkehrte, um mein Doktorat in moderner Geschichte zu beginnen, war ich schon vom sakramentalen Wesen der Kirche überzeugt. Ich lernte eine Reihe von Benediktinermönchen kennen, die ebenfalls in Oxford studierten, und schloss mich ihnen oft zum Gebet an. Da ich theologisch immer noch auf der Suche war, begann ich einen katechetischen Prozess, sowohl bei der orthodoxen als auch der katholischen Kirche. Nach einigen Monaten entschied ich mich, katholisch zu werden. Das war im Frühjahr 2000. Ich hatte das Gefühl, nach Hause zu kommen. Gleichzeitig aber kam ich mir vor wie ein

Scheidungskind, das sich entscheiden musste, bei welchem Elternteil es leben wollte. Ich traf die Wahl. Ein halbes Dutzend Mönche und mein Freundeskreis, zu dem eine Jüdin, eine Hindu, eine Mormonin und ein Atheist gehörten, nahmen an meiner Firmung teil. Das war für mich die Weite der katholischen Kirche und der Grund, warum ich Ja sagen konnte.

Während meiner Jahre in Oxford war ich Teil einer kleinen Gruppe von Frauen, die von einer anglikanischen Priesterin geleitet wurde. Für mich waren die Mitglieder dieser Gruppe Mitchristinnen und Suchende, die mir viel beibringen konnten, aber als katholische Konvertitin vertrat ich auch ein enges Verständnis der Sakramente. Es gab mir Sicherheit, zu wissen, was erlaubt war und was nicht. Eines Abends waren wir gemeinsam zu einer Eucharistiefeier versammelt, der die Gruppenleiterin vorstand. Sie war sichtlich schwanger. Obwohl ich aus meiner Kindheit in der Nazarenerkirche mit Predigerinnen und Pastorinnen vertraut war, war diese Situation aufgrund des liturgischen und sakramentalen Kontextes anders; die Anglikaner hielten es ja nicht „nur" für ein Symbol. Ich erinnere mich, dass ich mich beim Anblick einer schwangeren Frau, die *in persona Christi* steht und die Hostie konsekriert, sehr unwohl fühlte; ich war froh, dass das in der katholischen Kirche nicht möglich war.

Etwa zur selben Zeit lernte ich Sr. Maire Hickey kennen. Sie war damals Äbtissin von Dinklage, der Benediktinerinnenabtei in Deutschland, in die ich 2005 eintrat. Ich fand in ihr und den anderen Schwestern eine tiefe spirituelle Kraft, zu der ich mich hingezogen fühlte. Ungefähr ein Jahr nach der oben erwähnten Eucharistiefeier kam Sr. Maire zu einem *„Reunion"* nach Oxford. Die Veranstaltung begann mit einer Messe, und sie lud mich ein, daran teilzunehmen. Bei der eucharistischen Wandlung fühlte ich mich allerdings genauso unwohl wie bei der, die ich oben beschrieben habe. Von den ca. 100 Personen, die offiziell an der Veranstaltung teilnahmen, war Sr. Maire die einzige Frau. Ich war spürbar geschockt von dem Eindruck, als 100 Paar Arme um uns herum in der Konzelebration in die Höhe flogen. Wäre ich allein gewesen, hätte ich mir vielleicht nichts dabei gedacht. Doch da war Sr. Maire, die als Äbtissin in vielerlei Hinsicht den Rang eines Bischofs inne hatte. Sie war meine geistliche Begleiterin, durfte mir aber nicht die Absolution erteilen. Sie war eine theologisch gebildete, zölibatär lebende Leiterin einer Ordensgemeinschaft und vertrat als Äbtissin, wie es die Benediktsregel sagt, „im Kloster die Stelle Christi" (RB 2,2); und doch durfte sie nicht *in persona Christi* konzelebrieren. Ich konnte das alles noch nicht artikulieren, aber nichts davon schien richtig zu sein.

Jahrelang war ich zwischen diesen beiden Polen hin- und hergerissen: dem Gefühl, dass Männer, weil sie das gleiche Geschlecht wie Jesus Christus haben, irgendwie besser ausgestattet sind, um *in persona Christi* zu handeln, und dem Gefühl, dass die christliche Sakramentalität und das geistliche Leben das Geschlecht transzendieren. „Es gibt weder weiblich noch männlich..." Ich habe im Großen und Ganzen gute Erfahrungen mit Priestern gemacht und kann viele Priester und Mönche zu meinen Freunden und Kollegen zählen. Ich habe auch keine Berufung zum Priestertum, und fühlte mich deswegen nie persönlich benachteiligt durch die Tatsache, dass Frauen in der katholischen Kirche von der Priesterweihe ausgeschlossen sind. Wie oben erwähnt, wurde ich katholisch, weil ich es für wichtig hielt, Teil einer Kirche zu sein, die die Sakramente zu ihren Grundlagen zählt. Und am Anfang war ich bereit, die Regeln eins zu eins zu übernehmen.

Als Benediktinerin habe ich insgesamt auch die positiven Seiten des katholischen Glaubens erfahren. Die Regel des heiligen Benedikt, die mein klösterliches Leben leitet, legt Wert darauf, dass wir Christus nicht nur in der Äbtissin sehen und uns auf ihn einlassen, sondern auch in den Besucher*innen, den Armen, den Kranken; kurzum: in jedem Menschen. Die Regel betont auch, dass wir alles im Kloster – alle Güter und Talente, die uns anvertraut sind – wie die heiligen Gefäße des Altars behandeln. Es geht darum, dass wir durch das Sakrament der Taufe miteinander das Heilige in unserem gemeinsamen Leben, das von Gebet, Arbeit und Lectio Divina geprägt ist, kennenlernen. Von dort aus gewinnen wir die Perspektive, durch die wir sehen können: alle und alles ist geheiligt – und geweiht.[1]

Das mag erhaben klingen; und das ist es auch. Gleichzeitig ist es in unserem täglichen Leben verwurzelt. Mit Hilfe von Demut, Geduld und einem Sinn für Humor lernen wir, unsere eigenen Unzulänglichkeiten und die der anderen zu ertragen, und unsere alltäglichen Erfahrungen zeigen uns, dass die Menschheit – die *ganze* Menschheit! – durch die Menschwerdung und Auferstehung Christi im Innersten verwandelt worden ist. Wir gestalten unser Leben so, dass wir ständig daran erinnert werden, im Licht und in der Wirklichkeit dieses Wandels zu leben.

---

1   Anm. d. Übs.: Im englischen Original heißt es, stilistisch kaum übersetzbar: „everyone and everything is sacred – consecrated".

Und doch: selbst im Kloster, wo wir Ordensfrauen wei-testgehend autonom sind, stoßen wir dabei an Grenzen. Es sind oft die kirchlichen Regeln selbst, die uns daran hindern, unser Leben in diesem Sinne zu gestalten. Seit dem Mittel-alter waren die Frauenorden gezwungen, zwischen Klausur und Apostolat zu wählen. Die Entscheidung für ein Leben im Kloster war mit einem höheren Status in der Kirche ver-bunden. Ein aktives Apostolat war mit strenger Klausur nicht zu vereinbaren, doch es erlaubte den Gemeinschaften, die apostolische Arbeit zu tun, zu der sie sich berufen fühlten. Es war ein Entweder-Oder. Für Benediktinerinnen lag darin eine besondere Herausforderung. Unsere Regel fordert ein Gleichgewicht zwischen internem Ordensleben, Gastfreund-schaft und Arbeit, und das passt so gar nicht zu der strikten Zweiteilung in kontemplative und aktive Ordenstätigkeit. Be-merkenswert ist übrigens, dass man den Männern, obwohl sie als Benediktiner nach der gleichen Regel leben, nie diese beiden Alternativen als unvereinbar vorgeschrieben hat.

Die ersten Benediktinerinnen in den USA sind ein Mus-terbeispiel für die Schwierigkeiten, die dadurch entstanden. Sie kamen im 19. Jahrhundert in die Vereinigten Staaten und wurden bei ihrer Ankunft von den örtlichen Bischöfen ge-zwungen, zwischen der Arbeit, für die sie gekommen waren, und der Beibehaltung ihres kanonischen Stands zu wählen. Sie wählten ihre Arbeit anstatt des Titels. Sie blühten als Kongregation auf; Tausende von Frauen wurden von ihrer Le-bensweise angezogen, aber diese Entscheidung senkte ihren Status, trennte sie von ihren Ursprungsgemeinschaften und verhinderte, dass sie das volle Stundengebet[2], dem sie zuvor gefolgt waren, beibehalten durften. Vergleichbares geschah

---

2   Anm. d. Übs.: Die Regel selbst schreibt das Stundengebet vor.

auf der ganzen Welt, und die Benediktinerinnen haben noch heute mit Folgewirkungen zu kämpfen.

Seit dem Zweiten Vatikanischen Konzil haben Benediktinerinnen – Schwestern und Nonnen – begonnen, sich gemeinsam zu treffen, um ihre gemeinsamen Wurzeln wiederzufinden. Davor war nicht einmal das erlaubt; wieder: weil die männliche Hierarchie es so wollte. Seit einigen Jahren, und zu Beginn besonders mit der Unterstützung von Männern, die diese Ungerechtigkeiten sehen und beseitigen wollten, finden sich Benediktinerinnen regelmäßig und überall auf der Welt zusammen und entwickeln eine Struktur, in der die Gemeinschaften miteinander verbunden sind. Sie diskutieren Aspekte des benediktinischen Lebens, die uns alle zusammenhalten, und haben allmählich begonnen, die gemeinsame spirituelle Basis, die wir alle teilen, wiederzuentdecken.

All das ist ein gutes Zeichen und man könnte meinen, dass es das Ergebnis einer Veränderung im Herzen der gesamten Kirche war. Im Jahr 2016 wurde es jedoch als Wunschdenken entlarvt. Mit der apostolischen Konstitution *Vultum Dei quaerere* verkündete der Vatikan, dass alle autonomen kontemplativen Gemeinschaften neue Kongregationen oder Föderationen gründen oder sich bereits bestehenden anschließen müssen.[3] Anstatt die betroffenen Gemeinschaften zu konsultieren und anstatt Vertreterinnen dieser Gemeinschaften zu ernennen, um an der Entwicklung dieser neuen Struktur teilzunehmen, hat der gesamte Prozess von oben

---

3 Zur Erläuterung: Klöster wie das unsrige sind rechtlich autonom; d.h. die Gemeinschaft regelt ihre Angelegenheiten selber unter der Leitung und Letztverantwortung der Äbtissin. Für bestimmte, klar im Kirchenrecht festgelegte Dinge hat der Bischof eine besondere Aufsichtspflicht. Die apostolische Konstitution *Vultum Dei quaerere* bestimmt nun, dass bisher autonome

nach unten stattgefunden. Das hat bei vielen zu Empörung und weitestgehender Missbilligung geführt. Um es klar zu sagen: Die Absicht, dass sich die Ordensgemeinschaften zusammenschließen, ist an sich nicht schlecht. Wie bereits erwähnt, waren die Benediktinerinnen in diesem Prozess bereits sehr weit fortgeschritten und wären viel weiter gewesen, wenn der formale Kontakt zwischen Schwestern und Nonnen nicht von der Hierarchie für Hunderte von Jahren verboten worden wäre. Aber alle Nonnen nur aufgrund der Tatsache, dass sie in Klausur leben, in einen Topf zu werfen, als ob das unser primäres Definitionsmerkmal wäre, und uns dann eine neue Struktur aufzuzwingen, während man sich weigert, Vertreterinnen der Gemeinschaft in den Entscheidungsprozess miteinzubeziehen, ist für Gemeinschaften auf der ganzen Welt schmerzhaft; für die meisten Menschen außerhalb der Kirche ist es ohnehin schwer zu begreifen.

Zugegeben, auch Männer können auf ähnliche Probleme stoßen; es geht nicht nur um die Diskriminierung von Frauen. Ein Unterschied ist jedoch, dass Männer, weil sie ordiniert werden können, auch in diese hierarchischen Strukturen eindringen und Veränderungen durchsetzen können. Frauen sind davon ausgeschlossen, einfach weil sie *Frauen* sind. Solange wir diese Regeln akzeptieren, bleiben uns die

Klöster sich in Föderationen oder (monastischen) Kongregationen zusammenzuschließen haben oder sich einer bestehenden anschließen sollen. Es ist hier nicht der Ort, die rechtlichen Unterschiede der genannten Möglichkeiten darzulegen, die auch ihre positiven Seiten haben, aber auf zwei Dinge ist kritisch hinzuweisen: zum einen werden in *Vultum Dei quaerere* Klöster mit unterschiedlichen Spiritualitäten und Traditionen wie Karmelitinnen, kontemplative Dominikanerinnen, Klarissen und eben auch Benediktinerinnen in einen Topf geworfen, und es werden die unterschiedlichen kulturellen Kontexte in der Welt von heute nicht in Betracht gezogen. Zum anderen ist die Motivation der Neuregelung nicht etwa, die Frauengemeinschaften zu stärken, sondern eher, aussterbende Gemeinschaften beizustehen und die Möglichkeit zu eröffnen, diese an andere Gemeinschaften anzuschließen.

Hände gebunden; wenn es um unser gemeinschaftliches und geistliches Leben geht, bleiben wir dem Wohlwollen ausgeliefert, das Männer gewähren oder verweigern können.

Erfahrungen wie diese machen deutlich, dass Frauen keine Stimme in der Kirche haben. Es sind diese offensichtlichen Ungerechtigkeiten und das Gefühl, von der männlichen Hierarchie nicht ernst genommen zu werden, weshalb immer mehr Ordensfrauen allergisch auf ordinierte Kleriker reagieren. Schon die Tatsache, dass ein Mann hinzugezogen werden muss, um die Messe zu feiern, die Beichte zu hören, die Krankensalbung zu spenden und Segnungen zu erteilen, ist in diesem Zusammenhang schwer zu akzeptieren.

In meiner Gemeinschaft hatten wir bereits vor Corona damit begonnen, die Anzahl der Messen zu reduzieren und sicherzustellen, dass es wenigstens ein paar Tage im Monat gab, an denen wir einen Wortgottesdienst feierten. Als die Covid-19-Beschränkungen in Kraft traten, entschlossen wir uns, nur noch zweimal in der Woche eine Messe zu feiern; donnerstags und sonntags. An den anderen Tagen hören wir die täglichen Messlesungen während der Terz, und die Äbtissin oder eine andere Schwester hält eine Homilie. Obwohl der Verzicht auf die Eucharistie in vielerlei Hinsicht ein Opfer ist, reduziert dies unsere Abhängigkeit von den Priestern und gibt der gewählten geistlichen Leiterin den Raum, um der Gemeinschaft und den Gästen in einem liturgischen Kontext spirituelle Impulse anzubieten. Wir haben uns bewusst dazu entschieden, denn es wäre deutlich schlechter gewesen, für die tägliche Messfeier einen Priester von außerhalb in unsere Gemeinschaft importieren zu müssen, oder – noch schwieriger – einen Kaplan dauerhaft bei uns wohnen zu lassen.

Was bedeutet das alles für uns – was bedeutet es für mich? Zum einen bleibe ich zurück mit vielen Freunden und

Freundinnen, die nicht verstehen, wie ich mich so mit dieser Kirche verbinden und so viel in sie investieren kann. Obwohl ich und andere Ordensleute wahrscheinlich noch um einiges länger innerhalb der Kirche bleiben und mit der Institution ringen werden, finden wir Wege, unsere Berufung, Kirche zu sein, auf eine selbstständigere Weise zu leben. Die meisten anderen Menschen, die ich kenne, ignorieren einfach die Position der Kirche zu Geschlecht und Sexualität, weil sie sie nicht ernst nehmen können. Ihre Ablehnung ist nicht mit Kampf oder Gewalt verbunden. Sie bleiben auch nicht in der Kirche, um zu sehen, wie sich die Dinge entwickeln. Warum sollten sie auch? Sie haben nicht einmal so viel Interesse, um die Energie aufzubringen, für einen Wandel in der Kirche zu kämpfen.

Literatur

Papst Franziskus, Apostolische Konstitution *Vultum Dei quaerere*. Über das kontemplative Leben in Frauenorden, hg. von der dt. Bischofskonferenz (Päpstl. Verlautbarungen Nr. 208), Bonn 2016.
Salzburger Äbtekonferenz, Die Regel des Heiligen Benedikt (=RB), Beuron 17. Aufl. 2006.

Szenen aus dem Leben einer kenianischen Ordensfrau

Judith Sakwa Omusa OSB (Busia, Kenia)

Omukazi wa father, omukazi wa father („Frau des Priesters, Frau des Priesters"). Es war ein leiser Gesang, den ich hörte, als ich die belebte und überfüllte Straße der kleinen Stadt entlang ging und nach einem Bus Ausschau hielt. Der Gesang wurde immer lauter, als ich mich den beiden betrunkenen jungen Männern näherte, die sich am Busbahnhof aufhielten. „Schwester, wo hast du den Pfarrer gelassen?", fragte mich einer von ihnen überheblich. In diesem Moment dämmerte es mir, dass ich diejenige war, die sie als „Ehefrau des Priesters" bezeichneten. Es war mir so peinlich, dass ich mit wünschte, der Boden würde sich öffnen und mich verschlucken, aber das war ja nicht möglich. Ich versuchte sie zu ignorieren, aber einer von ihnen riss mir die Tasche aus den Händen und brachte sie zu einem Bus, der in der Nähe geparkt hatte (das ist typisch für „Fahrkartenvermittler" in meinem Land). *Lo!* Der Bus war bereits voll, ich konnte kaum noch einen freien Sitzplatz bekommen. „Der Bus ist schon voll", sagte ich zu einem von ihnen. Meine Güte, die Männer überschütteten mich mit Beschimpfungen, als würden sie nur auf eine Reaktion von mir warten, damit sie mich attakieren konnten. „Du bist es gewohnt, von Priestern mitgenommen zu werden, und deshalb denkst du, dass dies das Auto eines Priesters ist, in dem du bequem sitzen kannst." Mein Herz schlug sehr schnell, alle starrten mich an. Zum Glück war ein Mann so freundlich und bot mir seinen Platz an. An diesem Tag kam mir die Fahrt länger vor als sonst, und als ich an meinem Ziel ankam, rief mir der Mann zu: „Grüß den Pfarrer von mir", während er mir die Tasche überreichte.

Als ich aufwuchs, waren Schwestern in der Gesellschaft besonders verehrte Menschen. Für viele galten sie als eine Art „Göttinnen". Ihnen wurde viel Respekt entgegengebracht, und wenn man sie um Hilfe bat, bekam man sie. Die *Babikira* (Jungfrauen), wie sie von den meisten Einheimischen genannt wurden, waren immer für die Menschen da, und sie trugen immens zu deren Wohlergehen bei. Die Mehrzahl der herausragenden Bildungs- und medizinischen Einrichtungen wurden von Schwestern gegründet. Mittlerweile hat sich aber das Bild der Schwestern in den Augen vieler Menschen, besonders bei den Jugendlichen, verändert. Eine Ordensfrau wird wie jede andere Frau gesehen. Es wird auch uns so wenig Respekt entgegengebracht, dass ich mich manchmal frage, was da falsch gelaufen ist!

Seitdem der sexuelle Missbrauch an Ordensfrauen aufgedeckt wurde, wollen viele junge Mädchen nicht mehr in eine Ordensgemeinschaft eintreten, einige werden sogar von ihren Eltern davon abgehalten. Viele denken, dass das Ordensleben nichts mehr wert ist, sie haben das Gefühl, dass einigen von uns durch Priester Unrecht geschieht, und sie möchten nicht zulassen, dass auch ihre Kinder auf dieselbe Weise leiden. Daneben gibt es Leute, in deren Augen wir Scheinheilige sind, die vorgeben, in den Klöstern ein keusches Leben zu führen, in Wirklichkeit aber mit Priestern verheiratet sind. Es ist schon fast normal, dass „Gäste" unserer Priester zu uns ins Kloster kommen und diese dann denken, wir würden mit den Priestern zusammenleben. Manchmal ist es sehr schwierig, sie davon zu überzeugen, dass die Priester im Pfarrhaus wohnen und nicht im Kloster. Ich erinnere mich noch an den

Tag, an dem unser Kloster von Räubern überfallen wurde, sie verlangten, dass wir ihnen das Zimmer des Pfarrers zeigten, aber als wir ihnen sagten, dass wir nicht mit Priestern zusammenwohnen, wurden wir geohrfeigt. Wie auch immer, ich kann es ihnen nicht einmal verübeln!

Weil viele Gerüchte über Ordensfrauen und die katholische Kirche als Ganzes im Umlauf sind, haben Kriminelle auch nicht davor zurückgeschreckt, sich wie Schwestern zu verkleiden, um Verbrechen zu verüben. Ich erinnere mich an einen Vorfall, bei dem als Schwestern getarnte Kriminelle die Angestellte eines Devisenbüros unter Drogen setzten und Millionen erbeuteten. Früher glaubten viele Menschen, dass man geweiht sein muss, um einen Habit zu tragen, da er als etwas Besonderes angesehen wurde und von keiner anderen Person getragen werden konnte. Heute hingegen nähen bzw. stehlen Kriminelle Schwesternhabits für ihre Verbrechen. Das hat es für die Menschen, auch für uns Ordensleute, sehr schwierig gemacht, jemandem im Habit zu vertrauen, besonders wenn die Person nachts, auf der Suche nach einer Unterkunft, zu uns ins Kloster kommt. Es gab einen Vorfall in einem der Klöster, bei dem sich eine Frau im Ordenshabit als Schwester ausgab und eine Übernachtungsmöglichkeit suchte, und am Morgen musste man feststellen, dass sie eine Betrügerin war und sich mit etlichen Wertgegenständen aus dem Gästehaus davongemacht hatte.

Früher war die Ausbildung an einer Klosterschule sehr angesehen und vermittelte den Lernenden komplett andere Erfahrungen im Leben. Sie galten vor allem als Orte, an denen Schülerinnen und Schüler in einer strengen Atmosphäre erzogen und gefördert wurden, es war eine Art Sprungbrett zur Selbstdisziplin. In Klosterschulen wurden freilich auch Berufungen zum Ordensleben geweckt – bis heute gehen die meisten Berufungsgeschichten von Priestern und Nonnen auf die Schule zurück, die sie besucht haben. Trotzdem sind heute die meisten jungen Leute nicht bereit, von Schwestern geleitete Schulen zu besuchen, da sie glauben, dass die Schwestern nur streng zu ihnen (den Schüler*innen) sind, selber aber die geforderte Disziplin nicht praktizieren.

Im Austausch mit einigen der Schwestern, die Lehrerinnen sind, habe ich erfahren, dass ihnen der Umgang mit manchen Jugendlichen schwer fällt. Den Schüler*innen wurde so viel über Ordensfrauen erzählt, dass die Schwestern Schwierigkeiten haben, überhaupt noch bei ihnen durchzudringen, wenn es beispielsweise darum geht, ihr Ordensleben zu erklären. Es gibt einen Vorfall, bei dem eine Schwester während des Religionsunterrichts gefragt wurde, warum katholische Priester *Father* (Vater) genannt werden und trotzdem nicht heiraten. Während die Schwester die Frage beantwortete, wurde sie von einer anderen Schülerin unterbrochen, die absolut nicht einverstanden war mit dem, was die Schwester sagte. Das Mädchen erzählte der Klasse unschuldig, ihre Mutter habe ihr gesagt, dass ihr Papa der Pfarrer Sowieso sei, und der sei doch schließlich Priester. Das schlug bei der Schwester ein wie eine Bombe! Sie wollte den Unterricht beenden, aber für die Kinder war es der Beginn einer Diskussion, da der Rest der Klasse von der Schwester die Aussage ihrer Klassenkameradin bestätigt haben wollte.

Eine weiteres Problem ist, dass Männer dreiste sexuelle Annäherungsversuche machen und behaupten, sie würden sich schließlich nicht von den Priestern unterscheiden, mit denen wir Schwestern Affären hätten. In ihren Augen ist das keine Frage von Missbrauch, sondern eine Lebensweise, für die sich Priester und Ordensfrauen doch entschieden hätten.

Doch durch die Aufdeckung der Skandale um sexuellen Missbrauch ist den meisten Ordensfrauen ein Licht aufgegangen, und sie sind nicht mehr so naiv wie früher. Dadurch haben einige der Nonnen, die dasselbe Schicksal erlitten haben, sich offen zu den Missbrauchstaten geäußert und diese üblen Taten angeprangert anstatt weiter zu schweigen.

Der Beitrag der Frauen zur Heilung der Kirche

Nuala Kenny, SC, CO, MD, FRCP (Halifax, Kanada)

Als Jünger*innen Jesu haben wir das Ende des Jahres 2019 in einem geschärften Bewusstsein für politischen und religiösen Dissens erlebt: weltweit wachsende gesundheitliche und soziale Ungerechtigkeiten, systemischer Sexismus, Altersdiskriminierung, Rassismus und *white privilege* in Kirche und Welt. Im globalen Norden haben sich viele vom praktizierten Glauben abgewandt, und die Krise des sexuellen Missbrauchs durch Kleriker hat zu einem tiefen Vertrauensverlust gegenüber der Kirche als Ort von Gerechtigkeit und der Fürsorge geführt. Niemand ahnte, dass das Coronavirus alle Dimensionen des individuellen und gemeinschaftlichen Lebens infizieren und paralysieren würde. Die COVID-19-Pandemie hatte besonders verheerende Folgen für Frauen. Es bestand nicht nur die Gefahr einer Infektion, durch Quarantäne und Isolation stieg für Frauen und ihre Kinder zudem das Risiko des körperlichen, emotionalen und sexuellen Missbrauchs. Besonders gefährdet waren *Women of Colour* und solche, die in Armut unter beengten Wohnverhältnissen oder als Obdachlose leben. Paradoxerweise haben sich Frauen als die unerkannten und unterbezahlten Heldinnen der Pandemie entpuppt, da sie unter großem Risiko den größten Teil der Pflege von kranken und vulnerablen Personen in Krankenhäusern, Hospizen, Alters- und Langzeitpflegeeinrichtungen und zu Hause leisten. Viele haben ihren Arbeitsplatz verloren, weil sie als pflegende Angehörige tätig sind. In Zeiten der

Pandemie wurde das Leid vieler Frauen offenbar, das Papst Franziskus bereits in *Amoris laetitia* benannt hatte: „Ich hebe die beschämende Gewalt hervor, die manchmal gegen Frauen verübt wird, die Misshandlung in der Familie und verschiedene Formen der Sklaverei, die nicht etwa ein Beweis der männlichen Kraft sind, sondern ein feiger Verlust an Würde. (...) Ich denke an die schlimme Genitalverstümmelung der Frau in manchen Kulturen, aber auch an die Ungleichheit im Zugang zu würdigen Arbeitsplätzen und zu Entscheidungspositionen" (AL 54).

Unter den Betroffenen des sexuellen Missbrauchs durch Kleriker sind auch viele Ordensfrauen. Tragischerweise sind sie auch Täterinnen, wie sich besonders im institutionellen Missbrauch in Kanada, Irland und Australien zeigt. Die Kirche kann aber nicht glaubwürdig in den Kampf gegen Gewalt gegen Frauen und ihre Unterdrückung eintreten, solange sie nicht Jesu Handeln widerspiegelt. Dies würde bedeuten, institutionalisierte Frauenfeindlichkeit sowie sexistische Strukturen und Überzeugungen zu thematisieren. Dazu müssen wir uns eingehender mit den dahinter stehenden Vorstellungen und Frauenbildern und ihren Auswirkungen auf die konkrete Praxis auseinandersetzen (vgl. Keenan 2012). In der Pandemie wurde besonders deutlich: es braucht Umkehr und Reformen, denen sich viele in der Kirche aber widersetzen, obwohl die Kirche „zugleich heilig und immer reinigungsbedürftig" ist (LG 8). So forderte Papst Franziskus, „dass es nicht das x-te schwerwiegende Ereignis der Geschichte gewesen ist, aus dem wir nicht zu lernen vermocht haben (...), dass wir einen Sprung hin zu einer neuen Lebensweise machen und wir ein für alle Mal entdecken, dass wir einander brauchen und in gegenseitiger Schuld stehen. So wird die Menschheit mit all ihren Gesichtern, all ihren Händen und all ihren Stimmen wiedererstehen, über die von uns geschaffenen Grenzen hinaus." (FT 35)

Jesus und die Frauen

Die Heilige Schrift zeichnet die Beziehungen von Jesus zu den Frauen als Freundinnen und Schülerinnen; dies ist den Werten und Normen der herrschenden patriarchalen Kultur gegenläufig, schließlich durften Frauen außerhalb des Hauses sich nicht zu Wort melden, nicht die Thora studieren und nicht den Inneren Tempel betreten (vgl. Schüssler-Fiorenza). Die Schrift beinhaltet auch die Geschichten von Sarah, Rebekka und Rachel, einst kinderlose Frauen, die auf die Liebe und Macht Gottes vertrauten und die Mütter Israels wurden. Und die Schrift weist auf Maria, Jesu mutige und glaubenserfüllte Mutter, von der er viel gelernt hat. Jesus schockiert die Apostel durch eine spirituelles Gespräch mit der Samaritanerin, die versteht, dass er der Christus ist und dies sofort anderen verkündet (vgl. Joh 4,39–42). Er wendet sich an ausgestoßene Frauen, z. B. die Frau, die aufgrund einer Blutung als unberührbar galt (vgl. Mt 9,20–22). Jesus erfährt in der Begegnung mit der syrophönizischen Mutter, deren Tochter von einem bösen Geist besessen war, dass sein Dienst nicht nur für die Kinder Israels bestimmt ist (vgl. Mk 7,24–30). In einer Gesellschaft, in der insbesondere Frauen schwere Lasten aufgebürdet werden, zeigt Jesus Erbarmen mit der Frau, die Ehebruch begangen hatte, als er sie zur Umkehr und Buße aufruft (vgl. Joh 7,53–8,11). Seine Mutter Maria und die Frauen, die ihn zeitlebens unterstützt haben, stehen am Fuß des Kreuzes. Frauen sind die ersten Zeuginnen der Auferstehung, zu denen er sagt: „Fürchtet euch nicht; geht hin und sagt meinen Brüdern, dass sie nach Galiläa gehen sollen, und sie werden mich dort sehen" (vgl. Mt 28,1–10). Als aber Maria Magdalena den Aposteln sagte, dass sie ihn lebend gesehen hatte, erlebte sie eine Reaktion, die vielen Frauen bekannt ist: Man glaubte ihr nicht (vgl. Mk 16,11).

Frauen und die Kirche

Jesu Umgang mit Frauen und die Rolle der Frauen in der frühen Kirche stehen in scharfem Kontrast zu der patriarchalen, hierarchischen und imperialen Kirche, die wir seit dem 4. Jh. v. Chr. kennen (vgl. Schenk). Es wurde eine Anthropologie dominierend, die sich auf vorchristliche heidnische Philosophen wie Platon und Aristoteles stützte, die Frauen als minderwertig und dem Mann von Natur aus untergeordnet betrachteten. Im Jahr 1963 schließlich benannte Papst Johannes XXIII. in der Enzyklika *Pacem in terris* die Frauenfrage als eines der „Zeichen der Zeit": „Die Frau, die sich ihrer Menschenwürde heutzutage immer mehr bewusst wird, ist weit davon entfernt, sich als seelenlose Sache oder als bloßes Werkzeug einschätzen zu lassen; sie nimmt vielmehr sowohl im häuslichen Leben wie im Staat jene Rechte und Pflichten in Anspruch, die der Würde der menschlichen Person entsprechen." (PT 22) Das Zweite Vatikanische Konzil erneuerte das Priestertum aller Getauften; es erklärte zudem: „jede Form einer Diskriminierung in den gesellschaftlichen und kulturellen Grundrechten der Person, sei es wegen des Geschlechts oder der Rasse, der Farbe, der gesellschaftlichen Stellung, der Sprache oder der Religion, muss überwunden und beseitigt werden, da sie dem Plan Gottes widerspricht." (GS 29) Sexismus, also der Glaube, dass einige Personen auf-

68

grund ihres Geschlechts anderen überlegen sind, zeigt sich in der Kirche in verschiedenen Überzeugungen, Einstellungen und Praktiken. Der Schaden, den Frauen durch Sexismus erlitten haben, muss wiedergutgemacht werden. Nicht nur die Glaubwürdigkeit der Kirche verlangt das.

Papst Johannes Paul II. erklärte in *Mulieris dignitatem*: „Wir müssen uns in den Bereich jenes biblischen ‚Anfangs‘ begeben, wo die über den Menschen als ‚Abbild und Gleichnis Gottes‘ offenbarte Wahrheit die unveränderliche *Grundlage der gesamten christlichen Anthropologie* darstellt. (…) *Mann und Frau in gleichem Grade, sind Menschenwesen, beide nach dem Abbild Gottes geschaffen*.“ (MD 6; Hervorheb. ebd.) Und: „Personsein nach dem Abbild Gottes (…) lässt uns die endgültige Selbstoffenbarung des dreieinigen Gottes vorausahnen: lebendige Einheit in der Gemeinschaft von Vater, Sohn und Heiligem Geist.“ (MD 7) Trotz dieser klaren Aussagen konzipierte er in seiner Theologie des Leibes die Beziehung zwischen Frauen und Männern als Komplementarität, nicht als Gleichheit (vgl. Johannes Paul II.). In seinem Verständnis der Ehepartner*innen sind Frauen rezeptiv und für die häusliche Fürsorgearbeit vorbestimmt. Dieses Verständnis hat ihre Stimmen marginalisiert, v. a. beim Schutz der Schwachen. Kleriker, die in die machtvolle Kultur der Hierarchie, des Klerikalismus und der Privilegien eingebunden sind, haben Schwierigkeiten, die Widersprüche ihrer eigenen Position zu erkennen, wie das folgende Zitat erweist: „In den letzten Jahren haben sich in der Auseinandersetzung mit der Frauenfrage neue Tendenzen abgezeichnet. Eine erste Tendenz unterstreicht stark den Zustand der Unterordnung der Frau, um eine Haltung des Protestes hervorzurufen. So macht sich die Frau, um wirklich Frau zu sein, zum Gegner des Mannes. Auf die Missbräuche der Macht antwortet sie mit einer

Strategie des Strebens nach Macht." (Schreiben über die Zusammenarbeit von Mann und Frau, 2) Auch wenn es Frauen gibt, die Macht um ihrer selbst willen anstreben, ist dies doch nicht der Grund für den Aufschrei der Frauen in der Kirche. Hier geht es nicht um „hochnäsige" weiße, privilegierte Frauen, die Macht fordern, sondern um einen wachsenden weltweiten Ruf nach Gleichheit und Teilhabe aufgrund der Taufe. Zu den amerikanischen und europäischen Frauen kommen afro-amerikanische (*„womanist"*), lateinamerikanische (*„mujerista"*) und asiatische Stimmen. Viele Frauen haben jedoch bereits die Hoffnung verloren, dass die Kirche diese Probleme angehen und wahre Inklusion und Gleichberechtigung bezeugen kann (vgl. Schneiders).

Ein erster Schritt ist geschlechtergerechte Sprache, mit Papst Franziskus in dem Apostolischen Schreiben *Sripturae Sacrae Affectus*: „Es ist zu Recht gesagt worden, dass sich eine Analogie zwischen der Übersetzung als Akt sprachlicher Gastfreundschaft und anderen Formen der Gastfreundschaft herstellen lässt. Daher betrifft die Übersetzungsarbeit nicht einzig und allein die Sprache, sondern sie entspricht in Wahrheit einer umfassenderen ethischen Entscheidung, die sich mit der ganzen Weltsicht verbindet." (SSA) Papst Franziskus hat den Wunsch nach einer größeren Beteiligung von Frauen an Entscheidungen in der Kirche geäußert. Er hat eine Reihe von Frauen in hochrangige vatikanische Positionen berufen, insbesondere die beispiellose Ernennung der Xavière-Schwester Nathalie Becquart im Februar 2021 zur Untersekretärin der Bischofssynode mit Wahlrecht. Er hat eine päpstliche Studienkommission für den Diakonat der Frau eingesetzt. Hier gibt es allerdings Differenzen über die Rolle der Diakoninnen in der frühen Kirche und die „Klerikalisierung" der Frauen. Mit einer Weihe von Priesterinnen beschäftigt sich die Kommission nicht. Hier handelt es sich immer noch um ein verbotenes Thema, obwohl die Bischofssynode im Oktober 2019 in Amazonien zu dem Schluss kam, dass die Kirche „darauf dringen [muss], dass Männern und Frauen gleichermaßen Dienstämter (*ministries*) übertragen werden" (SDOK 2019, 95), und die Einbeziehung von Frauen in alle Entscheidungsstrukturen als eine Pflicht der Gerechtigkeit fordert. Das nachsynodale Apostolische Schreiben *Querida Amazonía* vom 2. Februar 2020 geht auf diese Forderungen nicht ein.

Dialog und Synodalität

Frauen wissen, dass wir über unseren Schmerz, unser Leiden und unsere Unterschiede sprechen müssen. Dialog ist wesentlich für Heilung. In der Kirche wurde Dialog leider als Gehorsam gegenüber der Autorität und als einseitige Kommunikation von oben nach unten verstanden und darauf beschränkt (vgl. Hinze). Papst Franziskus erinnert uns in *Fratelli tutti*: „Wir können gemeinsam die Wahrheit im Dialog suchen, im ruhigen Gespräch oder in der leidenschaftlichen Diskussion. Das ist ein Weg, der Ausdauer braucht und auch vom Schweigen und Leiden geprägt ist. Er ist in der Lage, geduldig die umfangreiche Erfahrung der Menschen und Völker zusammenzubringen." (FT 50) Er ruft uns noch weiter zur Synodalität auf, einem Prozess des gemeinsamen Unterwegsseins, der ein konstitutives Element der Kirche ist. John Renkens meisterhafter Überblick über die umfangreiche Lehre Papst Franziskus' zur Synodalität arbeitet die zentralen Merkmale heraus: der Dienst als Dienst; die Notwendigkeit des gegenseitigen Zuhörens; die Einbeziehung des gesamten Volkes Gottes auf jeder Ebene – in den Pfarreien und Diözesen, in nationalen und regionalen kirchlichen Gremien. Das Konzept ist in einem dialogischen Ansatz verwurzelt und von der Trinität inspiriert, in der es eine kontinuierliche dynamische Kommunikation der Liebe zwischen Vater, Sohn und Heiligem Geist gibt (vgl. Renken). Die Bischofssynode 2022 in Rom steht unter dem Titel *Für eine synodale Kirche: Communio, Partizipation und Mission*. Die Glaubwürdigkeit dieser Synode erfordert, dass Lai*innen an den *Lineamenta* mitarbeiten und eingeladen werden, sich den Bischöfen als stimmberechtigte Mitglieder anzuschließen.

Der Beitrag der Frauen zur Heilung und Bekehrung

Die Pandemie hat gezeigt, dass Frauen die Carearbeit und in der „Hauskirche" die religiöse Sozialisation der Kinder übernehmen. Die katholische Soziallehre unterstützt ihr Bedürfnis nach sozioökonomischen Maßnahmen hinsichtlich Armut, sicherem Wohnraum und Kinderbetreuung. Katholische feministische Theologie, die in der Erfahrung der Marginalisierung von Frauen wurzelt, setzt sich für alle vulnerablen Personen ein (vgl. Clifford). Die Wissenschaftlerinnen erforschen, wie man systemischen und kulturellen Dynamiken, die Vulnerabilität produzieren und Ausgrenzung, Ausbeutung und Missbrauch verleugnen, entgegenwirken kann. Sie verstehen die Analyse und Reform von systemischen Faktoren als wesentlich für Veränderungen in Politik und Praxis, es geht auch um Prävention und die Förderung des Gemeinwohls. Feminismus ist für einige ein negativ besetzter Begriff, aber Papst Franziskus selbst erkennt in *Amoris laetitia* an: „Wenn Formen des Feminismus aufkommen, die wir nicht als angemessen betrachten können, bewundern wir gleichwohl in der deutlicheren Anerkennung der Würde der Frau und ihrer Rechte ein Werk des Heiligen Geistes." (AL 54) Wir brauchen eine spirituell fundierte Reflexion über unsere Theologien, unsere Sprache und unsere Gottesbilder, die ausschließlich männlich geprägt sind (vgl. Carr; Johnson). Wir müssen überholte metaphysische und philosophische Überzeugungen in Bezug auf Jesus, *Embodiment* und Frauen im Licht der Evolution und der neuen Inkanations- und Trinitätskosmologie erneuern (vgl. Delio), und wir müssen eine Hierarchie innerhalb der Trinität, die hierarchische Strukturen legitimiert, zurückweisen und ihr wundersames Geheimnis der gegenseitigen, gleichberechtigten Liebe erforschen.

Die Schließung von Kirchen und Schulen unterstreicht die Dominanz der männlichen Kleriker in unserem liturgischen und sakramentalen Leben. In dem Motu Proprio *Spiritus Domini* vom 15. Januar 2021 hat Papst Franziskus das Kirchenrecht dahingehend revidiert, dass Männer und Frauen das Amt des Lektorat und des Akolythats übernehmen dürfen. Da es sich um eine formale Bestätigung dessen handelt, was in der Praxis schon weit verbreitet war, ist die eigentliche Bedeutung untergegangen. Viele Bischofskonferenzen haben es ignoriert. Es ist jedoch ein entscheidender Schritt, um den Stellenwert der Liturgie des Wortes zu erneuern und die volle und aktive Partizipation des ganzen Volkes Gottes zu ermöglichen, die im Zweiten Vatikanischen Konzil grundgelegt ist. Es durchbricht die ausschließliche Identifikation der Autorität mit dem männlichen Geschlecht und ist ein wichtiger Schritt, um Klerikalismus abzubauen. Frauen, die regelmäßig die Füße von Jung und Alt waschen, machen neu bewusst, dass Jesu dienendes Leiten (*servant leadership*) ein Gebrauch von Macht für und mit anderen ist, aber niemals über sie. Wir müssen das Priestertum aller Getauften erneuern und die Vorstellung zurückweisen, dass alle Lai*innen weiblich, rezeptiv, fügsam und gehorsam sind. Die Rollen von Frauen, vom deutschen Beispiel der Ernennung von Beate Gilles zur Generalsekretärin der Deutschen Bischofskonferenz, bis hin zur Leitung des Ordinariats, Vikarin für Ordensleute, Finanzreferentin und Pastoralreferentin, müssen erweitert werden. Die katholische feministische Ethik setzt sich für die gleiche persönliche Würde, den gleichen gegenseitigen Respekt und die gleiche gesellschaftliche Macht für Männer und Frauen ein. Sie bezieht das Wissen über Beziehungen und das Bewusstsein um die Verletzungen in Beziehungen in die kirchlichen Entscheidungsprozesse mit ein – dieses Wissen geht in einer konfessionsfokussierten, sündenzentrierten, handlungsorientierten Moral verloren (vgl. Patrick; Keenan 2010). Sowohl Frauen als auch Männer fordern eine erneuerte Theologie der Sexualität, die über das Verbot von Abtreibung und Geburtenkontrolle hinausgeht, neue empirische Erkenntnisse über Sexualität und Geschlecht einbezieht (vgl. Salzman/Lawler) und auf Liebe, Gegenseitigkeit und Gerechtigkeit beruht (vgl. Farley). Der Ansatz von Lisa Sowle Cahill lehnt einen Leib-Seele-Dualismus ab, der den Körper als sündhaft ansieht, und macht *Embodiment* zu einem zentralen Motiv ihrer eigenen theologischen Überlegungen (vgl. Cahill). Bei der Jugendsynode im Oktober 2018 wurden die Schwierigkeiten junger Frauen und Männer mit dem Glaubensleben deutlich gemacht, insbesondere in Bezug auf das ausschließlich männliche Priestertum und die kirchliche Lehre zu Sex und Gender. Junge Frauen im globalen Norden haben den Aufstieg von Frauen in der Wissenschaft, Politik und Wirtschaft erlebt. Sie haben den harschen Umgang mit ihren Müttern erlebt, besonders in Fragen der Sexualmoral. Sie werden von Wertvorstellungen bedrängt, die rein körperlich und nicht von intrinsischer Schönheit und Würde dominiert sind, brauchen aber eine Theologie der Sexualität für die heutige Zeit (vgl. Keiser). Gemeinsam müssen junge Männer und Frauen toxische Vorstellungen von Männlichkeit zurückweisen, die zu Gewalt und Missbrauch führen.

Papst Franziskus hat uns daran erinnert: „In der Heilsgeschichte war es eine Frau, die das Wort Gottes aufnahm. Auch die Frauen hielten die Flamme des Glaubens in der dunklen Nacht am Leben, indem sie die Auferstehung erwarteten und dann verkündeten. (...) Sie sind die Protagonistinnen einer Kirche, die hinausgeht, die zuhört und sich um die Bedürfnisse der anderen kümmert, die fähig ist, wahre Prozesse der Gerechtigkeit zu fördern (...) Zuhören, Nachdenken und liebendes Handeln: das sind die Elemente einer Freude, die sich immer wieder erneuert und mit anderen geteilt wird durch weibliche Einsichten, die Sorge um die Schöpfung, das Werden einer gerechteren Welt und die Schaffung eines Dialogs, der die Unterschiede respektiert und wertschätzt." (Botschaft vom 7. Oktober 2020 an die Konsultationsgruppe der Frauen des Päpstlichen Rates für die Kultur)

Frauen wissen, dass die Wehenschmerzen das Wunder des neuen Lebens hervorbringen. Die Heilung und Wiedergeburt der Kirche in der Nachfolge Christi braucht die Weisheit und das Zeugnis der gläubigen Frauen – heute mehr denn je.

Literatur

Beattie, Tina, New Catholic Feminism, New York 2006.
Cahill, Lisa Sowle, Sex, Gender and Christian Ethics, Cambridge 1996.
Carr, Anne. E., Transforming Grace. Christian Tradition and Women's Experience, New York 1988.

Clifford, Ann. M., Introducing Feminist Theology, Maryknoll 2001.

Delio, Ilia, The Emergent Christ. Exploring the Meaning of Catholic in an Evolutionary Universe, Maryknoll 2011.

Farley, Margaret A., Just Love. A Framework for Christian Sexual Ethics. New York 2012.

Johannes Paul II., The Theology of the Body. Human Love in the Divine Plan, Boston 1997.

Johnson, Elizabeth, She Who Is. The Mystery of God in Feminist Theological Discourse, New York 1992.

Keenan, James F., A History of Catholic Moral Theology in the Twentieth Century, New York 2010.

Keenan, Marie, Child Sexual Abuse and the Catholic Church. Gender, Power, and Organizations, New York 2012.

Keiser, Doris M., Catholic Sexual Theology and Adolescent Girls. Embodied Flourishing, Waterloo 2015.

Patrick, Anne E., Liberating Conscience. Feminist Explorations in Catholic Moral Theology, New York 1996.

Renken, John A., Synodality: A Constitutive Element of the Church. Reflections on Pope Francis and Synodality, in: StCan 52 (1/2018) 5–44.

Salzman, Todd A./Michael G. Lawler, The Sexual Person. Toward a Renewed Catholic Anthropology, Washington D. C. 2008.

Schenk, Christine, Crispina and Her Sisters. Women and Authority in Early Christianity, Minneapolis 2017.

Schneiders, Sandra M., Beyond Patching. Faith and Feminism in the Catholic Church, Mahwah 1991.

Schüssler Fiorenza, Elizabeth, In Memory of Her. A Feminist Theological Reconstruction of Christian Origins, New York 1983.

Bibliographischer Nachweis der lehramtlichen Texte: S. 283

Nicht im eigenen Namen?

Die Ambivalenz subversiven Sprechens von Frauen in der Geschichte des Christentums[1]

Regina Heyder (Mainz, Deutschland)

Mary Beard, Althistorikerin und Feministin aus Cambridge, veröffentlichte 2017 einen schmalen Essayband *Woman & Power. A Manifesto*, der es in Großbritannien und Deutschland auf die Bestseller-Listen schaffte. Beard thematisiert darin die „öffentliche Stimme von Frauen", die schon am Anfang der abendländischen Literatur, in Homers Odyssee, marginalisiert wird: Als Penelope den Sänger Phemios auffordert, vor ihren zahlreichen Freiern nicht von der tragischen Heimfahrt des Odysseus und der Griechen von Troja zu singen, weist ihr Sohn Telemachos sie scharf zurecht. In nur vier Zeilen des Epos sind räumliche Exklusion („Aber gehe nun heim"), eine geschlechtsspezifische Rollenzuweisung („besorge deine Geschäfte, Spindel und Webstuhl") und ein geschlechtsspezifisches Ergreifen des Wortes („Die Rede gebühret den Männern und vor allem mir; denn mein ist die Herrschaft im Hause!") enthalten. Für Beard gehört diese Szene in eine „endlose Reihe von weitgehend erfolgreichen Versuchen, die Frauen nicht nur von der öffentlichen Rede auszuschließen, sondern diesen Ausschluss auch zur Schau zu stellen" (Beard, 18). Das exklusive öffentliche Rederecht machte Männer sozial erst zu Männern. Frauen dagegen wa-

---

1   Dieser Text wurde erstmals veröffentlicht unter dem Titel *Subversive Stimmen von Frauen. Perspektiven der Kirchengeschichte*, in: Lebendige Seelsorge 71 (2020), 173–178, und für die vorliegende Publikation aktualisiert und erweitert.

ren von der öffentlichen Rede und Sphäre exkludiert, was oft genug biologisch, mit dem Hinweis auf die hohe, „feige" Tonlage der Frauenstimme, legitimiert wurde (Beard, 26). Feministinnen der westlichen Hemisphäre haben in den letzten Jahren genau diese (erschwerte) Partizipation von Frauen am öffentlichen, medialen, wissenschaftlichen und auch privaten Diskurs thematisiert. Am bekanntesten ist sicher Rebecca Solnits Essay „Wenn Männer mir die Welt erklären"[2], der zur Wortneuschöpfung *mansplaining* führte. Solnit schildert hier, wie sie sich im Beisein einer Freundin mit dem Gastgeber einer noblen Dinnerparty unterhielt. Als sie von ihrem jüngsten Buch über den Fotografen Eadweard Muybridge berichtete, unterbrach sie der Gesprächspartner: „Wissen Sie, dass dieses Jahr ein ausgesprochen wichtiges Buch zu Muybridge erschienen ist?" Solnit selbst war sofort bereit zu glauben, eine grundlegende Publikation über Muybridge übersehen zu haben, während ihre Freundin Sally mehrmals dem Gastgeber ins Wort fiel: „Das ist ihr Buch." Erst dann dämmerte ihm, dass die Autorin dieses so wichtigen Buches vor ihm stand und (anders als von ihm erwartet) kein Mann ist. Wie sehr selbst die Bestsellerautorin Solnit geschlechtsspezifische Verhaltensweisen internalisiert hat (nicht ohne sie ironisch zu brechen), illustriert der letzte Satz über diese Begegnung: „Als Frauen warteten wir höflich, bis wir außer Hörweite waren, ehe wir anfingen zu lachen, und wir lachen heute noch" (vgl. Solnit, 11–13).

Beide Episoden trennen mehr als 3000 Jahre; beide verbindet, dass die handelnden Männer das Reden respektive Schreiben der Frauen delegitimieren und normieren (Telemachos) beziehungsweise ihm die Anerkennung versagen

---

2   Original: „Men explain things to me" (2014).

(Solnits Gastgeber). Telemachos, der sich von den Freiern materiell und von seiner Mutter immateriell bedroht fühlt, beschneidet den Handlungsspielraum Penelopes mit einem Hinweis auf die den Frauen zustehende Sphäre. Solnits Gastgeber wiederum verweigert in einem Gespräch, das hierarchische Geschlechterverhältnisse voraussetzt und nochmals affirmiert, der realen Autorin jene Anerkennung, die er einem imaginierten Autor fraglos entgegenbringt. Diese Delegitimierung des Diskurses, die sich auf Stereotype stützt, ist banal: Ihre Urheber benötigen keine Argumente, sondern setzen funktionierende soziale Hierarchien voraus. Für die Betroffenen jedoch ist sie alles andere als banal: Sie negiert deren individuelle Perspektiven und Leistungen; sie verweigert die gleichberechtigte Partizipation am Diskurs; sie mindert die Chance, sprechen zu können und gehört zu werden. Und sie ist anstrengend.

Blickt man auf jüngste Initiativen von Katholikinnen, so geht es ihnen heute um genau diese Beteiligung an kirchlichen Diskursen – um die „Stimmen des Glaubens" (Initiative *Voices of Faith*, seit 2014), um das Sprechen katholischer Frauen (Netzwerk *Catholic Women Speak*, seit 2015). Die seit 2020 aktive spanische *Revuelta de Mujeres en la Iglesia* geht mit der Parole *Alcemos la Voz* („Erheben wir unsere Stimme") auf die Straße. 2021 startete *Voices of Faith* eine weltweite Aktion gegen den Missbrauch an Ordensfrauen in Kooperation mit dem internationalen Hilfswerk missio Aachen: *#sisterwhatdoyousay*. All diese agilen Initiativen widersetzen sich dem vielfach erlebten „*Churchsplaining*", dem wohlmeinend-patriarchalen Erklären der Kirche durch Kleriker. Schon in den Namen, Parolen und Aktionsformen ist manifest, dass diese Stimmen von Frauen nur im Plural vernehmbar sind.

Auf die persuasive Kraft autobiografischer Stimmen setzen drei Buchpublikationen, die seit Herbst 2020 erschienen sind: In „Erzählen als Widerstand" berichten 23 Frauen unter einem Pseudonym davon, dass sie als Erwachsene spirituell und/oder sexuell missbraucht wurden (vgl. Haslbeck et al.). „Weil Gott es so will" vereint 150 Zeugnisse von Frauen, die von ihrer Berufung zur Diakonin oder Priesterin erzählen (vgl. Rath). *„Love Tenderly"* ist eine Sammlung von 23 Erzählungen lesbischer und queerer Ordensfrauen (vgl. Surdovel). Alle drei Bände vollziehen Tabubrüche, und es scheint, als empfehle sich gerade dafür das klassische Publikationsformat eines Buches.

In allen Epochen des Christentums haben Frauen ihre Stimme trotz wirksamer Schweigegebote erhoben. In diesem Beitrag möchte ich zunächst an eher unbekannte Protagonistinnen erinnern. Ihr Sprechen ist subversiv, weil diese Frauen im Wissen um unterschiedlichste Traditionen des Zum-Schweigen-Bringens und gegen bestehende Geschlechterordnungen das Wort ergriffen und so dekonstruierend-liminal Diskurspraxen und Handlungsspielräume erweiterten (vgl. Ernst, 87–182). Abschließend analysiere ich subversiver Strategien gegen spirituellen Missbrauch in Berichten des Buches „Erzählen als Widerstand".

Nicht im eigenen Namen. Sprechen und Schreiben in Konkurrenz zu Klerikern

Exegese und Geschlechterordnungen: Marcella

„Wenn Männer Fragen zur Schrift stellen würden, dann würde ich nicht zu Frauen sprechen. Wenn Barak bereit gewesen wäre, zur Schlacht zu gehen, dann hätte nicht Debora über die besiegten Feinde triumphiert."

Mit diesem biblischen Beispiel verteidigte sich Hieronymus (gest. 420) gegen den Vorwurf, Geschlechterordnungen nicht zu respektieren. Konkreter Anlass war die exegetische Kooperation des Theologen mit römischen Aristokratinnen, die als Witwen oder Jungfrauen ein asketisches Leben in Rom begonnen hatten. Unter ihnen nahm die Witwe Marcella (gest. 410) eine besondere Stellung ein, da sie Hieronymus gegenüber stets eine eigenständige Intellektuelle blieb. Hieronymus warf ihr vor, so wissbegierig zu sein, dass sie in ihren Briefen nichts Persönliches schreibe, sondern „nur das, was mich quält und mich zwingt, die Schriften [d. h. die Bibel] zu lesen". Ihre Fragen waren durchaus subversiv – „während du fragst, lehrst du", bringt es Hieronymus auf den Punkt. Im Prolog seines Galaterbriefkommentars stilisiert Hieronymus die römische Aristokratin zu einem *exemplum* des Schriftstudiums: Marcella habe ihn in Rom stets über die Schriften befragt, sich jedoch weder seiner noch anderen Autoritäten unterworfen und alle Antworten scharfsinnig überprüft, so dass Hieronymus „empfand, nicht so sehr eine Schülerin zu haben, als vielmehr eine Richterin". Damit sprengte Marcella definitiv Rollenzuschreibungen: „Ihre Leidenschaft, ihr Glaube (...) überwindet das Geschlecht", schreibt Hieronymus an derselben Stelle. Die Fragen und Urteile Marcellas haben mit Sicherheit die Exegese des Kirchenvaters beeinflusst. Zwei Jahre nach Marcellas Tod und damit ungewöhnlich spät verfasste Hieronymus einen Nekrolog, der deutlich andere Akzente setzt: Erst *nach* der gemeinsamen römischen Zeit wurde sie zur „Richterin", und zwar nicht für Hieronymus selbst, sondern für andere, die über die Auslegung von Bibeltexten stritten. Diesem Nekrolog zufolge überwand Marcella nicht das Geschlecht, sondern fügte sich exakt in die ihr durch das weibliche Geschlecht auferlegten Grenzen: „Und da sie sehr klug war, antwortete sie, solchermaßen befragt, so, dass sie ihre Antworten nicht als ihre eigenen bezeichnete, sondern als meine oder die eines anderen ausgab, so dass sie sich in dem, was sie sie lehrte, als Schülerin [!] bekannte. Sie kannte nämlich die Aussage des Apostels – ‚einer Frau erlaube ich nicht zu lehren' – damit nicht dem männlichen Geschlecht und bisweilen sogar den Priestern, die über Dunkles und Strittiges nachforschten, ein Unrecht zu geschehen schiene" (vgl. Letsch-Brunner, 16–22; 175–180; Zitate vgl. Heyder, 97.119.139). Die Widersprüche zwischen dem Nekrolog und den vorherigen Charakterisierungen Marcellas sind eklatant. Nun soll sie sich als Exegetin Geschlechterordnungen so unterworfen haben, dass aus der Richterin eine Schülerin wird; dass aus jener, die alle Autoritäten prüft, eine wird, die ihre Theologie anderen Autoritäten zuschreibt, um Männer bzw. Kleriker nicht zu düpieren. Vermutlich war dieser Verzicht auf ein Sprechen im eigenen Namen und eigener Autorität tatsächlich der Preis, den Marcella zahlen musste, um überhaupt ihre Stimme erheben zu können und gehört zu werden.

Der „Schleier der Anonymität": Hugeburc

Im letzten Viertel des 8. Jahrhunderts verfasste eine Nonne die lateinischen Viten des Bischofs Willibald von Eichstätt (gest. 787) und seines Bruders, des Abtes Wunibald (gest. 761). Diese Nonne lebte unter der Äbtissin Walburga im Doppelkloster Heidenheim am Hahnenkamm; ihre Ausbildung und damit auch ihre Lateinkenntnisse hatte sie in einem südenglischen Kloster erworben, bevor sie als entfernte Verwandte der drei Geschwister Willibald, Wunibald und Walburga nach Germanien kam. Außergewöhnlich detailliert gibt die Nonne im Prolog der Willibaldsvita Auskunft über sich selbst und ihr Verständnis von Autorschaft. Sie stilisiert sich als unwürdig, unwissend und ungebildet, als „schwache und gebrechliche Frau", gleichsam als „kleine Törin". Adressaten ihrer Viten sind insbesondere die von Willibald ausgebildeten Priester, Diakone und Mönche, also „gottesfürchtige, katholische Männer, Diener der heiligen Schriften". Angesichts des „rastlosen Scharfsinns" ihres Publikums klagt sie über mangelndes Selbstvertrauen und sie bekennt, dass viele ihrer Leser ihr überlegen seien. Im heiligen Dienste würden sie ihr vorgezogen „nicht nur wegen des männlichen Geschlechts, sondern auch wegen der Würde des heiligen Standes" (Zitate Bauch, 23–29). Was wir bei alledem jedoch nicht erfahren, ist der Name der Autorin.

Frühmittelalterliche Autoren bewältigen in Prologen den performativen Widerspruch, dass sie trotz einer als unübertreffbar charakterisierten theologischen Tradition ein neues Werk, beispielsweise einen neuen Kommentar zu einem biblischen Buch, verantworten. Jeder Bescheidenheitstopos in frühmittelalterlichen Prologen ist deshalb eine Legitimation des Autors und eine Verortung in der theologischen Tradition. Alle Wissenschaftler*innen, die sich mit diesen Prologen befassen, wissen um deren rhetorische Funktion – zumindest solange es sich bei dem Autor nicht um eine Autorin handelt. Ausgerechnet beim Prolog der angelsächsischen Nonne heben jedoch viele Interpreten die „Bescheidenheit" und „Demut" der Verfasserin hervor. Die abundanten Bescheidenheitstopoi des Prologs sind jedoch weniger Ausweis ihres demütigen Charakters, sondern vielmehr eine subversive Überaffirmation von Geschlechterstereotypen: Nur so kann sie als Frau ihr Unterfangen gegen die Konkurrenz und Widerstände von Klerikern legitimieren. Dem entspricht, dass uns am Ende des Prologs eine ausgesprochen selbstbewusste Autorin entgegentritt: Mit ihrer Feder habe sie die weiße Ebene (des Pergaments) gleichsam durchpflügt und schwarze Spuren hinterlassen (vgl. Bauch, 29). Das bedeutet nichts anderes, als dass die Nonne als Pionierin ganz bewusst Neuland betrat – gegen die Konkurrenz der Kleriker, Geschlechter- und Standesgrenzen überschreitend (tatsächlich ist sie die früheste angelsächsische Autorin eines längeren Traktats, von der wir heute wissen). Diesen Mut verdankt sie nicht zuletzt ihrem Gottes- und Menschenbild, denn eigentliches Ziel ihres Tuns ist, „dass wir in allem froh den Herrn loben, der uns befreit und mit seinen Gaben beschenkt" (Bauch, 28f, Übersetzung die Verf.). Mehr als elfhundert Jahre lag der „Schleier der Anonymität" (Bischoff, 387) über dieser Nonne, bis der Mediävist Bernhard Bischoff 1931 in einer frühen Handschrift ein lateinisches Kryptogramm entdeckte, das hier im Original zitiert werden soll: *„Secdgquar. quin. npri. sprix quar. nter. cpri. nquar. mter. nsecun. hquin. gsecd. bquinrc. qarr. dinando. hsecdc. scrter. bsecd. bprim."* Die abgekürzten lateinischen Ordinalzahlen *primum, secundum, tertium, quartum* und *quintum* stehen für die fünf Vokale des lateinischen Alphabets, vom a als erstem (*primum*) bis zum u als fünftem (*quintum*) Vokal, so dass zu lesen ist: *„Ego una Saxonica nomine Hugeburc ordinando hec scribebam"* – „Ich, eine Sächsin mit dem Namen Hugeburc, habe dies ordnend geschrieben" (Bauch, 22, Übersetzung d. Verf.).

Unterstützt von ihrer Äbtissin Walburga und mit dem Einverständnis des Bischofs Willibald schrieb Hugeburc die beiden Viten. Trotz dieser hochrangigen Protektion empfindet Hugeburc die Notwendigkeit subversiver Bescheidenheitsbekundungen, denn sie weiß, dass ihre Adressaten die schriftstellerische Tätigkeit einer Nonne als Angriff auf Geschlechter- und Standesordnungen betrachten. Vordergründig affirmiert Hugeburc diese Ordnung, die sie durch ihre schriftstellerische Tätigkeit faktisch unterläuft – ihre Viten sind Pionierarbeit. Hugeburcs Beispiel zeigt auch den hohen Preis einer solcher Subversion, die erheblicher Energie, Anstrengung und Kreativität bedarf. Der scheinbare Verzicht auf den eigenen Namen bringt sie um die Anerkennung ihrer individuellen Leistung. Selbst als Ausnahme affirmiert sie letztlich die Geschlechterordnung, gegen die sie handelt. Hugeburcs Text offenbart schließlich auch ein theologisches Problem: Wenn Gott „befreit und mit seinen Gaben beschenkt", wie ist dann eine restriktive kirchliche / klerikale Praxis zu rechtfertigen, die mit Berufung auf das Geschlecht die Wirksamkeit von Frauen eingrenzt und die Entfaltung von Charismen verhindert? Frauen wie Teresa von Avila oder Mary Ward haben sich diese Frage gestellt, und wir wissen nicht, wie viele unbekannte Christinnen an ihr zerbrochen sind.

Ambivalente Stimmen: Marthe Robin und Louise Beck

Das 19. Jahrhundert war höchst empfänglich für übersinnliche Phänomene und Botschaften aus dem Jenseits. Die Medien waren meist Frauen, und es ist kein Zufall, dass sich auch im Katholizismus mystische Phänomene mehrten. Anna Katharina Emmerick, Maria von Mörl und weitere visionär begabte Frauen zogen Politiker, hochrangige Kleriker bis hin zu Bischöfen und Künstlern in ihren Bann. Ekstasen, himmlische Botschaften – die nun auch von der Gottesmutter Maria, Engeln oder Dämonen oder Verstorbenen aus der Familie stammten – und Stigmata bescherten den Frauen neben Ansehen teilweise einen erheblichen Einfluss. Er war vor allem dann höchst problematisch, wenn er sich öffentlicher Kontrolle entzog und in einem elitären Kreis, oft innerhalb einer Ordensgemeinschaft, und in Kooperation mit Klerikern wirksam wurde. Hubert Wolf hat dies am Beispiel der Nonnen von Sant'Ambrogio dargestellt; für das 20. Jahrhundert wäre etwa die französische Mystikerin und Stigmatisierte Marthe Robin (1902–1981) zu nennen. Marthe Robin war zu ihren Lebzeiten eine gefragte Ratgeberin weit über die französische Kirche hinaus; bei ihrer Beerdigung konzelebrierten vier Bischöfe und mehr als 200 Priester. Um ihr Werk ist jüngst eine Kontroverse entbrannt: Der belgische Karmelit und Spiritualitätsexperte Conrad de Meester hat seit 1988 im Auftrag des Bischofs von Valence die Texte Marthe Robins mit Blick auf eine mögliche Seligsprechung untersucht. Bei seinem Tod 2019 fand die Ordensgemeinschaft im Nachlass ein Manuskript mit einem vernichtenden Urteil über den „mystischen Betrug" der Marthe Robin (De Meester). Auffallend ist, dass Robin Kontakte zu den Gründerfiguren vieler neuer Geistlicher Gemeinschaften hatte, denen inzwischen spiritueller und/oder sexueller Missbrauch nachgewiesen wurden, darunter Marie-Dominique Philippe und Jean Vanier. Damit soll in keiner Weise insinuiert werden, dass Robin selbst die Missbrauchstaten begünstigte; es ist vielmehr die Frage zu stellen, wann und weshalb diese Gründer auf die Legitimation durch eine Mystikerin rekurrierten und welche Dynamiken in den Gemeinschaften damit verbunden waren.

Eine der Seherinnen des 19. Jahrhunderts war Louise Beck (1822–1879) in Altötting (vgl. Weiß). Als 24-Jährige fühlte sie sich zunächst von Dämonen verfolgt, später erschien ihr ein „Schutzgeist". Ihr Seelenführer Pater von Bruchmann,

Provinzial der süddeutschen Redemptoristen, erkannte in diesem „Schutzgeist" seine verstorbene Ehefrau Juliana. Juliana war fortan „die Mutter" und „Höhere Leitung", der sich einige Redemptoristenpatres und bald auch der Münchner Generalvikar Windischmann, der Münchner Erzbischof von Reisach, der Regens des Rottenburger Priesterseminars Joseph Mast, der Regensburger Bischof Senestrey und einige adelige Damen als sogenannte „Kinder der Mutter" unterstellten. Die fast immer kränkliche Louise Beck selbst war in dieser Konstellation „das Kind", das als Medium Anfragen an „die Mutter" entgegennahm und in Briefen oder Ekstasen Antworten erteilte, deren Inhalt sie vorgeblich nicht kannte. Auf diese Weise bestimmte Louise Beck vier Jahrzehnte lang bei den Redemptoristen Personalentscheidungen, Aufnahmen, Aufgabenverteilungen und Versetzungen (v. a. ihrer Gegner); sie legte medizinische Behandlungen und Einkäufe fest; sie beantwortete theologische Fragen und entschied über Publikationen sowie Predigtthemen, und sie korrigierte wichtige Rundschreiben im Orden. Gegen jede kirchenrechtliche Vorschrift erfolgte ein fortgesetzter Bruch des Beichtgeheimnisses: Die eingeweihten Redemptoristen offenbarten „der Mutter" nicht nur schriftlich ihre eigenen Beichten, sondern auch die ihrer Beichtkinder und wurden dann in den Antworten Louise Becks über deren „Seelenzustände" unterrichtet. Die Autorität von Louise/der „Höheren Leitung" erstreckte sich so mittels der Beichtväter auf Beichtkinder und mittels der Ordensoberen auf Untergebene. Auffällig ist, dass sich bei Louise Beck die Erscheinungen mit ihrem jeweiligen Seelenführer aus dem Redemptoristenorden veränderten – nicht immer ist klar, wer wen mehr beeinflusste und beherrschte. Dank der „Höheren Leitung" meinten die Redemptoristen, „in jedem Augenblick auf unfehlbare Weise wissen [zu] können, was für uns der Wille Gottes ist" (Weiß, 588 mit Anm. 206). Deshalb war der „Höheren Leitung" bedingungslos zu folgen; jede „Selbstleitung" war verpönt und galt als Gefährdung des ewigen Heils.

Es verwundert nicht, dass dieses Beziehungsgeflecht auch sexuelle Komponenten hatte. Louise Beck selbst hatte mit Genehmigung „der Mutter" Mitte der 1850er Jahre eine intime Beziehung mit einem langjährigen Liebhaber, sollte dadurch aber – so machte sie ihren Beichtvater glauben – nicht „die Unschuld ihrer Seele" verlieren. Zwei ihrer Seelenführer wurden zudem des „Geheimnisses im Geheimnis" teilhaftig, das vermutlich darin bestand, gegen die eigene Gewissensüberzeugung die Brustwunde der Seherin zu küssen (vgl. Weiß, 552–671; 822–906). Für all dies gibt es nur einen Namen: wechselseitiger geistlicher Missbrauch, der mit Machtmissbrauch und sexuellem Missbrauch einherging. Louise Beck war dabei zugleich Täterin und Opfer. Vom Provinzial Carl Schmöger geschickt manipuliert und instrumentalisiert und diesen selbst manipulierend und instrumentalisierend, ging Louise Beck/die „Höhere Leitung" mit unerbittlicher Härte gegen Gegner vor. Louise Becks Macht, die nicht nur die Geschlechter- und Standesordnungen invertierte, sondern auch Kirchenrecht und Ordensregel außer Kraft setzte, konnte deshalb so groß werden, weil sie sich subversiv als „Geheimnis" jeder öffentlichen Kontrolle entzog.

Das Schweigen brechen – subversive Strategien gegen Missbrauch

In Folge der *#MeToo*-Bewegung entstanden seit 2017 weitere neue Erzählkontexte, in denen überwiegend Frauen davon berichten, als Erwachsene von sexualisierter Gewalt betroffen zu sein – auch in kirchlichen Zusammenhängen. Unter *#SilenceIsNotSpiritual* und *#ChurchToo* erhoben zahlreiche Frauen aus Gemeinden der *Southern Baptist Convention* ihre Stimme, die wiederholt häusliche Gewalt erlitten hatten. Pastoren, an die sich ratsuchende Frauen wandten, empfahlen ihnen unter Verweis auf Eph 5,22–25, den Missbrauch weiter zu erdulden und in ihren Ehen zu verbleiben. Im Juni 2020 wurde ein Instagram-Post von Soma Sara zur Initialzündung für die Bewegung *Everyone's Invited*, die auf ihrer Homepage anonyme Zeugnisse über die *rape culture* an britischen Schulen und Universitäten veröffentlicht. Bis Mitte April 2021 haben dort rund 15.000 Betroffene Statements zu verschiedenen Formen des Missbrauchs abgegeben. Die Initiator*innen berufen sich auf diese Stimmen, um sich für Bewusstseinsbildung und mehr Gleichberechtigung zu engagieren. Derzeit gibt es zweifellos einen Kairos für die öffentliche Rezeption solcher Erzählungen. Durch Hashtags, Websites, Publikationen oder öffentliche Hearings entstehen neue Erzählgemeinschaften, die Einzelschicksale verbinden und subversiv bisher Verschwiegenes und Vertuschtes an die Öffentlichkeit bringen. Diese Erzählzusammenhänge zeigen zudem, dass Missbrauch und sexualisierte Gewalt immer auch spezifischen kulturellen und konfessionellen Ermöglichungslogiken folgen. Erst eine Analyse der systemischen Ursachen auf der Grundlage solcher Erzählungen kann zu einem effektiven Handeln gegen diese frauendiskriminierenden „Kulturen" führen.

In dem bereits erwähnten Band „Erzählen als Widerstand" schreiben 23 Autorinnen über spirituellen Missbrauch, sexuellen Missbrauch und Machtmissbrauch, den sie selbst als Studentin, Gemeinde- oder Pastoralreferentin, als Familienfrau, als Mitglied von Orden oder geistlichen Gemeinschaften erlitten haben. Nach Jahren und noch häufiger nach Jahrzehnten brechen sie den Bann und berichten unter dem Schutz eines Pseudonyms, was ihnen widerfahren ist, manche zum ersten Mal. Ihr Schreiben ist an sich subversiv, denn es richtet sich gegen die von den Täter*innen errichteten Schweigeordnungen. Einige Autorinnen sind den Missbrauchskonstellationen entkommen, indem sie subversiv agierten, und zwar entweder in der Missbrauchssituation selbst oder später, durch eine neue Interpretation der eigenen Biografie und Gottesbeziehung, gegen Vereinnahmungen durch die Täter*innen. Zwei Erzählungen über fortgesetzten spirituellen Missbrauch sollen hier exemplarisch vorgestellt werden.

Sr. Maria Gärtner hat für „Erzählen als Widerstand" die „Chronik einer geistlichen Begleitung" verfasst. Der Täter, ein Ordensmann, indoktriniert und isoliert die Ordensfrau durch stundenlange Anrufe und Begleitgespräche, kommt gegen ihren Willen und in übergriffiger Weise auf intime Themen zu sprechen, beutet sie finanziell aus, beschneidet ihre spirituelle Selbstbestimmung und will sie schließlich gegen ihre erklärte Absicht zum Übertritt in eine andere Ordensgemeinschaft drängen. In dieser für sie lebensbedrohlichen Krise erinnert sich Sr. Maria Gärtner an eine tiefe spirituelle Erfahrung beim Gebet in der Sterbezelle ihres Ordensgründers. Damals „kniete [ich] nieder und bat ihn [den Ordensgründer] inständig um Fürbitte, dass ich immer, bis zu meinem Tode, auch bei ganz schweren Prüfungen, treu im Orden bleibe" (Haslbeck u. a., 81). In der bedrängenden langjährigen Begleitung, in der sich Sr. Maria kaum der suggestiven Macht des Paters entziehen konnte, hatte sie nie über dieses Erlebnis gesprochen. Genau deshalb konnte es zur subversiven Ressource werden. Mit der kryptischen Formulierung „die

Heiligen halten mich fest", die tatsächlich weiterhin nichts von dem Erlebnis offenbart, wehrte sie den erzwungenen Übertritt ab und entzog sich dem üblichen Sprachspiel der geistlichen Begleitung. Entsprechend war die Reaktion des Paters: „Das ist keine geistliche Antwort. Das nach zehn Jahren geistlicher Begleitung. Sie spielen mit mir!" (Haslbeck u. a., 81).

Miriam Leb hat spirituellen Missbrauch in einer geistlichen Gemeinschaft im Ausland erfahren. Besonders bedrückend sind ihre Erinnerungen an die geistliche Begleitung und die Beichte. Weil sie mit Katechismus und Kirchenrecht gegen die vom geistlichen Begleiter etablierte Ordnung opponierte – u. a. gegen den Zwang, nur bei ihm zu beichten –, wurde ihr in der Beichte die Absolution verweigert. Sie zeige keine Reue und sei zu stolz; sie sei nicht demütig, gehorsam und gefügig. Nach der verweigerten Absolution drohte der Beichtpriester per SMS, sie würde direkt in die Hölle gelangen, sollte sie in dieser Nacht im Stand der Todsünde sterben. Miriam Leb spricht von „Psychoterror" und der „Vermittlung absolut falscher Gottesbilder" (Haslbeck u. a., 127). Nicht nur die Begleitung durch einen Psychotherapeuten, sondern auch das eigene theologische Nachdenken über Gott halfen Miriam Leb, ihr seelisches Gleichgewicht wiederzufinden. Die in der Beichte verweigerte Vergebung spricht sie nun sowohl Gott als auch sich selbst zu – „und daher kann es guttun, auch Gott und mir selber zu verzeihen!" (Haslbeck u. a., 129).

Subversion hat ihren Preis. Marcella wie Hugeburc erhöhen im Handlungsmodus der Subversion zwar ihre Agency, doch sie verzichten dafür auf die Sichtbarkeit und Anerkennung ihrer intellektuellen Leistungen – mit unübersehbaren Folgen noch für die Rezeption. Beide affirmieren dadurch letztlich die Geschlechterordnung, gegen die sie handeln: Hugeburc stilisiert sich selbst als schwache Frau; die subversiv fragende und scharfsinnig urteilende Marcella lehrt nicht im eigenen Namen. Louise Becks Beispiel zeigt ex negativo die Ambivalenz, die in jeder Subversion steckt. Rationale Überprüfbarkeit, Transparenz und Machtkontrolle sind hier außer Kraft gesetzt. Die Erzählungen von Sr. Maria Gärtner und Miriam Leb zeigen subversive Wege aus einem spirituellen Missbrauch auf. Bei der einen ist es die in der Begleitung verschwiegene, „stille Spiritualitätsreserve", bei der anderen eine Umkehrung des oktroyierten Gottesbildes und der verweigerten Absolution. Subversiv mussten sie nur deshalb agieren, weil geistliche Begleiter jahrelang massiv gegen die spirituelle Selbstbestimmung der Frauen handelten. „Wir schweigen nicht länger!", so hat die Schweizerische Konzilsaktivistin Gertrud Heinzelmann schon 1964 ein Buch betitelt und darin internationale Stimmen von Frauen zum Zweiten Vatikanischen Konzil versammelt. Diese Partizipation am kirchlichen Diskurs ist ein Recht, das sich Katholikinnen heute nicht mehr nehmen lassen, weil sie dieses Recht als „Zeichen ihrer Würde" beanspruchen (vgl. *Pacem in terris* 22 und 24). Der Blick auf historische Frauengestalten legt nahe, dass hier eine *„prise de parole"* (Michel de Certeau) erfolgt, ein Ergreifen des Wortes, das längst unter der Oberfläche vorhanden war und deshalb so plausibel ist. Es ist an der Zeit, auf diese Stimmen zu hören.

Literatur

Bauch, Andreas, Quellen zur Geschichte der Diözese Eichstätt (Bd. 1). Biographien der Gründungszeit, Eichstätt 1962.

Beard, Mary, Frauen & Macht. Ein Manifest, Frankfurt 2018.

Bischoff, Bernhard, Wer ist die Nonne von Heidenheim?, in: Studien und Mitteilungen zur Geschichte des Benediktinerordens 18 (1931), 387–388.

De Meester, Conrad, La fraude mystique de Marthe Robin. Dieu saura écrire droit sur des lignes courbes, Paris 2020.

Ernst, Thomas, Literatur und Subversion. Politisches Schreiben in der Gegenwart, Bielefeld 2013.

Heinzelmann, Gertrud, Wir schweigen nicht länger! We Won't keep Silence Any Longer! Frauen äußern sich zum II. Vatikanischen Konzil. Women Speak Out to Vatican Council, Zürich 1964.

Haslbeck, Barbara/Heyder, Regina/Leimgruber, Ute/Sandherr-Klemp, Dorothee (Hg.), Erzählen als Widerstand. Berichte über spirituellen und sexuellen Missbrauch an erwachsenen Frauen in der katholischen Kirche, Münster 2020.

Heyder, Regina, Auctoritas scripturae. Schriftauslegung und Theologieverständnis Peter Abaelards unter besonderer Berücksichtigung der „Expositio in Hexaemeron", Münster 2010.

Hieronymus, Commentaria in Epistolam ad Galatas libri tres, in: PL 26, 307–438; Prologus 307A–312A.

Hieronymus, Nekrolog für die Witwe Marcella (= Ep. 127 ad Principiam virginem, sive Marcellae viduae epitaphium), in: Hieronymus, Epistulae, hg. von Isidor Hilberg (CSEL 54–56), Wien-Leipzig 1910–1918, [2]1996, hier in CSEL 56, 145–156.

Letsch-Brunner, Silvia, Marcella – discipula et magistra. Auf den Spuren einer römischen Christin des 4. Jahrhunderts, Berlin 1998.

Rath, Philippa (Hg.), „Weil Gott es so will". Frauen erzählen von ihrer Berufung zur Diakonin und Priesterin, Freiburg i. Br. 2021.

Solnit, Rebecca, Wenn Männer mir die Welt erklären, München 2017.

Surdovel, Grace (Hg.), Love Tenderly. Sacred stories of Lesbian and Queer Religious, Mount Rainier, MD, 2021.

Weiß, Otto, Die Redemptoristen in Bayern (1790–1909), St. Ottilien 1983.

Gedanken zu einer gerechteren Kirche.

Eine trans nichtbinäre Perspektive

Mara Klein (Halle an der Saale, Deutschland)

Am Anfang war kein Wort für mich. Mir fehlen teilweise buchstäblich die Worte, um meine Identität für andere verständlich zu machen. Oft merke ich, wie schwierig es auch jetzt noch ist zu erklären, was ich meine, wenn ich mich selbst als trans nichtbinär bezeichne. Ich bin nicht das Geschlecht, das mir bei der Geburt zugeordnet wurde. Das Wort dafür ist *trans*. Mein Geschlecht liegt außerhalb der binären Kategorien „Mann" und „Frau". Ein Wort, das das auszudrücken versucht, ist *nichtbinär*. Für mich sind es die Worte, die mir eine bessere Welt der Selbstwahrnehmung eröffnen. Für andere sind sie unverständlich, die eigene Vorstellung von Realität überschreitend.

Die Realität, die ich meine, bezieht sich unter anderem auf die Vorstellung, es gebe nur genau zwei Geschlechter – Mann und Frau. Insbesondere in der katholischen Kirche ist diese Vorstellung die Grundlage für viele andere Normierungen. Das heißt, dass es eine Idee von „normal" gibt, die Vielfalt im weiteren Sinne ausschließt. Ein Beispiel: Wenn wir in der katholischen Kirche von Frauen sprechen, dann sind damit cis-het Frauen gemeint (also Frauen, die heterosexuell sind und sich mit dem bei Geburt zugewiesenen Geschlecht „Frau" identifizieren). Das gleiche gilt auch für die Rede von Männern. „Nur Männer sind zur Weihe zugelassen" meint eigentlich: „Nur nicht verheiratete cis-het Männer sind zur Weihe zugelassen".

In einem Kontext, in dem Begriffe auf diese Weise genormt sind, reicht es mir nicht, zum Beispiel „nur" die „Weihe für Frauen" zu fordern. Die Diskriminierungsstrukturen sind vielfältiger und intersektional. Frauenfeindlichkeit, Sexismus, LSBTIQ+-Feindlichkeit (u. a.) sind ideengeschichtlich oft verbunden und bedingen sich. Das ist nicht nur in der katholischen Kirche der Fall, aber in der katholischen Kirche wird Diskriminierung durch den vermeintlichen Schöpferwillen Gottes begründet und theologisiert. Was es braucht, ist ein Überdenken und Neuausrichten der Geschlechterideologie und damit verbunden des Menschenbildes der katholischen Lehre – einschließlich der (Macht)Strukturen, die darauf begründet sind.

Meine Hoffnung auf solch grundlegende systemische Veränderungen ist gestützt durch meinen Glauben und meine Theologie. Das Christentum bietet viele Ansatzpunkte für *Queer*-Feminismus. Ich sage *„Queer*-Feminismus", um zu betonen, dass es mir um eine ganzheitliche Chancengleichheit geht, die im Sinne des u. a. heteronormativen Zwei-Geschlechter-Systems der katholischen Kirche nicht möglich ist. Mit *„queer"* meine ich an dieser Stelle also: der Normativität widersprechend. Theologische Ansätze benutzen nicht selten bereits eine im Grunde *queere* Sprache – um von G*tt zu reden.

Die Art, wie wir teilweise in der Theologie wissen von G*tt zu sprechen, etwa als das ganz andere Gegenüber oder das absolute Geheimnis, zeigt ein Potential für das Suchende und zunächst Unverständliche an. Die göttliche Transzendenz fordert unsere Sprach- und Erkenntnisfähigkeit heraus und übersteigt sie an einigen Stellen auch (lat. *transcendentia* = „das Übersteigen"). Genauso, wie wir in der Gottesrede immer im Suchen begriffen sind, sollte es sich auch mit der Rede von den G*tt ebenbildlichen Menschen verhalten. Meine Identität überschreitet das, was in einem binären Geschlechtersystem denkbar und sagbar ist. Das heißt aber nicht, dass es sie nicht gibt, dass es keine Worte geben kann und schon gar nicht, dass sie nicht gottgewollt ist. Vielmehr wird angezeigt, dass ein binäres Geschlechterdenken nicht ausreicht, weil es Menschen (wie mich) ausschließt.

Ich erkenne meine Ebenbildlichkeit in G*tt, der*die sich den Normen entzieht und letztlich Geheimnis bleibt. Selbsterkenntnis und das Verständnis meiner Nächsten sind Teil der Gottessuche und umgekehrt. Alle drei Beziehungsebenen – Selbst-, Nächsten- und Gottesliebe – sind von einem Suchen und Lernen geprägt, dem letztgültige oder fremdbestimmende Aussagen fern liegen müssen. Denn es ist kein beliebiger Prozess. Er orientiert sich am christlichen Primat der Liebe.

Jesus lebt eine ganzheitliche Liebesfähigkeit und Anteilnahme vor. Er ist nicht nur bei den Leidenden und Diskriminierten, er macht sich selbst von Leid und Diskriminierung betroffen – und dadurch für mich ansprechbar. Immer wieder berichten die Evangelien, wie selbst der engste Kreis der ihm Folgenden und seine Familie Jesus falsch verstehen und verkennen. In der Verklärung (oder Transfiguration) erscheint Jesus seinen Vertrauten in einem göttlichen Licht. Sie sehen den Unterschied, doch sie wissen ihn nicht richtig zu deuten. Die Szene greift voraus, was nach der Auferstehung eintritt. Der transformierte Auferstandene wird von seinen Freund*innen nicht mehr sofort erkannt. Das Ringen darum, Jesus richtig zu verstehen und zu erkennen, setzt sich auch für uns fort und gehört zum Prozess des Suchens dazu.

Das Johannesevangelium (Joh 20,19–29) erzählt, wie Thomas sogar fordert, die Hände in Jesu Wundmale legen zu können, oder er wolle nicht glauben, dass es wirklich Jesus sei. Die biblische Erzählung des zweifelnden Thomas ist eindrücklich ins Bild gesetzt von Caravaggio (1603): Der Künstler zeigt einen Thomas, der mit dem Finger in die Wunde Jesu eintaucht, während zwei andere zusehen. Die schwedische Künstlerin Elisabeth Ohlsson Wallin interpretiert die Szene nach Caravaggios Vorbild in ihrer Ausstellung „id: TRANS" (2018) neu: Statt des Passionsmals Jesu ist es die Operationsnarbe einer trans* Person, die von den drei Beistehenden in Augenschein genommen wird. Jesu Antwort auf Thomas' Zweifel, „Selig sind, die nicht sehen und doch glauben" (Joh 20,29), wird so in ein neues Licht gestellt. Allein die Selbstaussage einer Person über ihre Identität sollte als Versicherung genügen. Jesus unterzieht sich der Übergriffigkeit des Thomas, aber das ist nicht selbstverständlich.

Ich wünsche mir eine katholische Kirche, die frei von Übergriffigkeit ein *Safe-Space* („sicherer Ort") sein kann für alle Menschen. Ein Ort der Vielfalt, der Chancengleichheit und Barrierefreiheit. Ein Ort, der das Reich G*ttes greifbar macht. Wo Menschen in ihrem Suchen und Lernen begleitet und unterstützt werden. Wo die Deutungshoheit über die eigene Identität bei den Menschen liegt. Natürlich ist das auch eine Kirche, in der Frauen geweiht werden. Aber „Frauen" meint dann auch ganz selbstverständlich z. B. lesbische trans Frauen. Und die Weihe wäre offen für alle Menschen unabhängig von geschlechtlicher Identität und sexueller Orientierung – auch für mich.

Teil 2

Initiativen, Organisationen und die Synodalität der Kirche – Engagierte Netzwerker*innen

Synodalität und Internationalität

Interkulturelle und weltkirchlich-feministische Perspektiven

Margit Eckholt (Osnabrück, Deutschland)

Entwicklungen feministischer Theologie und die leitende internationale Perspektive

Die Frage nach der gleichberechtigten Partizipation von Frauen in den christlichen Kirchen – und auch der römisch-katholischen Kirche – war von Beginn an international geprägt und war eng mit der Entwicklung der säkularen Frauenbewegungen verbunden. Die Weltunion katholischer Frauenverbände (*World Union of Catholic Women's Organisations* – WUCWO) ist bereits 1920 gegründet worden. Der Katholische Deutsche Frauenbund (KDFB), Ende des 19. Jahrhunderts im Kontext der wachsenden Laienbewegungen und des Sozialkatholizismus entstanden, gehörte zu den Gründungsmitgliedern der WUCWO, und gerade im Kontext des Zweiten Vatikanischen Konzils war diese internationale Perspektive für die Kirche ein zentrales Moment für die Auseinandersetzung mit den Fragen der Moderne und auf ihrem Weg der Reform. Die von Papst Paul VI. berufenen Auditorinnen waren weltweit vernetzt und internationalen Laienbewegungen verbunden, so z. B. die Französin Marie-Louise Monnet (1902–1988) oder die Spanierin Pilar Bellosillo (1913–2003), damals Präsidentin der WUCWO. Sie setzten sich – auf dem Hintergrund der Erfahrungen der zwei Weltkriege und der wachsenden Armutsschere in der Weltgesellschaft – für Gerechtigkeit, Frieden und Gleich-

berechtigung ein, und diese internationale Dynamik und Gerechtigkeitsperspektive standen auch im Hintergrund der in
den 1970er Jahren entstehenden feministischen Theologie.

Catharina Halkes (1920–2011), Elisabeth Moltmann-
Wendel (1926–2016) oder Elisabeth Schüssler Fiorenza
(*1938) – um nur drei der prominenten Namen aus dem
nordatlantischen Kontext zu nennen – gehören zur ersten
Generation von Frauen, die nach fundierten Studien der
katholischen oder evangelischen Theologie neue theologische Hermeneutiken entwickelten, um Frauen Stimme
und Ort in der theologischen Arbeit und damit auch in
kirchlich-pastoralen Kontexten zu geben. Der Begriff „feministische Theologie" steht so im Zusammenhang mit christlichen Initiativen zur Frauenbefreiung als Forderung nach
„Menschenrechten für die Frau" (Meyer-Wilmes, 147f). Feministische Theologie ist, so Hedwig Meyer-Wilmes, „Teil
und Reflexion einer Bewegung von ‚wo/men' (Elisabeth
Schüssler Fiorenza), denen es nicht nur um die rechtliche,
soziale und religiöse Gleichstellung geht, sondern auch um
die Veränderung kyriarchaler Strukturen und androzentri-
schen Denkens. In diesem Sinn ist sie keine Theologie der
Frau, sondern eine *frauenbefreiende Theologie*, nicht an
das Geschlecht gebunden, sondern *eine Problematisierung
der Geschlechterbeziehung*. Sie ist Patriarchats-, Kultur-
und Theologiekritik, was sich auf der inhaltlichen Ebene
zum einen in der systematischen Darlegung der Entfrem-
dung christlicher Glaubenserfahrungen und Offenbarung
im Patriarchat, zum Zweiten in der Kritik der Marginalisierung von Frauen in Gesellschaft und Kultur und zum Dritten
in der Betonung von Frauenerfahrungen in den verschiedenen Kontexten jüdisch-christlicher Tradition zwischen
gestern und heute ausdrückt." (Meyer-Wilmes, 148) Einen

Ort fand diese neue theologische Arbeit von Frauen in den ersten Jahrzehnten nicht im Kontext theologischer Fakultäten oder anderer kirchlicher Ausbildungsstätten; es waren zunächst religionswissenschaftlich ausgerichtete Fakultäten – vor allem in den USA –, an denen sich feministisch-theologische Forschung in interdisziplinären Zusammenhängen etablieren konnte. Durch ihre Einbettung in die internationale Frauenbewegung sind auch in den Ländern Lateinamerikas, Afrikas und Asiens befreiungstheologisch ausgerichtete feministische Theologien entstanden, die vor allem die Arbeit an den der kirchlichen Basisbewegung verbundenen pastoralen Zentren geprägt haben und bis heute prägen.

Feministische Theologie ist „im 21. Jahrhundert entweder ein radikales Konzept oder eine Allerweltsauffassung, je nach Modernisierungs- und Demokratisierungsgrad von Gesellschaft und Kirchen" (Meyer-Wilmes, 148). Hier ist eine wichtige Perspektive genannt, die angesichts eines zunehmenden Auseinanderdriftens von Gesellschaft und Kirche gerade auf den gegenwärtigen Moment zutrifft: auf gesellschaftlicher und wissenschaftlicher Ebene ist es weltweit zu einer Anerkennung feministisch- und gender-theoretischer Analysen gekommen, auf kirchlicher Ebene hat sich das Spannungsgefüge von „Innen" und „Außen" weiter zugespitzt. Die römisch-katholische Kirche gehört zu den wichtigen Stimmen, die sich seit Konzilszeiten für die Gleichberechtigung von Männern und Frauen auf politischer, gesellschaftlicher und ökonomischer Ebene einsetzen und scharfe Kritik an der Verletzung der Würde von Frauen durch unterschiedlichste Formen von Gewalt üben, aber dieser Einsatz wird konterkariert angesichts der immer vehementer werdenden Fragen nach einer entsprechenden Partizipation von Frauen in der Kirche.

Interessant ist, dass sich aktuelle feministisch-theologische und gender-theoretische Positionen in Zeiten der Globalisierung und der interkulturellen Begegnungen der ursprünglichen befreiungstheologisch, d. h. am Gerechtigkeitsdiskurs ausgerichteten Dynamik der 1970er und 1980er Jahre wieder annähern. Die gender-theoretisch ausgerichtete Akzentuierung der feministischen Theologie hatte teils zu abstrakt-spekulativen Debatten um den Gender-Begriff und dessen anthropologische Ausgestaltung geführt und zur Polarisierung eines Differenz- oder Gleichheitsfeminismus. In der Gegenwart verbinden sich – so die Übersicht über Entwicklungen im christlichen Feminismus im *Oxford Handbook of Feminist Theology* (Jones) – feministisch-theologische Arbeiten mit postkolonialen wissenschaftstheoretischen Diskursen. Die Virulenz der ursprünglichen Impulse, eine feministische Befreiungstheologie zu entwickeln auf dem Hintergrund der in der Gottebenbildlichkeit begründeten gleichen und gemeinsamen Würde aller Menschen und angesichts vielschichtiger Diskriminierungen in Gesellschaft und Kirche, tritt damit wie in den Gründungszeiten feministischer Theologie deutlich hervor. Feministische Befreiungstheologien greifen auf die Gender-Kategorie zurück, aber diese ist keine isolierte analytische Kategorie, sondern bezogen auf soziale, ökonomische, ethnische und religiöse Muster und sie wird in postkolonialen Ansätzen aufgegriffen, die den durch Eroberungs- und Kolonialisierungspraktiken bedingten Ausschluss und die Marginalisierung indigener Kulturen in das Licht rücken. Diese Gerechtigkeitsperspektive ist der weite Horizont, in dem sich der Gender-Begriff verortet und vor allem seit der vierten Weltfrauenkonferenz in Beijing (1995) in Politik, Wissenschaft und auch der kirchlichen Frauenbewegung rezipiert wird.

Gender-Studien in der katholischen Theologie sind aus feministisch-kritischen und befreiungstheologischen Ansätzen erwachsen, und so ist die Gender-Kategorie mit Fragen der Geschlechtergerechtigkeit verknüpft, wie es gerade in den Ansätzen aus den Ländern des Südens deutlich wird. Von Bedeutung ist die Gender-Kategorie für die feministischen Diskurse weltweit, weil sie Männer und Frauen in gleicher Weise in den Blick nimmt und tiefer ansetzt als feministisch-befreiungstheologische Studien. Sie weist hin auf unsichtbare Machtbeziehungen und Identitätskonstruktionen, die die gesellschaftliche – und kirchliche – Realität bestimmen. Darum ist sie eine „gefährliche Kategorie" (Ammicht Quinn), weil sie Ideologie-Bildungen im Blick auf Geschlechterzuschreibungen aufdeckt und damit Bewegung in die über Jahrhunderte festgefügte Geschlechterdifferenz bringt. Gerade heute ist diese Perspektive angesichts der aktuellen Debatten um die Frage nach Frauen in kirchlichen Ämtern von zentraler Relevanz, es geht aus einer binnenkirchlichen Perspektive immer noch um das Aufbrechen einer essentialistischen Anthropologie und damit von spezifischen „Frauen"- und „Männer"-Bildern und der Zuschreibung von Typologien und damit verbundenen Funktionen von Männern und Frauen in Gesellschaft und Kirche. Dies kann nur in einer internationalen Perspektive geschehen.

Notwendige Strukturreformen in der römisch-katholischen Kirche in einer weltkirchlichen Perspektive – warum Feminismus notwendig bleibt

Im Blick auf die Debatten um die Partizipation von Frauen in der Kirche, die Öffnung von kirchlichen Ämtern für

Frauen, aber auch grundlegende Fragen einer Auseinandersetzung mit kirchlichen Strukturen und Fragen der Macht, wie sie in den verschiedenen Foren des Synodalen Wegs der deutschen Ortskirche geführt werden, wird deutlich, dass feministische Ansätze immer noch eine „radikale Kritik" bedeuten, wie es Hedwig Meyer-Wilmes vorausgesagt hat. Die Bruchlinie verläuft aber nicht mehr zwischen einem „Establishment" und einer progressiven Gestalt von Theologie und kirchlichen Gruppierungen, sondern zieht sich durch alle kirchlichen Ebenen, Ungleichzeitigkeiten prägen alle Ortskirchen. Die Bedeutung des Synodalen Wegs für die Weltkirche liegt dabei darin, dem „sensus fidelium" des ganzen Volkes Gottes, Klerikern und Laien, Frauen und Männern, einen großen Raum zu geben und Fragen aufzugreifen, die lange in offiziellen Diskursen als „Tabu" galten und die als „Feminismus" verpönt waren – und es in anderen Weltregionen immer noch sind. An theologischen Ausbildungsstätten im deutschsprachigen Raum – an Fakultäten und Instituten – arbeiten Priester und Lai*innen, viele Frauen sind in den letzten Jahren zu Professorinnen berufen worden, und es ist zu einer soliden theologischen und philosophischen Auseinandersetzung im Blick auf Fragen der Geschlechtergerechtigkeit und der Partizipation von Frauen gekommen. Auch wenn dies an kirchlichen Fakultäten in den Ländern des Südens noch wenig der Fall ist, so bedeutet dies nicht, dass diese Fragen in den Ortskirchen Lateinamerikas, Afrikas und Asiens nicht präsent sind; feministische Theologien sind an basisorientierten Zentren verortet, und das internationale theologische Netzwerk EATWOT, das Weltsozialforum oder das internationale Netzwerk theologischer Gesellschaften INSeCT führen auch heute befreiungstheologische und feministisch-theologische Perspektiven weltweit zusammen.

Papst Franziskus hatte die Päpstliche Kommission für Lateinamerika sogar beauftragt, eine Tagung zur Präsenz der Frauen in Gesellschaft und Kirche Lateinamerikas durchzuführen. In dem beeindruckenden Abschlussdokument, das im April 2019 veröffentlicht worden ist, wird herausgearbeitet, wie gerade Frauen in den verschiedenen Geschichtsepochen Tradentinnen des Evangeliums gewesen sind, über die Erziehungsarbeit in der Familie, die Tätigkeit als Ordensfrauen, in der schulischen Bildungsarbeit, auf den vielen Feldern der Pastoral bis hin zur Verantwortung für Gemeinden und Missionen; es wird aber auch auf das Unsichtbarmachen der Frauen in der Geschichte und Gegenwart in Lateinamerika hingewiesen; es wird sehr offen von Klerikalismus und Machismo gesprochen, die auch heute noch zur Ausgrenzung der Frauen führen, und am Ende macht das Dokument den Vorschlag, eine Synode zu Fragen von Frauen in der Mission und Pastoral der Kirche durchzuführen (vgl. Eckholt 2020a). Auch wenn Fragen nach dem Zugang von Frauen zu kirchlichen Ämtern nicht so offen diskutiert werden wie an US-amerikanischen oder deutschen Universitäten, so ist diese Frage z. B. auch in Lateinamerika präsent. Im Juli 2020 veröffentlichte die kolumbianische Theologin Isabel Corpas de Posada ihr auf dem Hintergrund langjähriger Lehrerfahrungen gewachsenes Buch zur Priesterweihe für Frauen, in dem sie ein klerikales und sacerdotales Amtsverständnis für Frauen und Männer dekonstruiert und auf dem Hintergrund einer befreienden Pastoral Wege zu einer neuen jesuanischen Struktur von Kirche sucht (vgl. Corpas de Posada). Über die Vereinigung kolumbianischer Theologinnen ist dieses Buch in mehreren Videokonferenzen einer breiten Öffentlichkeit weltweit vorgestellt worden. Und auch im Kontext der im Oktober 2019 stattgefundenen Amazonassynode ist eine offene Diskussion über den Frauendiakonat geführt worden.

Im Blick auf diese zentralen Fragen, die die Tiefe der institutionellen Gestalt der römisch-katholischen Kirche anfragen, wird es in den nächsten Jahren notwendig sein, in einer interkontinentalen und interkulturellen Anstrengung die für die Reform der Kirche grundlegenden Texte des Zweiten Vatikanischen Konzils einer gemeinsamen Relecture zu unterziehen und deutlich zu machen, dass sich der weltkirchliche Aufbruch des Konzils gerade im Blick auf die Partizipation von Frauen in der Kirche zuspitzt und „verifiziert". Gerade darum sind die Fragen, die im Kontext des Synodalen Wegs in Deutschland verhandelt werden, von „weltkirchlicher" Relevanz; sie sind nicht das „Problem" einer Ortskirche, sie sind vielmehr ein Hoffnungszeichen für die Weltkirche und für andere Kontexte, in denen nicht in einer ähnlich offenen Weise, wie das zurzeit im deutschen Kontext möglich ist, Fragen wie der Zugang von Frauen zu kirchlichen Ämtern gemeinsam von Theolog*innen und Bischöfen verhandelt werden können – das bekunden viele Stimmen der Weltkirche, die mit großem Interesse den Synodalen Weg in Deutschland verfolgen.

Es ist auch zu hoffen, dass der weltweite synodale Prozess, zu dem Papst Franziskus eingeladen hat und der in eine Bischofssynode im Oktober 2023 münden soll, Regelungen treffen wird, dem *„sensus fidelium"* und mit ihm dem Austarieren unterschiedlicher Glaubenserfahrungen und einer konstruktiven Auseinandersetzung auch mit lehramtlichen Entscheidungen einen weiteren Raum zu geben. Eine offene Auseinandersetzung mit den Fragen, die feministische Theologien und gender-theoretische Ansätze stellen, ist notwendig, will die römisch-katholische Kirche dem Prozess des

Welt-Kirche-Werdens gerecht werden. Hier melden sich die „Zeichen der Zeit" und der *sensus fidei*" eines großen Teils des Volkes Gottes. Darum ist es ein wichtiges Moment, dass in dem seit 2016 laufenden Forschungsprojekt einer internationalen und interkontinentalen Kommentierung der Dokumente des Zweiten Vatikanischen Konzils Theologinnen der verschiedenen Kontinente in gleichberechtigter Weise mitarbeiten (vgl. Eckholt 2020b). Werden die interkulturellen Dynamiken der Glaubenspraktiken und kirchlichen Vollzüge ernst genommen, wird auch deutlich, dass die Fragen nach der Partizipation von Frauen, nach Leitungsstrukturen und Ämtern nicht losgelöst von den anderen „Zeichen der Zeit" wie Armut und Migration, die Bedrohung der Umwelt oder den Dialog der Kulturen und Religionen behandelt werden können. Fragen nach Frauen „in" Kirche sind immer auch von diesem „Außen" her zu erschließen. Gerade die neuen wissenschaftstheoretischen Entwicklungen, die sich postkolonialen Anfragen stellen und sich mit Fragen der Identität und Andersheit bzw. Fremdheit in Bezug auf Ethnie und Religion im Kontext pluraler, individualisierter und ausdifferenzierter Gesellschaften auseinandersetzen, werden in Verbindung von interkultureller Theologie, feministisch-theologischer und gender-theoretischer Reflexion dazu beitragen können, den vom Zweiten Vatikanischen Konzil angestoßenen „Strukturwandel" der Kirche in einer Außen und Innen verbindenden und in diesem Sinn wirklich welt-kirchlichen Perspektive anzugehen. Die neuen Wege, die in den Ortskirchen des Südens gegangen werden, die menschenrechtliche Perspektive und die Bedeutung des Feminismus im Kontext breiter sozialer Bewegungen werden so verstärkt von Relevanz für den europäischen – und deutschen – Kontext und erinnern die Perspektive von Gerechtigkeit und Barmherzigkeit, die sich in alle theologischen und kirchlichen Vollzüge einzuschreiben hat.

Mit Mut synodale Lernprozesse weltweit anstoßen

In der römisch-katholischen Kirche spitzt sich angesichts der Stimmen von Frauen weltweit die Debatte um Strukturfragen wie die Frage nach Partizipation und Mitbestimmung, nach der Ausübung und der Funktion des Amtes zu, und das bedeutet nicht nur die Diskussion um die Zulassung von Frauen zum Amt. Aber auch von anderen Konflikten zwischen kirchlicher Tradition und moderner Gesellschaft sind Frauen in besonderem Maße betroffen, etwa wenn es um die Lebensentwürfe und Lebensformen geht, die nicht mehr dem tradierten Leitbild der Ehefrau und Mutter entsprechen, um eine Lebensführung jenseits überlieferter Rollenmuster und Geschlechternormen, die in einer plural und liberal gewordenen Gesellschaft möglich geworden ist. Sich mit diesen Fragen auseinanderzusetzen, wie es im Augenblick der Fall ist, tangiert Fragen der Macht und rührt an Tabus. Das zeichnet die neue Bewegung im Feminismus aus und ist auch ein Zeichen der Hoffnung, dass der Aufbruch zu einer Reform der Kirche, den das Zweite Vatikanische Konzil angestoßen hat und der grundsätzlich bedeutet, den Graben zwischen Leben und Glauben zu überwinden und im „Heute" anzukommen, weil genau hier der Ruf Jesu zur Umkehr zu vernehmen ist, nicht abzubrechen ist: Frauen – und Männer – haben in dieser Erfahrung des Geistes ihre „Macht" entdeckt, ihre je eigenen Vermögen und Charismen, zu denen Gott sie ermächtigt hat, um so für eine moderne Kirche zu streiten. Genau das wird ein Ende des „Klerikalismus" bedeuten, um einen Weg und einen neuen Umgang mit Macht und Autorität zu finden. Die „Frauenfrage" – um den alten Begriff aufzugreifen – ist ein „Zeichen der Zeit", in dem es um die Zukunft von Kirche geht, gerade auch darum, weil ihr Verhältnis zur Welt nicht „beliebig" ist, sondern die „Zeichen der Zeit" als Zeichen der Zeit Gottes immer auch rückwirken auf das, was Kirche als „Volk Gottes" und auf ihrem Weg zum Reich Gottes zu sein hat.

Auf dem Synodalen Weg in Deutschland wird dem *„sensus fidelium"* ein breiter Raum gegeben zur Entfaltung, in der Synodalversammlung, in den einzelnen Foren, in verschiedenen Arbeitsgruppen und Konsultationen der Mitglieder des Synodalen Wegs, und so ist ein Prozess in Gang gekommen, der die große – bereichernde und herausfordernde – Pluralität an Glaubenserfahrungen und Perspektiven auf die unterschiedlichen kirchlichen Einbettungen und Bindungen, Wünsche und Visionen für diese „Kirche im Aufbruch" zum Ausdruck bringt. Auch in anderen Weltregionen laufen ähnliche synodale Prozesse, und es ist zu wünschen, dass der weltweite synodale Prozess und die Auseinandersetzung mit Synodalität diesem *„sensus fidelium"* weitere Räume – auch in rechtlicher Hinsicht – eröffnet. Dazu wird dann auch eine Unterscheidung der Geister gehören; eine Welt-Kirche bleibt von Ungleichzeitigkeiten geprägt, es gibt keine einlinigen Prozesse; Missverständnisse und Konflikte gehören zum Lernprozesse einer synodalen Kirche. In diesem Sinn ist zu wünschen, dass der Impuls, den die Päpstliche Kommission für Lateinamerika gegeben hat, in einer weltweiten Dynamik aufgegriffen wird. Das kann dann sicher nicht eine Bischofssynode im klassischen Sinn sein, bei der nur „über" Frauen geredet wird, aber einen „synodalen Prozess" weltweit zu Fragen nach Frauen in der Mission und Pastoral der Kirche anzustoßen, bei dem in einer ähnlichen Weise wie im Rahmen des Synodalen Wegs der deutschen Ortskirche Kleriker und Laien, Männer und Frauen in gleichberechtigter Weise mitwirken und aufeinander hören, ist eine höchst bedenkenswerte Idee. Und um so auf Synodalen Wegen gemeinsam in der Weltkirche als Volk Gottes und als geschwisterliche Kirche weiter zu gehen, ist auf die Stimmen der Frauen in der Geschichte christlichen Glaubens und die Beiträge feministischer Theologien weltweit zu hören und sind diese in ein interkulturelles Gespräch zu bringen.

Literatur

Ammicht Quinn, Regina, Gefährliches Denken. Gender und Theologie, in: Concilium 48 (2012), 362–373.

Corpas de Posada, Isabel, ¿Ordenación de mujeres?. Un aporte al debate desde la eclesiología de Vaticano II y la teología feminista latinoamericana, Bogotá 2020.

Eckholt, Margit, Frauen in der Kirche. Zwischen Entmächtigung und Ermächtigung, Würzburg 2020.

Eckholt, Margit, Eine „Frauensynode" einberufen? Ein Vorschlag der Päpstlichen Kommission für Lateinamerika, in: Büchner, Christine/Gielen, Nathalie (Hg.), Theologie von Frauen im Horizont des Genderdiskurses, Ostfildern 2020a, 223–244.

Eckholt, Margit, Eine interkontinentale Kommentierung des Zweiten Vatikanischen Konzils. Hermeneutische Fragen und ekklesiologische Herausforderungen, in: ZMR 104 (2020b), 68–83.

Eckholt, Margit/Wendel, Saskia, Aggiornamento in Zeiten der Krise. Theologinnen fragen nach Macht und Ermächtigung in der Kirche, in: Herder Korrespondenz 64 (2011), 82–87.

Eckholt, Margit/Link-Wieczorek, Ulrike/Sattler, Dorothea/Strübind, Andrea (Hg.), Frauen in kirchlichen Ämtern. Reformbewegungen in der Ökumene, Freiburg/Göttingen 2018 (englische Übersetzung: dies. (Hg.), Women in Church Ministries. Reform Movements in Ecumenism, Collegeville, Mn 2021).

Jones, Serene, Feminist Theology and the Global Imagination, in: McClintock Fulkerson, Mary/Briggs, Sheila (Hg.), The Oxford Handbook of Feminist Theology, Oxford 2012, 23–50.

Sanz, María Cristina Inogés, No quiero ser sacerdote. Mujeres al borde de la Iglesia, Madrid 2020.

Meyer-Wilmes, Hedwig, Artikel Feministische Theologie. Abschnitt „Programm Feministischer Theologie(n)", in: Gössmann, Elisabeth (Hg.), Wörterbuch der Feministischen Theologie, Gütersloh [2]2002, 147–150.

Bibliographischer Nachweis der lehramtlichen Texte: S. 283
[Links alle zuletzt eingesehen am 05. Juni 2021]

„Schritt für Schritt"[1]

Irene Gassmann OSB (Kloster Fahr, Schweiz)

Die Frauenfrage in der Kirche war für mich lange kein zentrales Thema. Mein Engagement im Pilgerprojekt „Für eine Kirche mit* den Frauen" ab 2014 sensibilisierte mich aber für diese Fragen. Dass ich mich je so klar für die gleiche Würde und die Rechte der Frauen in der katholischen Kirche einsetzen würde, hatte ich zu Beginn dieses Pilgerprojekts nicht geahnt. Pilgern bedeutet, mit Offenheit und entschieden vorwärtsgehen. Mein Pilgerweg „für eine Kirche mit den Frauen" geht weiter, „Schritt für Schritt".

Bei einem angeregten Austausch im Rahmen eines Impulstages mit einer Frauengruppe im Herbst 2018 über die Situation in der Kirche machte sich eine große Ohnmacht breit: Nachrichten über Missbrauch an Minderjährigen durch Priester erschüttern und machen sprachlos. Der Gestaltungsraum der Frauen in der Verkündigung und Seelsorge ist begrenzt. Frauen fühlen sich nicht ernst genommen, weil sie in die Entscheidungsprozesse der Kirchenleitung nicht einbezogen sind. Die Kirche verliert zunehmend an Glaubwürdigkeit. So sagte an jenem Nachmittag eine der Teilnehmerinnen zu ihrer Kollegin: „Du kommst doch aus Ostdeutschland. Wie war das damals vor dem Mauerfall mit dem Montagsgebet?" Bei dieser Frage sprang bei mir ein erster Funke: Ja, wie wäre es mit einem Gebet für unsere Kirche in dieser Zeit des

---

[1] Dieser Text wurde erstmals veröffentlicht unter dem Titel „Schritt für Schritt", in: Lebendige Seelsorge 71 (3/2020) 179–183, und für die vorliegende Publikation aktualisiert. Er steht in engem Zusammenhang mit den Texten von Karin Klemm und Dorothee Becker in diesem Band.

115

Umbruchs? Ein paar Tage später erhielt ich per Post zwei verschiedene Petitionen für „Veränderungen in der Kirche" zum Unterschreiben. Das zeigte mir, die Menschen wollen sich von der Ohnmacht nicht lähmen lassen, sie wollen etwas tun. Bei der Vernissage des Buches „Ein weiter Weg – 1200 Kilometer für eine Kirche mit den Frauen" Anfang Dezember 2018 wurde mir klar: Jetzt initiiere ich ein Gebet. Bischof Felix Gmür betonte bei seiner Laudatio zum Pilgerbuch, wie wichtig – auch für die Frauenfrage in der Kirche – das Wechselspiel zwischen *vita activa* und *vita contemplativa* sei. Als ich unserem Bischof anschließend meine Idee eröffnete, meinte er: Super, aber mach bitte kein „Deutschschweizer Projekt". Damit wollte er sagen, dass es ein globales Gebet werden sollte. So wusste ich, was ich zu tun hatte.

„Gebet am Donnerstag"

Zusammen mit drei Theologinnen konkretisierte sich diese Gebetsidee innerhalb kurzer Zeit. Ein Gebetstext wurde formuliert. Dieses Gebet – „Schritt für Schritt" – nimmt die aktuelle Situation und Ohnmacht auf und bringt sie ins Wort: „Gott, du unser Vater und unsere Mutter, wir alle wissen, wie es um unsere Kirche steht. Unrecht geschah und geschieht. Macht wurde und wird missbraucht." Damit das Gebet Kreise ziehen und von möglichst vielen Menschen mitgebetet werden kann, wurde es in verschiedene Sprachen übersetzt und über die Webseite www.gebet-am-donnerstag.ch verbreitet. Am 10. Februar 2019, dem Fest der heiligen Scholastika, wurde das Gebet lanciert. Diesen Tag haben wir im Kloster Fahr bewusst gewählt. Die heilige Scholastika ist Vorbild für vertrauensvolles Beten. In der Lebensbeschreibung des heiligen

Benedikt, die Gregor der Große verfasste, lesen wir, dass sich das Geschwisterpaar Benedikt und Scholastika einmal jährlich zu einem geistlichen Austausch traf. Benedikt wollte sich verabschieden, Scholastika jedoch hatte den Wunsch, das Gespräch fortzusetzen, und so erwirkte sie ein „Wunder". Gregor schreibt: „Sobald aber die gottgeweihte Frau die Weigerung ihres Bruders hörte, fügte sie die Finger ineinander, legte ihre Hände auf den Tisch und ließ ihr Haupt auf die Hände sinken, um den allmächtigen Gott anzuflehen. Als sie dann das Haupt vom Tisch erhob, blitzte und donnerte es so stark, und ein so gewaltiger Wolkenbruch ging nieder, dass weder der heilige Benedikt noch die Brüder einen Fuß über die Schwelle des Hauses setzen konnten." (Gregor der Große, 189) Die heilige Scholastika vertraute auf die Kraft des Gebets. In ihrem Sinne wollen wir *Schritt für Schritt* vorwärts gehen, beten und handeln, wie sie es getan hat. Als „Gebetstag" wählten wir bewusst den Donnerstag. Jesus betete am Abend vor seinem Leiden im Ölgarten. Biblisch gesehen ist der Donnerstag ein guter Tag für das Gebet. Am 14. Februar 2019 luden wir im Kloster Fahr zum ersten Mal zum „Gebet am Donnerstag" ein.

Das Gebetsnetz wächst

Seither findet das „Gebet am Donnerstag" bei uns jede Woche statt. Im Kloster Fahr gestalten wir dieses Gebet im Rahmen einer erweiterten Komplet. Die Gebetszeit wird mit einem Lichtritus eröffnet. Es folgt ein Hymnus von Silja Walter: „Nacht" (Text: Silja Walter Gottesdienstbuch, 13). Nach dem gesungenen Psalm der Komplet wird das Evangelium vom kommenden Sonntag verkündet. Dann folgt das Gebet „Schritt für Schritt". Während des „Kyrie-Gesangs" wird jeweils Weihrauch aufgelegt. Jeden Donnerstag kommen Menschen aus der näheren und weiteren Umgebung zu uns ins Kloster, um mit uns zu beten. Das Gebetsnetz wächst. Inzwischen wird das „Gebet am Donnerstag" in der Schweiz und darüber hinaus an rund achtzig Orten und in verschiedenen Gemeinschaften und Klöstern gebetet. Um diese wachsende Gebetsverbundenheit sichtbar zu machen, werden diese Orte auf der Webseite aufgeschaltet. Die vielen Rückmeldungen zeigen: Die Menschen sind dankbar für diese Gebetsinitiative. Das Gebet verbindet, stärkt und ermutigt. Es zieht Kreise und bewegt.

Kreativität und Verbundenheit in der Pandemie

Während der Covid-Pandemie ging das „Gebet am Donnerstag" weiter, auch wenn gemeinsame Gottesdienste über längere Zeit nicht möglich waren. Es entstanden neue kreative Formen und Angebote. Im Frühling 2020 lancierte *Voices of Faith* ein globales „Gebet am Donnerstag"; Frauen aus allen Erdteilen gestalteten über mehrere Wochen jeweils am Donnerstag eine Gebetszeit und teilten dies via Livestream und Facebook. Im Laufe des Jahres 2020 entstanden weitere digitale Donnerstagsgebete. Viele Menschen gestalteten am Donnerstag ein Hausgebet, wissend um die Verbundenheit mit einer großen Gebetsgemeinschaft.

Schritt für Schritt – wir bleiben dran

Es wäre zu früh, jetzt schon Bilanz zu ziehen über die Auswirkungen dieser Gebetsinitiative. Eines zeigt sich jedoch deutlich: Die Themen, die im Gebet am Donnerstag formuliert sind, werden bei verschiedenen Veranstaltungen und in Erneuerungsprozessen thematisiert. So auch im Synodalen Weg in Deutschland. Das sind erste Schritte, das gibt Mut. Der Weg ist noch lange. Es braucht weiterhin Kraft und Zuversicht, um dranzubleiben und weiterzugehen. Deshalb beten wir weiter, jeden Donnerstag, „Schritt für Schritt".

„Schritt für Schritt" – Gebet am Donnerstag

Gott, du unser Vater und unsere Mutter,

wir alle wissen, wie es um unsere Kirche steht. Unrecht geschah und geschieht, Macht wurde und wird missbraucht. „Bei euch aber soll es nicht so sein", sagt Jesus.

Wir bitten dich um dein Erbarmen.

Kyrie eleison.

Frauen und Männer sind durch die eine Taufe gleich- und vollwertige Mitglieder der Kirche. Im Miteinander in allen Diensten und Ämtern können sie zu einer Kirche beitragen, die erneuert in die Zukunft geht.

Wir bitten dich um Kraft und Zuversicht.

Kyrie eleison.

Menschen kommen mit ihrer Sehnsucht nach Frieden, nach Gemeinschaft, nach Beziehung zu Gott und zueinander. Eine glaubwürdige Kirche ist offen für Menschen gleich welcher Herkunft, welcher Nationalität, welcher sexuellen Orientierung. Sie ist da für Menschen, deren Lebensentwurf augenscheinlich gescheitert ist, und nimmt sie an mit ihren Brüchen und Umwegen. Sie wertet und verurteilt nicht, sondern vertraut darauf, dass die Geistkraft auch dort wirkt, wo es nach menschlichem Ermessen unmöglich ist.

Wir bitten dich um Kraft und Zuversicht.

Kyrie eleison.

In dieser Zeit, in der Angst und Enge lähmen und die Zukunft düster erscheint, braucht es grosses Vertrauen, um mit Zuversicht nach vorn zu schauen. Es braucht Vertrauen, dass durch neue Wege und einschneidende Veränderungen mehr Gutes geschaffen wird als durch Verharren im Ist-Zustand.

Wir bitten dich um Kraft und Zuversicht.

Kyrie eleison.

Gott, du unsere Mutter und unser Vater,

im Vertrauen darauf, dass du mit uns auf dem Weg bist, gehen wir weiter mit und in der Kirche; in der Tradition all der Frauen und Männer, die vor uns aus dem Feuer der Geistkraft gelebt und gehandelt haben, die vor uns und für uns geglaubt und gelebt haben. Die heilige Scholastika vertraute auf die Kraft des Gebets. In ihrem Sinne wollen wir Schritt für Schritt vorwärtsgehen, beten und handeln, wie sie es getan hat: „Geht, Schwestern und Brüder, wie ihr könnt!" Behüte uns. Sei mit uns alle Tage bis zum Ende der Welt. Darum bitten wir jetzt und in Ewigkeit. Amen.

Literatur

Aepli, Hildegard/Faber, Eva M. (Hg.), Ein weiter Weg. 1200 Kilometer für eine Kirche mit den Frauen, St. Gallen 2018.

Das Silja Walter Gottesdienstbuch. Impulse und Lesetexte. Mit einem Vorwort von Marius Linneborn, Freiburg i. Br. 2019.

Gregor der Große, Der heilige Benedikt. Buch 2 der Dialoge, Gregor der Große, St. Ottilien 1995.

Die #JuniaInitiative

Wie es dazu kam und was sie will

Dorothee Becker (Basel, Schweiz)

Im Jahr 2016 kamen drei Dinge zusammen. Zuerst die Ankündigung durch Papst Franziskus, eine Kommission einzuberufen, um die Ursprünge des Diakonats der Frau zu untersuchen. Lange hatte ich mir selber jedes Nachdenken darüber erspart, ob dieser Dienst für mich eine Option wäre, weil er ja sowieso nicht in den Bereich des Möglichen fiel. Nach einigen Überlegungen und in Gesprächen kam ich für mich persönlich zu folgender Antwort: Damit der Dienst der Diakonin für mich eine Option wäre – wenn es denn zu einer Öffnung käme –, müssten mehrere Faktoren zusammenkommen, nämlich die innere Überzeugung, dass der Dienst als Diakonin mein Weg ist. Dazu die Zusage von außen, von anderen Menschen, dass sie für mich diesen Weg sehen. Und im besten Fall: Gläubige aus der Pfarrei, die zum Bischof gehen und sagen: „Wir sind überzeugt, dass Dorothee zur Diakonin berufen ist und wir möchten, dass sie die Weihe empfängt."

Das zweite Ereignis war die Ankündigung, dass das Fest der heiligen Maria Magdalena nun als Apostelfest gefeiert wird. Der Text der neuen Präfation – „Maria Magdalena, die Christus vor den Augen der Apostel mit dem Apostelamt geehrt hat, damit sie die gute Botschaft vom neuen Leben verkündet" – lässt die Behauptung, Jesus habe keine Frauen zu Aposteln berufen, ins Leere laufen. Diese Worte werden nun an jedem 22. Juli gebetet.

Schliesslich das Projekt „Für eine Kirche mit* den Frauen" und sein Pilgerweg nach Rom im Mai und Juni 2016. Ein starkes spirituelles Zeichen: insgesamt waren über 1.000 Menschen gemeinsam unterwegs. Trotz aller Enttäuschung, in Rom nicht wahrgenommen worden zu sein. Niemand aus dem Vatikan machte sich die Mühe, die Pilgerinnen und Pilger auch nur zu begrüßen oder in irgendeiner Form willkommen zu heißen, geschweige denn, unser Schreiben an Papst Franziskus entgegenzunehmen. Aber zwei Bischöfe, eine Priorin, Äbte und Hunderte von Menschen, die auf diese Weise versuchen, auch bei der obersten Kirchenleitung ein Bewusstsein dafür zu wecken, was die Zeichen der Zeit heute sagen – das ist nicht nichts. Das ist sehr viel. Und während vieler Gespräche in Rom kam die Frage auf: Warum wird das Recht der Gläubigen auf regelmäßige Feier der Eucharistie für weniger wichtig gehalten als die Einhaltung der Zulassungsbedingungen zum Priesteramt?

Am letzten Tag in Rom kam mir ein Gedanke, über den ich mit verschiedenen Menschen gesprochen habe. Diese Idee hat dann lange geruht. Doch sie könnte mit Menschen (Ordensleute, Priester, Theolog*innen) aus allen Bereichen der Kirche und vor allem mit Menschen aus Pfarreien in die Tat umgesetzt werden. Wir könnten uns auf einen Weg der Suche machen und gemeinsam schauen: Gibt es in unseren Pfarreien Menschen – Verheiratete, Theolog*innen, Nicht-Theolog*innen – von denen wir sagen können: dieser Mensch ist zum priesterlichen Dienst berufen? Kommt in seiner Haltung, seinem Leben, seinem Glauben das zum Ausdruck, wofür Jesus gelebt hat, gestorben und wieder auferstanden ist? Ist dieser Mensch fähig, die Frohe Botschaft zu verkünden, zu heilen und zu leiten – über das hinaus, was Taufe und Firmung ihm oder ihr schon zusprechen – und wäre er oder sie bereit, sich in den speziellen Dienst der Kirche rufen zu lassen? Und wenn solche Menschen gefunden werden, gehen wir zum Bischof und sagen ihm: *Hier sind Menschen, die Gott zum priesterlichen Dienst* *beruft. Deren Berufung nach (so weit wie möglich) objektiven Kriterien geprüft und festgestellt wurde. Die bereit wären, sich in Dienst nehmen zu lassen, die bereit wären, zu heilen, zu leiten und zu verkündigen – und die dann die Eucharistie feiern können, Quelle und Höhepunkt des christlichen Lebens. Es ist jetzt deine Aufgabe, diese Befähigung und Berufung angemessen wahrzunehmen und ihr zur Verwirklichung zu verhelfen.*

Das war in Rom im Frühsommer 2016.

Im Sommer 2018 entstand eine WhatsApp-Gruppe anlässlich des Papstbesuchs in Genf. Wir Pfarreiseelsorger*innen wollten mit Papst Franziskus, den Priestern und Diakonen, wie es in den Bistümern Basel und St. Gallen üblich ist, im Altarraum gemeinsam Eucharistie feiern und so die Wirklichkeit, wie sie in der Schweiz ist, sichtbar machen, stellvertretend für alle Kolleg*innen, die zur römisch-katholischen Kirche gehören, in ihr arbeiten und die Botschaft Jesu verkünden. Das wurde uns verwehrt. Doch die WhatsApp-Gruppe, in der wir uns zusammengefunden hatten, um dieses Ereignis zu organisieren, bestand weiter. In dieser meldete sich im März 2019 Charlotte Küng aus dem Bistum St. Gallen mit der Idee, mit Frauen einen offenen Brief an die Bischöfe zu schreiben und ihnen die Bereitschaft zu signalisieren, sich weihen zu lassen. Meine Idee aus dem Sommer 2016 verband sich mit Charlottes Idee. Und so entstand die *#JuniaInitiative*[1]. Die

---

1   Zur Namensgebung: In seinem „Brief an die Gemeinde von Rom" richtet Paulus Junia besondere Grüße aus: Sie gehört zu seinem Volk, war mit ihm im Gefängnis und ragt unter den Aposteln hervor (Röm 16,7). Ab dem 13. Jahrhundert wurde Junia zu Junias gemacht und damit die Tatsache verschleiert, dass es sich bei dieser herausragenden Persönlichkeit um eine Frau* handelte. Die neue Einheitsübersetzung von 2016 hat sich zu diesem Fehler bekannt und die Apostelin Junia wieder als Frau* kenntlich gemacht. Junia, die jahrhundertelang unsichtbar gemachte Frau, ist die Patronin unserer Initiative. Sie weist auf uns hin und macht uns als sendungsbereite Frauen* sichtbar. In: juniainitiative.com.

#JuniaInitiative wurde am 3. Oktober 2019 an zwei Orten der Öffentlichkeit vorgestellt: durch Priorin Irene Gassmann vom Kloster Fahr im Gespräch mit Bischof Felix Gmür in Rom, wo bei einer Veranstaltung von *Voices of Faith* über die Zulassung von stimmberechtigten Frauen an der Bischofssynode diskutiert wurde. Und im Kloster Einsiedeln durch Charlotte Küng anlässlich des Impulstages zum Monat der Weltmission. Zugleich wurde die Homepage aufgeschaltet (www. juniainitiative.com), auf der Stand heute (Pfingsten 2021) 14 Frauen öffentlich ihre Bereitschaft erklären, sich im Sinne der *#JuniaInitiative* in den Dienst nehmen zu lassen.

Und das will die *#JuniaInitiative*: Pfarreien, Gemeinschaften oder auch Exerzitienhäuser setzen sich dafür ein, dass Frauen, die sich im Dienst schon bewährt haben, eine sakramentale Sendung erhalten. Damit sie taufen, das Sakrament der Versöhnung und der Krankensalbung spenden. Damit sie bei Trauungen assistieren und Eucharistie feiern – je nachdem, wo ihre Berufung und Begabung liegt und was die Gemeinschaft, die Pfarrei oder die Institution gerade braucht. Es muss nicht jede alles machen. So wie Bischof Felix im Moment das Problem hat, dass er Priester hat, die sich zur Leitung nicht berufen oder begabt fühlen, gibt es Frauen bei der *#JuniaInitiative*, die für sich das Sakrament der Krankensalbung sehen, aber nicht den Wunsch oder die Berufung verspüren, Eucharistie zu feiern. Und es gibt Frauen, die den Ruf Gottes spüren und auch schon von Menschen die Zusage bekommen haben: ich sehe dich als Priesterin. Dass dies keine Einzelfälle sind, wird eindrücklich sichtbar in dem Buch von Philippa Rath: *„…weil Gott es so will": Frauen erzählen von ihrer Berufung zur Diakonin und Priesterin* (2021).

Gleichzeitig lädt die *#JuniaInitiative* die Theologie dazu ein, „die Zeichen der Zeit zu erkennen: Der Zusammenhang zwischen Sakrament, Weihe und seelsorgerlicher Beziehung will angesichts der pastoralen Realität und im langen Schatten des Missbrauchskandals reflektiert und weiterentwickelt werden." In Anbetracht der unheilvollen Verknüpfung von Weihe, Sakrament, Macht und Geschlecht hat die #Junialnitiative den Begriff der *sakramentalen Sendung* ins Leben gerufen. Wir fragen uns: „Wie ist sakramentale Sendung zu denken? Als Sendung, die Sakramente zu feiern? Als Sendung mit einem sakramentalen Charakter? Soll es eine Sendung zur Feier einzelner Sakramente sein und/oder eine Sendung zur Feier der Gesamtheit der Sakramente? Welche neuen Formen der Sendung und Beauftragung sind als Modell für eine zukunftsfähige und glaubwürdige Kirche denkbar?" (Aus dem Einladungsflyer zum theologischen Gespräch der Junialnitiative am 7. März 2020 in Luzern). An den Antworten wird gearbeitet. Und wenn das Sakrament der Weihe neu gedacht wird, entfällt die Unterscheidung von Diakonat und priesterlichem Dienst. Dann ist jeder sakramentale Dienst zugleich ein priesterlicher Dienst.

Ursprünglich war geplant, am 17. Mai 2020, dem Gedenktag der Apostelin Junia, unseren Bischöfen sendungsbereite Frauen vorzustellen und vorzuschlagen. Da haben uns die Corona-Beschränkungen einen Strich durch die Rechnung gemacht. So haben wir das JuniaJahr begonnen und am 17. Mai 2020 den Auftakt zu einem Jahr des Glaubens und der Erneuerung der Kirche gefeiert, mit einer Zoom-Konferenz, an der an die 100 Menschen teilgenommen haben. Während dieses Jahres sollte sichtbar werden, was viele längst sehen: Bewährte Seelsorger*innen sind bereit, sich öffentlich senden zu lassen für den sakramentalen Dienst. Pfarreien und Gemeinschaften haben deren Berufung erkannt und sind bereit, deren Sendung zu bekräftigen. Mit verschiedenen Veranstaltungen wird das Thema weiterhin im Bewusstsein gehalten. Die Verbindung mit anderen Initiativen in der römisch-katholischen Kirche, beispielsweise mit den katholischen Frauenverbänden Deutschlands und Österreichs wurde im November 2019 bei der Gründung des *Catholic Women's Council* bestärkt. Nur vernetzt und intensiv miteinander verbunden können wir etwas erreichen. Und in Verbindung mit den Menschen in den Pfarreien und Gemeinschaften. Damit überall die Aufmerksamkeit darauf gerichtet wird, ob es Frauen gibt, die als geeignet erscheinen für eine sakramentale Sendung. Die von Pfarreimitgliedern oder Ordensangehörigen unterstützt werden können. Dazu müssen wir miteinander im Gespräch sein. Und schauen, was jede Einzelne von uns tun kann, damit die Botschaft Jesu, die immerhin 2000 Jahre überdauert hat, nicht im dritten Jahrtausend versandet, sondern weiterlebt. Und verkündet wird von allen, die dazu berufen und gesandt sind.

Literatur

Rath, Philippa, „… weil Gott es so will". Frauen erzählen von ihrer Berufung zur Diakonin und Priesterin; Freiburg i. Br. 2021.

Für eine schönere Kirche – weil Diskriminierung hässlich macht

Wozu die #JuniaInitiative inspiriert

Karin Klemm (Baden, Schweiz)

Ich habe ein inneres Bild von der Schönheit der Kirche Jesu. Ohne die hässliche Fratze der Diskriminierung von Menschen aufgrund von Geschlecht, sexueller Orientierung oder Brüchen in der Biografie. Dieses innere Bild ist mir kostbar und ich engagiere mich in der Juniabewegung, weil sie die Farben und die Kontur dieses inneren Bildes verstärkt. Und ich engagiere mich, damit dieses Bild nicht nur ein inneres bleibt. Damit hörbarer, sichtbarer und wahrer wird, was recht ist: eine Kirche, in der die Verantwortlichen (auf Bistums- und Pfarreiebene und auch in geistlichen Gemeinschaften und Verbänden) gemeinsam nach der Berufung von bewährten Seelsorger*innen fragen. Und diese Seelsorger*innen von Menschen vor Ort und aus der Bistumsleitung gemeinsam ordiniert werden. Mein Engagement gilt gleichermaßen den Pfarreien, Verbänden und Gemeinschaften, wo Menschen die Berufung von bewährten Seelsorger*innen erleben und trotzdem keine Sakramente mit ihnen feiern dürften. Diese Menschen sollen ernst genommen werden.

Verschiedenheit – Herausforderung und Stärke

Juniabewegte Seelsorger*innen sind sehr unterschiedlich: engagiert in der Pfarrei, in der Erwachsenenbildung, im Kloster

127

oder der Spitalseelsorge; bewährte junge und alte, pensionierte oder noch nicht pensionierte Seelsorger*innen mit unterschiedlichen Frustrationstoleranzen. Manche haben genug von den Verletzungen durch Kirchenleitung und Kollegen, andere wagen immer noch die Auseinandersetzung. Diese Pluralität will geachtet werden. Verbunden sind wir durch das Bewusstsein für das Unrecht der sakramentalen Austrocknung genau dort, wo es diese bewährten und berufenen Seelsorger*innen gibt. Manche von uns möchten ordiniert werden, damit das Ringen um die Frage, wer was darf und wer nicht, zum Ende kommt und es stattdessen darum gehen kann, wem in der Pfarrei welche Begleitung beim Heilen und beim Wachsen dient.

Wir achten einander in unseren Berufungen, in denen es um drei Beziehungen geht, die zu Gott, die zur Gemeinde/Gemeinschaft und die zur überregionalen Kirchenleitung. Das Zusammenspiel dieser drei Beziehungen scheint mir konstituierend sein für eine gelebte Berufung in der Kirche Jesu.

1. Berufung ist mehr als meine persönliche Erfahrung und Geschichte, sie ist mehr als eine „Zweierkiste zwischen mir und meinem Gott". Sie wurzelt in dem Glauben und der biblischen Tradition, dass Gott Einzelne beruft, Frauen wie Männer, zum Dienst an ihren Mitmenschen.

2. In Gemeinden, Klöstern usw., da, wo sich Seelsorger*innen bewähren, sollen die Menschen, die diese Bewährung bestätigen können, verantwortlich mit-ordinieren. Um einer Ordination zum sakramentalen Dienst einen demokratischen Anteil zu verleihen, um deutlich zu machen, dass die Stimmen aus Gemeinde und Gemeinschaften wesentlich sind in unserer Kirche.

3. Und der Bischof – und irgendwann eine Bischöfin – oder eine Stellvertretung ordinieren dann gemeinsam mit Verantwortlichen vor Ort die bewährten Seelsorger*innen.

Theologische Reflexion inspiriert

Wir sind als solidarisch verbundene Geschwister im Glauben miteinander unterwegs. Bisher als Initiative ohne bezahlte Koordinationsstellen, ohne Vorstände und Präsidentinnen. Mit einer Kerngruppe wagten wir die erste Form von Institutionalisierung. Mehr als der Bildung einer wirkmächtigeren Organisationsform gilt unsere Energie der theologischen Auseinandersetzung. In vielen anderen Initiativen wäre längst ein Verein mit Vorstand und Kommissionen und mindestens einer Taskforce geschaffen worden. Das ist unsere Stärke und unsere Schwäche gleichermaßen. Bei uns werden kluge Professorinnen gesucht und gefunden, die uns mit ihren Anfragen und Impulsen inspirieren. Einer davon, Eva-Maria Faber, Professorin für Dogmatik und Fundamentaltheologie in Chur, verdanken wir den Begriff der „Ordination zum sakramentalen Dienst", der ökumenisch mehr verbindet als der Begriff der „Weihe" und der an eine konkrete Aufgabe gebunden ist. Zugleich warnt sie uns aber auch vor einer Engführung der Seelsorge, denn Seelsorge ist viel mehr als das Feiern von Sakramenten. Heute, im Mai 2021, sage ich: Lieber inspiriert und noch nicht sehr gut organisiert, als uninspiriert. Und dennoch suchen wir eine hilfreiche Organisationsform und vernetzen uns in der Schweiz (mit der Allianz, gleichwürdig katholisch) und international.

Berufung ist mehr als Weihe

Die *JuniaInitiative* möchte nicht an der bestehenden Weihepraxis anknüpfen, auch wenn der Priestermangel damit kurzfristig behoben wäre. Das geschlossene klerikale System der Geweihten, wie es zur Zeit ausgestaltet ist, soll nicht einfach um Frauen erweitert werden. Es braucht eine Veränderung in der Wurzel. Deshalb haben wir uns entschieden, die Bekräftigung der Berufung „Ordination zum sakramentalen Dienst" zu nennen. Nicht der Stand einer Person soll hervorgehoben werden, wie bei der Weihe, sondern die Beauftragung für eine konkrete Aufgabe zusammen mit den Menschen, mit denen diese Aufgabe Beziehung schafft.

Quellen

Wir schöpfen Kraft aus der Gemeinsamkeit einer Überzeugung: Es ist ein Unrecht, dass Kirchenleitung Charismen vergeudet, weil sie unsere Berufung ignoriert. Aus diesem Unrecht entstanden Wortschöpfungen wie Krankensegnung und Wortgottesfeier mit Kommunion usw. Für Menschen, die sich Gottes unsichtbare Gnade im Gebet und im Teilen von Brot und Wein ersehnen, sind diese Wortschöpfungen entweder irrelevant oder führen zu einem Zweiklassenempfinden beim Feiern. Das ist unwürdig für das Gedächtnis Jesu und für die Menschen heute.

Kraft schöpfen wir vor allem in der Freude an unserer Berufung und den Sternstunden mit Menschen, mit denen wir feiern: Brot und Leben teilen, dem Vermächtnis Jesu dabei in der Tiefe begegnen, die Trauer in Gottes Licht stellen und dem Tod nicht das letzte Wort lassen. Kraft schöpfen wir, wenn mit sterbenden Menschen Heilsames erlebt und geteilt wird: Sakramente, spürbare Zeichen Gottes unsichtbarer Gnade. Und Kraft schöpfen wir, wenn wir feiern, dass in seelsorglichen Beziehungen Heil geschieht. Und wenn viele Menschen, die wir begleiten, uns bestätigen, dass heilsame

Zeichenhandlungen *innerhalb* seelsorgerlicher Beziehungen andere Prozesse möglich machen als Sakramente, die von fremden Männern „gespendet" werden.

Rückenwind

„Du fehlst uns Schwester", tönten zwei Stimmen im Tränen-ritual am Juniatag 2021 im Kloster Fahr, von geweihten und nicht-geweihten Kollegen. Es gibt also Männer in der katho-lischen Kirche, die an der Vergeudung unserer Charismen leiden, uns vermissen und dazu öffentlich stehen. Was für ein kostbarer Rückenwind. So selten zu hören.

Ebenso die geteilte Trauer im Kolleg*innenkreis um all die vielen bewährten Frauen, die wir aufgrund der Diskrimi-nierung als Frau in der katholischen Kirche verloren haben. Diese solidarischen Männer sind uns Geschwister im Glau-ben und im Ringen um eine glaubwürdige Kirche.

Kostbarer Rückenwind ist die Unterstützung durch viele Katholik*innen und andere Menschen weltweit, die sich mit uns nach einer Kirche Jesu sehnen, die die Zeichen der Zeit erkennt, dem Ruf in die Verantwortung folgt und heil werden für möglich hält.

Damit irgendwann wahr wird, was recht ist, in der Kirche Jesu.

Wie wir uns selbst befreien

The Circle of Concerned African Women Theologians und Catholic Women Speak Network[1]

Nontando Hadebe (Johannesburg, Südafrika)

Das Streben der Unterdrückten nach Befreiung ist ein trotziger Akt, angetrieben von einer Vision von Gerechtigkeit, Gleichheit und Würde, die sich der Unterdrückung und ihren legitimierenden Ideologien widersetzt. In kolonisierten Ländern rechtfertigten rassistische Ideologien mit theologischer Unterstützung Unterdrückung, Völkermord, Apartheid und Ausbeutung. Der Kampf um Befreiung hat daher sowohl eine politische als auch eine theologische Ebene. Der „theologische Kampf" bestand aus zwei Phasen: In einem ersten Schritt galt es, die Theologien der Unterdrückung zu identifizieren und zu dekonstruieren. In einem zweiten Schritt wurden diese Ansätze mit alternativen prophetischen Befreiungstheologien konfrontiert, die zu einem aktiven Engagement im Kampf gegen die Unterdrückung führten. Das *Kairos-Dokument*, das 1985 in Südafrika während der Apartheid-Ära herausgegeben wurde, ist ein Beispiel für so einen „theologischen Kampf", der die Staatstheologie, die die Apartheid legitimierte, mit einer prophetischen Theologie des Widerspruchs konfrontierte. Das Dokument trug dazu bei, dass die Kirchen in den Kampf gegen die Apartheid ein-

---

1 Dieser Text beruht auf dem Artikel *Wie wir uns selbst befreien. The Circle of Concerned African Women Theologians*, in: Lebendige Seelsorge 71 (3/2020) 189–193, wurde aber für die vorliegende Publikation grundlegend überarbeitet und erweitert.

stimmten, was schließlich zum Triumph der Demokratie im Jahr 1995 und zu einer international hervorragenden Verfassung führte.

In ähnlicher Weise stehen Frauen heute vor einem „theologischen Kampf": gegen Traditionen, Schriftauslegungen, Glaubensvorstellungen, Praktiken und Theologien, mit denen ihre Marginalisierung, ihre Inferiorisierung und ihr Ausschluss von Führungspositionen gerechtfertigt, legitimiert und aufrechterhalten werden. Indem sie solchen Strukturen feministische Theologien entgegensetzten, konnten sich Frauen in den westlichen Ländern selbst befreien. Diese Theologien haben sich über die ganze Welt verbreitet, sie wurden von Frauen in ihrem jeweiligen Kontext aktualisiert und adaptiert. Rosemary Radford Ruether beschreibt das Vorgehen feministischer Theologinnen so: Sie tragen „feministische Kritik und Rekonstruktion von Geschlechterparadigmen in den theologischen Bereich", wo sie „theologische Muster in Frage stellen, die männliche Dominanz und weibliche Unterordnung rechtfertigen, wie z. B. die exklusiv männliche Sprache für Gott (...), dass nur Männer Gott in Kirche und Gesellschaft repräsentieren können" (Ruether, 3). Feministische Theologinnen kritisieren aber nicht nur herrschende Theologien, sondern sie entwickeln alternative prophetische Theologien für die Befreiung von Frauen, indem sie „die grundlegenden theologischen Symbole von Gott, Menschheit, männlich und weiblich, Schöpfung, Sünde und Erlösung und der Kirche rekonstruieren, um diese Symbole in einer geschlechtsinklusiven und egalitären Weise zu definieren" (Ruether, 3). Zwei Beispiele für von Frauen geführte und initiierte Bewegungen sollen im Folgenden vergleichend erläutert werden: *The Circle of Concerned African Women Theologians* (*The Circle*) und das *Catholic Women*

Speak Network (*CWSN*). Beide verfolgen das Ziel, das Patriarchat und die Theologien, die es legitimieren, systematisch durch Befreiungstheologien zu ersetzen. In Theorie und Praxis werden so Gleichberechtigung und Einbeziehung von Frauen insbesondere in Führungspositionen zu selbstverständlichen Dingen.

Theologischer Kampf und die Unterdrückung der Frauen

Es ist Realität, dass Religionen an der Aufrechterhaltung und Rechtfertigung des Patriarchats beteiligt sind und Widerstand gegen globale Bemühungen um die Förderung der Frauenrechte leisten. Dieser Konflikt zwischen Religion und Menschenrechten bedeutet einen unerträglichen Widerspruch im Leben vieler Frauen, denn sie müssen die Verfassung, die ihre Gleichberechtigung garantiert, und Religionen/Kulturen, die ihre Rechte einschränken, in Einklang bringen! Daher gibt es einen ethischen Imperativ für Theologinnen, sich gemeinsam mit männlichen Verbündeten in den theologischen Kampf für die Befreiung und Inklusion von Frauen einzuschalten. Die unterdrückerischen Theologien sind auch für das hohe Maß an Gewalt gegen Frauen auf der ganzen Welt mitverantwortlich. Die Weltgesundheitsorganisation bezeichnet Gewalt gegen Frauen als eine globale Gesundheitskrise, von der ca. ein Drittel der Frauen betroffen ist. Folglich ist der theologische Kampf um Gleichberechtigung von Frauen buchstäblich eine Frage von Leben und Tod. Die Diskrepanz zwischen der Gesellschaft und vielen Kirchen in Fragen der Gleichberechtigung ist auch eine Form der Gewalt, wenngleich sie häufig nicht als solche angesehen wird. Zum Beispiel garantieren Verfassungen die Menschenrechte und kriminalisieren jede

Form von geschlechtsspezifischer Diskriminierung, während Frauen innerhalb der Kirchen eine entgegengesetzte Realität von Marginalisierung und Ausschluss aus Führungspositionen erleben. Es ist eine Form von Gewalt, von Frauen zu erwarten, dass sie zwei gegensätzliche Systeme im selben Land miteinander vereinbaren. Aufgrund dieser pluralen Formen der Gewalt sehen sich Theologinnen in der Pflicht, für die Befreiung der Frauen zu kämpfen, damit ihnen nicht länger ihre Rechte vorenthalten werden – am fundamentalsten das Recht auf ein Leben, das frei von Gewalt und Diskriminierung ist.

The Circle of Concerned African Women Theologians

The Circle wurde 1989 in Accra (Ghana) unter der Leitung der Professorin Mercy Amba Oduyoye gegründet. Von Anfang an war *The Circle* panafrikanisch, ökumenisch und interreligiös und reflektierte die religiöse Vielfalt in Afrika. Die kenianische Menschenrechtsanwältin Musimbi Kanyoro benennt drei Kernelemente: Anerkennung von Religion und Kultur als zentrale „Brennpunkte für eine Befreiungstheologie, die den Bedürfnissen von Frauen entspricht" (Kanyoro 2006, 1–2), Produktion von theologischer Literatur durch Frauen aus Afrika in einem ökumenischen und interreligiösen Kontext und Engagement für eine lokale Graswurzel-Theologie von Frauen (Kanyoro 2006, 1–2). Die Analyse der Geschlechterthematik entwickelte sich zu einem Schwerpunkt der *African women's theologies* (dt. „Theologien afrikanischer Frauen"): „Theologische Beschäftigung mit Geschlechterthemen zielt darauf ab, Leid und Ungerechtigkeiten aufzudecken, die in der Gesellschaft existieren und durch die Kultur in die Heilige

Schrift und die Lehre und Praxis der Kirche eingeschrieben werden." (Kanyoro 2002, 17) Zur Erfüllung seines Auftrags hat *The Circle* vier Forschungskommissionen zu folgenden Themen eingesetzt: kulturelle und biblische Hermeneutik; Frauen in Kultur und Religion; Geschichte der Frauen und des Amtes; und theologische Bildung und Ausbildung. *African women's theologies* untersuchen kritisch und akademisch fundiert die Ursachen der Unterdrückung von Frauen; vor allem aber sind sie ein Instrument im Kampf gegen das gesellschaftliche, kulturelle und religiöse Patriarchat. Durch Kritik an den sozialen und religiösen Dimensionen sowohl der afrikanischen Kultur als auch des Christentums engagieren sie sich für die Beseitigung aller Formen der Unterdrückung von Frauen. *African women's theologies* nehmen ihren Ausgang bei den konkreten Erfahrungen von Frauen und fokussieren dabei die unterdrückerischen Bereiche des Lebens, die durch Ungerechtigkeiten wie z. B. Patriarchat, Kolonialismus, Neokolonialismus, Rassismus, Kapitalismus, Globalisierung und Sexismus verursacht werden." (Phiri, 156) Zu den Kernanliegen von *The Circle* gehören: eine intersektionale Analyse der Ursachen der Unterdrückung von Frauen, die die multiplen Systeme der Unterdrückung anerkennt; die Konfrontation und der Abbau von kulturellem und religiösem Patriarchat; und die Aneignung der Erfahrungen von Frauen als primäre Quellen für ihre Theologien. Daher müssen afrikanische Theologinnen zweisprachig sein und „die akademische Sprache und die ihrer *communities* nicht nur linguistisch, sondern auch kulturell und sozial sprechen" (Phiri/Nadar 6). Eine der Methoden, um die Erfahrungen von Frauen zu erheben, ist *Storytelling*. Musa W. Dube erklärt die Stärke dieser Methode damit, dass sie „neue Einsichten und Lesemethoden [bereitstellt], die die Untersuchungskategorien erweitern.

Denn durch den Einsatz von Storytelling und der damit verbundenen ideologiekritischen Lesart werden biblische Geschichten in Bezug auf sozioökonomische Geschichten des afrikanischen Kontinents gelesen, wobei geschlechtsspezifische Unterdrückungsmechanismen sichtbar gemacht und neue Sichtweisen auf die Welt entwickelt werden." (Dube 2001, 21) Wenn Frauen von ihren Erfahrungen berichten, führt das zu einem „narrativen Aktivismus", d. h. Erzählungen kritisieren „unterdrückerische Praktiken in der afrikanischen Religionskultur" (Phiri/Nadar, 7). Die prophetische Stimme von *The Circle* beruht auf praxisorientierter Frauenforschung, die als Grundlage für soziales Engagement und den Einsatz für soziale Transformation genutzt wird (vgl. Dube 2001). Musa Dube und andere afrikanische Theologinnen eignen sich zum Beispiel die postkoloniale Theorie als Rahmen für die Interpretation der Erfahrungen von Frauen an. Dube zufolge kultivieren Theologinnen von *The Circle* „einen postkolonialen Feminismus, indem sie sich sowohl mit patriarchaler als auch mit kolonialer Unterdrückung auseinandersetzen. Sie fordern ihre vorkolonialen sozialen Machträume (*spaces of power*) zurück, bekennen sich zu ihren afrikanischen Kulturen, lehnen aber die unterdrückerischen Praktiken sowohl der afrikanischen als auch der westlichen Kulturen ab und bringen Strukturen der Unterdrückung und der Befreiung zur Sprache" (Dube 1999, 228).

1. Geschlechtsspezifische Gewalt, u. a. im Kontext von HIV und AIDS in Subsahara-Afrika

The Circle wird zum Beispiel tätig, wenn es um geschlechtsspezifische Gewalt im Kontext von HIV/AIDS geht. Laut UN-

AIDS ist „die Wirkung von AIDS auf Frauen schwerwiegend, besonders in jenen Regionen der Welt, in denen heterosexueller Sex der primäre Übertragungsweg ist. Im Süden Afrikas ist die Wahrscheinlichkeit, HIV-positiv zu sein, für Frauen um 30 Prozent höher als für Männer" (UNAIDS/WHO, 40). Am Höhepunkt der Epidemie 2002 traf sich *The Circle* in Addis Abeba, um „die intersektionalen Wechselwirkungen von Geschlecht und Religion zu analysieren, zu erkennen, zu diskutieren und zu reflektieren, und um darüber zu sprechen, was die Erkenntnisse über diese Intersektionalität für eine afrikanische Antwort auf HIV/AIDS bedeuten" (Hinga 2008b, viii). Intersektionale Kulturanalyse war unverzichtbar für die Entwicklung einer feministischen Befreiungstheologie, denn, so erläutert Musimbi Kanyoro: „Alle Fragen in Bezug auf das Wohlergehen und den Status von Frauen in Afrika werden innerhalb des kulturellen Rahmens erklärt, z. B. können Frauen kein Land erben oder Eigentum besitzen, weil es kein kulturelles ‚Recht' ist. Egal, ob es sich um Politik, Ökonomie, Religion oder um soziale Angelegenheiten handelt, nichts davon ist sicher vor dem scharfen Blick der Kultur." (Kanyoro 2002, 15) Mit ihrer Forschung deckte die Theologin Sophia Chirongoma, Mitglied von *The Circle* aus Zimbabwe, die Rolle von Kultur auf, wenn es darum geht, Frauen, denen Gewalt angetan wurde, zum Schweigen zu bringen, und zwar durch „zwei Sprichwörter aus der Shona Kultur: *Chafukidza dzimba matenga*, wörtlich ‚was ein Haus schützt, ist das Dach', das impliziert: was auch immer innerhalb des Hauses passiert, sollte innerhalb dieser Grenzen bleiben und niemals denen außerhalb dieser Grenzen anvertraut werden (...), und *Nhumbu mukadzi mukuru, hairevi chayadya*, wörtlich, ‚der Magen ist wie eine alte Frau, er offenbart nicht, was er geschluckt hat', dies suggeriert: wie der Magen niemals jemandem offenbaren würde, was er geschluckt hat, ob süß oder bitter, sollte eine Frau ebenfalls niemals offenbaren, was ihr in ihrer Ehe Gutes oder Schlechtes widerfährt" (Chirongoma, 56). Ganz ähnlich hinterfragt Sarojini Nadar aus Südafrika Geschichten von Gewalt gegen Frauen in der Bibel und stellt diese Erfahrungen den Gewalterfahrungen von Frauen gegenüber. In ihrem Beitrag *"Texts of Terror". The Conspiracy of Rape in the Bible, Church, and Society. The Case of Esther 2:1–18* blickt sie durch die Linse der hebräischen Bibel kritisch auf Vergewaltigung und Gewalt gegen Frauen und plädiert für das Nacherzählen biblischer Erzählungen vor dem Hintergrund konkreter Erfahrungen von Frauen: „Jene Texte, die schwer zu lesen sind, müssen freigelegt, befragt, dekonstruiert und reinterpretiert werden, so lange, bis eine befreiende Botschaft gefunden werden kann" (Nadar, 78). Ein anderes Mitglied von *The Circle* in Südafrika, Karen Buckenham, entwarf Informationsbroschüren, sog. *Fact Sheets*, die einen großen gesellschaftlichen Nutzen haben. Diese Broschüren klären in der Zusammenschau mit biblischen Erzählungen z. B. über Vergewaltigung und häusliche Gewalt auf. Sie dekonstruieren bestehende Vorurteile und Mythen sowie übliche Tatanbahnungsstrategien und Rechtfertigungen. Dagegen werden die tatsächlichen Ursachen in der bestehenden Geschlechterordnung und die unheilsamen Verbindungen mit Religion und Bibel aufgedeckt. Sie informieren über die Häufigkeit und die verschiedenen Formen von Gewalt und zeigen Strategien zur Prävention bzw. Hilfsangebote für Betroffene auf. So tragen die Informationsbroschüren zum Ziel von *The Circle* bei, Patriarchat, Macht und Gewalt und die sie legitimierenden Theologien und Ideologien zu konfrontieren und auszurotten. Denn sie sind an der Unterdrückung und an allen Formen von Gewalt gegen Frauen beteiligt.

2. Kirchliche Strukturen der Ausgrenzung

Es wurde bereits klargestellt, dass die vorherrschenden hierarchischen Strukturen der Kirche, die nur Männer in Führungspositionen vorsehen, Gewalt gegen Frauen darstellen. Diese Gewalt äußert sich in Ausgrenzung und der autoritativen Verweigerung, eigene erfahrungsbasierte Theologien zu entwickeln. Männliche Theologen wie Björn Krondorfer und David Cunningham beschreiben männliche Dominanz als die Norm im Christentum. Cunningham argumentiert, dass, auch wenn Gott kein Geschlecht zugewiesen wird, „Männlichkeit und Göttlichkeit im Christentum untrennbar miteinander verbunden sind" (Cunningham, 46). In ähnlicher Weise beschreibt Krondorfer Männer im Christentum als *homo religiosus* und beruft sich dabei auf die „Praxis des Christentums, in der männerdominierte religiöse Institutionen, patriarchalische Autorität und maskuline Gottesbilder vorherrschen" (Krondorfer, 3). Als Antwort auf die männliche Dominanz stellt Teresia Hinga, katholische Theologin und *The Circle* Mitglied aus Kenia, diesen Status Quo in Frage: „Die in Afrika derzeit vertretenen ekklesiologischen Modelle sind ein Erbe der europäischen Missionierung. Als solche sind sie hierarchisch, streben nach der Zentralisierung der Macht und einer damit korrespondierenden Entmachtung insbesondere der Laien. So eine Top-Down-Ekklesiologie affiziert nicht nur Frauen, sondern alle, die sich um die Rechte und das Wohlergehen der Menschen am unteren Ende dieser Hierarchien sorgen." (Hinga 2008a, 87)

Catholic Women Speak Network (CWSN)[2]

Auf der Website von CWSN wird die Bewegung wie folgt beschrieben: „Dies sind unsere Stimmen: wir sind katholische Frauen vieler verschiedener Kulturen, Blickwinkel und Lebensrealitäten, vereint durch die Überzeugung, dass die Kirche eine stärkere Einbeziehung der Perspektiven und theologischen Einsichten von Frauen braucht", „[unser Ziel ist es,] einen Raum für Dialog, theologische Forschung und Zusammenarbeit unter katholischen Frauen in der Weltkirche zu schaffen" (catholicwomenspeak.com). CWSN unterscheidet sich von *The Circle* dadurch, dass es spezifisch römisch-katholisch und global ausgerichtet ist – es vertritt Frauen aus der ganzen Welt. Die Darstellung der Arbeit und der Anliegen von CWSN in diesem Beitrag beschränkt sich auf die Geschichte des Netzwerks und das Buch *Catholic Women Speak: Bringing our Gifts to the Table*, die Antwort des Netzwerks auf die Familiensynode 2014/2015 in Rom.

1. Kurze Geschichte des *Catholic Women Speak Network*

CWSN begann als eine Facebook-Gruppe, die von Professorin Tina Beattie initiiert wurde, um über die Position von Frauen unter dem Pontifikat von Papst Franziskus zu diskutieren. Beattie schreibt: „Wie vielen anderen wurde mir allmählich klar, dass die Frage nach der Rolle der Frauen in

---

2   Dieser Abschnitt beruht in Teilen auf: Hadebe, Nontando, *"Not in our name without us": The Intervention of Catholic Women Speak Network at the Synod of Bishops on the Family. A Case study of a global resistance movement by Catholic Women*, in: HTS Theological Studies 72 (1/2016), online: https://hts.org.za/index.php/hts/article/view/3481/8877.

der Kirche nicht zu den Prioritäten von Papst Franziskus gehörte, so sehr er das Problem auch zugab. Die anfängliche Euphorie nach seiner Wahl wich der Erkenntnis, dass man weiter über uns Frauen Witze machen, uns bevormunden und verklären würde. Die Möglichkeit, als volle und gleichberechtigte Mitglieder der Kirche Christi behandelt zu werden, schien so gering wie eh und je." (Beattie, 1) Die Facebook-Gruppe von CWSN schuf ein Forum für Frauen aller sozialen Schichten aus der ganzen Welt, wo sie ihre Erlebnisse und Standpunkte austauschen konnten. So entwickelte sich der globale Charakter von CWSN organisch und von selbst, es wuchs eine bunte Gemeinschaft von Frauen, die sich in ihrem kritischen und prophetischen Engagement für die Kirche zusammenschlossen. Sie brachen ihr Schweigen und erzählten ihre Geschichten von Gewalt, Ausgrenzung, Marginalisierung und Schmerz. Die Lehren der katholischen Kirche wurden diskutiert und hinterfragt, auf der Suche nach alternativen, befreienden Theologien für Frauen.

Die Familiensynode in Rom ist ein Beispiel dafür: „Trotz des Themas der Synode beschäftigten sich die Synodalen nicht mit den Arbeiten von Theologinnen, die sich seit vielen Jahren mit Themen rund um Ehe, Familienleben, Sexualität und menschlichen Beziehungen auseinandersetzten. Mit anderen Worten: Die Stimmen der Frauen wurden weder in einer Weise gehört, die die große Vielfalt des Lebens katholischer Frauen authentisch repräsentieren würde, noch wurden die Beiträge von Theologinnen gewürdigt" (Catholic Women Speak Network, xxix). Die Ergebnisse des Fragebogens, der in Vorbereitung auf die Synode an Pfarreien auf der ganzen Welt verschickt worden war, wiesen auf eine Diskrepanz zwischen der offiziellen Lehre der katholischen Kirche und der konkreten Praxis und den Einstellungen ihrer Mitglieder hin. So heißt es im *Instrumentum Laboris* von 2014: „Darüber hinaus unterstreicht die überwiegende Mehrheit der Antworten den wachsenden Kontrast zwischen den Werten, die von der Kirche in Bezug auf Ehe und Familie vorgelegt werden, und den unterschiedlichen sozialen und kulturellen Situationen auf dem Planeten" (IL 2014, 15). Julie Clague vom CWSN bestätigt diesen Befund durch Untersuchungen in 12 Ländern auf der ganzen Welt, die zusammen 60 Prozent der Katholik*innen umfassen: „Zusammengenommen deuten diese Ergebnisse auf eine außerordentliche Kluft zwischen den grundlegenden Lehren der Kirche zum Themenkomplex Familie und der pastoralen Verantwortung und den Ansichten, die viele der mehr als eine Milliarde Katholik*innen auf der Welt derzeit vertreten." (Clague, 53) Diese Kluft zwischen der Orthodoxie und der Praxis der Mehrheit der Katholik*innen ist ein wesentlicher Faktor für den Einsatz der Frauen für Gleichberechtigung und Partizipation in der Kirche.

2. *Catholic women speak: „Bringing our gifts to the table"*

Dieses Buch ist das erste, das von CWSN herausgegeben wurde, es versammelt in besonderer Weise die Stimmen von Frauen zur Bischofssynode über die Familie. Da es unvorstellbar schien, ohne Einsatz von Frauen über die Familie zu sprechen, hofften die Autor*innen, dass ihre Stimmen auf diesem Weg in die Synodalversammlung einfließen würden. Die Stärke des Buches ist die Vielfalt der Erfahrungen von Frauen sowie das theologische Bezugssystem, aus dem das Buch seinen Weitblick bezieht. Neben vielen weiteren wichtigen Aspekten des Buchs soll an dieser Stelle die Diversität ausdrücklich betont werden, weil Frauen allzu oft essenzialisiert und ihre Erfahrungen verallgemeinert werden. Dieses essenzialisierende Narrativ, das von der herrschenden Theologie gefördert wird, indem Frauen auf bestimmte Rollen als Jungfrau oder Mutter reduziert werden, wird von dem Buch in Frage gestellt. „Die Beiträge umfassen Reflexionen über die Heilige Schrift, die Geschichte und die Theologie; über Ehe und Familienleben, Scheidung und Wiederheirat und gleichgeschlechtliche Liebe; über Mutterschaft, Sexualität und Geburtenkontrolle; über zölibatäres und Single-Leben; über Armut, Migration und Gewalt; und über Frauen in kirchlichen Institutionen und Strukturen." (Beattie, 1) Ihre Geschichten „sind zuweilen heiter und aufrüttelnd, tröstend und schmerzhaft, beglückend und zum Verzweifeln. Sie erzählen von ‚den Freuden und Hoffnungen, den Sorgen und Ängsten', die katholische Frauen (…) leben und erleben." (Orobator, xii) Darüber hinaus bietet das Buch theologische Reflexionen, u. a. zur patriarchalen Sozialstruktur als historisch begründeter Praxis in der Kirche und als Quelle der Ungleichheit von Frauen (Johnson). Auch wenn ich hier der umfangreichen Arbeit nicht gerecht werde, mögen diese Zeilen immerhin als Einführung gelten.

The Circle und CWSN im Dialog

Aus den bisherigen Erörterungen über diese beiden von Frauen geführten und initiierten Bewegungen wird deutlich, dass sie eine gemeinsame Vision haben: die Befreiung der Frauen und ihre gleichberechtigte Partizipation in den Kirchen. Wie bereits erwähnt, stößt die globale Agenda für echte Gleichberechtigung und Menschenrechte für alle auf

Widerstand bei den Religionsgemeinschaften, die sich auf ihr Recht berufen, Religion auf ihre eigene Weise zu praktizieren, selbst wenn dies bedeutet, das Patriarchat und die Marginalisierung von Frauen aufrechtzuerhalten. In Afrika verfolgt die *African Union* (AU) im Einklang mit nationalen Rechtstexten und Verfassungen weiterhin die Vorstellung eines Kontinents, auf dem Frauen volle Rechte genießen und vor allen Formen von Gewalt, Diskriminierung und Ausgrenzung geschützt sind. Tragischerweise hat die Religion in dieser Hinsicht mehr Einfluss auf die Gesellschaft als Menschenrechte, Verfassungen, Gesetzesvorlagen und AU-Verträge. Daher ist der theologische Kampf sowohl von *The Circle* als auch von CWSN unverzichtbar. Um es nochmals zu betonen: Es geht um konkrete, teils auch lebensbedrohliche Fragen, und es reicht weit über Einzelschicksale hinaus, denn es geht um nachhaltige Entwicklungsziele, die den sozialen, wirtschaftlichen und politischen Status der Menschen verbessern, es geht um nationale und kontinentale Agenden, die Frauen als gleichberechtigte Bürgerinnen und Trägerinnen aller Rechte einschließen, auch wenn Religion und Kultur dies behindern.

Ein Dialog zwischen *The Circle* und CWSN ist notwendig, um voneinander zu lernen und Forschungsergebnisse auszutauschen. Für *The Circle* bietet CWSN ein Modell für die spezifische Ausrichtung auf bestimmte Kirchen und die Entwicklung von Programmen für Geschlechtergerechtigkeit, konkret auf diese Kirchen abgestimmt. Aus diesen kirchenspezifischen Programmen kann *The Circle* Gemeinsamkeiten und Unterschiede zusammentragen, mit deren Hilfe sowohl spezifische als auch allgemeine Interventionen durchgeführt werden können, insbesondere auf Ebene jeweils eines Kontinents, wo Frauen aus verschiedenen Traditionen mit einer Stimme sprechen können. Der ökumenische und interreligiöse Schwerpunkt von *The Circle* kann CWSN dazu inspirieren, sich weltweit auf ökumenischer und interreligiöser Ebene zu vernetzen, um Erfahrungen auszutauschen und die Stimmen der Frauen zu vereinen, um eine Botschaft aller Religionen für die Abschaffung des Patriarchats und die Befreiung der Frauen einschließlich der gleichberechtigten Teilhabe an Führungs- und Machtpositionen zu senden. Der theologische Kampf, den Frauen bereits führen, muss weitergehen und über die Unterschiede hinweg durch einen Dialog gestärkt werden, der von einer gemeinsamen Vision getragen wird.

Literatur

Beattie, Tina, A place at the table. The story of "Catholic Women Speak", Commonweal, 25. April 2016, https://www.commonwealmagazine.org.

Chirongoma, Sophie, Women's and children's Rights in the time of HIV and AIDS in Zimbabwe, in: Journal for Southern Africa 126 (2006), 48–65.

Clague, Julia, Catholics, Families, and the Synod of Bishops. View from the Pews, in: Catholic Women Speak Network, Catholic Women Speak. Bringing Our Gifts to the Table, New York 2015, 51–56.

Cunningham, David S., These Three are One. The Practice of Trinitarian Theology. Oxford 1998.

Catholic Women Speak Network, Catholic Women Speak. Bringing Our Gifts to the Table, New York 2015.

Dube, Musa W., Introduction: "Little Girl, Get Up", in: Njoroge, Nyambura J./Dube, Musa W. (Hg.) ,Talitha cum! Theologies of African Women, Pietermaritzburg 2001, 3–24.

Dube, Musa W., Searching for the Lost Needle: Double Colonization & Postcolonial African Feminisms, in: Studies in World Christianity 5 (2/1999), 213–228.

Hinga, Teresia M., AIDS, Religion and Women in Africa: Theo-Ethical challenges and Imperatives, in: Hinga, Teresia M. et al. (Hg.), Women, Religion and HIV/AIDS in Africa: Responding to Ethical and Theological Challenges. Pietermaritzburg 2008a, 76–104.

Hinga, Teresia M., Introduction, in: Hinga, Teresia M. et al. (Hg.), Women, Religion and HIV/AIDS in Africa: Responding to Ethical and Theological Challenges, Pietermaritzburg 2008b, viii-xviii.

Johnson, Elizabeth A., Jesus and Women: "You Are Set Free", in: Catholic Women Speak Network, Catholic Women Speak. Bringing Our Gifts to the Table, New York 2015, 19–22.

Kairos-Dokument, Südafrika 1985, online: https://kairossouthernafrica.wordpress.com/2011/05/08/the-south-africa-kairos-document-1985/

Kanyoro, Musimbi R. A., Beads and Strands, in: Phiri, Isabel A./Nadar, Sarojine (Hg.), African Women, Religion, and Health. Essays in Honour of Mercy Amba Ewudziwa Oduyoye, Pietermaritzburg 2006, 19–42.

Kanyoro, Musimbi R. A., Introducing Cultural Hermeneutics, London 2002.

Krondorfer, Björn, Introduction, in: ders., Men's Bodies, Men's Gods. New York: New York 1996, 3–26.

Nadar, Sarojini, "Texts of Terror". The Conspiracy of Rape in the Bible, Church, and Society: The Case of Esther 2:1–18, in: Phiri, Isabel A./Nadar, Sarojini (Hg.), African Women, Religion and Health. Essays in Honor of Mercy Amba Ewudziwa Oduyoye, Pietermaritzburg 2006, 77–95.

Orobator, Agbonkhianmeghe SJ, Foreword: Of Listening Ears and Prophetic Voices, in: Catholic Women Speak Network, Catholic Women Speak. Bringing Our Gifts to the Table, New York 2015, xi-xvi.

Phiri, Isabel A., Southern Africa, in: Parratt, John (Hg.), Introduction to Third World Theologies, Cambridge 2004, 137–162.

Phiri, Isabel A./Nadar, Sarojini, Introduction: Treading Softly but Firmly, in: Phiri, Isabel A./Nadar, Sarojine (Hg.), African Women, Religion, and Health. Essays in Honour of Mercy Amba Ewudziwa Oduyoye. Pietermaritzburg 2006, 1–16.

Ruether, Rosemary Radford, The emergence of Christian Feminist Theology, in: Parsons, Susan Frank (Hg.), The Cambridge Companion to Feminist Theology, Cambridge 2002, 3–22.

UNAIDS/WHO, Women and AIDS. An extract from the AIDS epidemic update December 2004, online: https://data.unaids.org/gcwa/jc986-epiextract_en.pdf.

Bibliographischer Nachweis der lehramtlichen Texte: S. 283
[Links alle zuletzt eingesehen am 05. Juni 2021]

148

#mariafeminista und das Frauen*Volksbegehren 2.0 in Österreich

Lernfelder für Geschlechtergerechtigkeit[1]

Lena Jäger und Judith Klaiber (Wien, Österreich)

Die Einforderung nicht gewährter Grundrechte sowie die Verschärfung sozialer Ungleichheiten sind pastoraltheologisch betrachtet relevante Themen – nicht nur mit Blick auf die Welt, sondern vielmehr mit Blick in die Kirche. Welche binnenkirchlichen Lernfelder für Geschlechtergerechtigkeit notwendig sind, wird anhand des Ankerbeispiels *Frauen*Volksbegehren 2.0* verdeutlicht und zugleich wird erläutert, welche Rolle *#mariafeminista* dabei spielen könnte.

> *„Und doch haben bereits Papst Johannes XXIII. und auch Stimmen aus dem Konzil es für unhaltbar erklärt, dass der heutigen gewandelten gesellschaftlichen und bildungsmäßigen Stellung der Frau noch keine Änderung und Anpassung ihrer Rolle in der katholischen Kirche gefolgt ist."*
> (Marianna Schrader OSB, 1969)

Anfang 2020 beschrieb Papst Franziskus im nachsynodalen Schreiben *Querida Amazonía* eine besondere *„womanhood"* (QA 103): Der „weibliche Stil" zeichne sich – im Unterschied zum Mann (!) – durch die Weitergabe „der Kraft und Zärt-

---

1 Dieser Text wurde unter dem gleichen Titel erstmals veröffentlicht in: Lebendige Seelsorge 71 (3/2020) 204–208, und für die vorliegende Publikation erweitert und aktualisiert.

lichkeit der Mutter Maria" aus und müsse vor einer Klerikalisierung (QA 100) geschützt werden. Mit dieser wesenhaften
Unterschiedlichkeit der Geschlechterdualität wird weder einer weitreichenderen Geschlechterdiversität genüge getan
noch wird zu einer tatsächlichen Geschlechtergerechtigkeit
verholfen. Der lehramtlichen Logik und Fokussierung auf
die heteronormative Überbetonung von Männern* bleibt
der Papst sich auch in seiner Sozialenzyklika *Fratelli tutti*
vom Oktober des gleichen Jahres treu: Gemeint sei natürlich
eine Geschwisterlichkeit, geschrieben wird aber von einer
Brüderlichkeit. Dass Sprache unser Denken bestimmt, prägt
und beeinflusst, ist wissenschaftsgeschichtlich keine neue Erkenntnis. Die Frage ist aber, ob diese Erkenntnis als affirmativ
rezeptionsrelevant im Vatikan erkannt wurde. Vielmehr liegt
der Verdacht nahe, dass sich das römisch-katholische Lehramt nicht differenziert genug mit der Diskrepanz zwischen
Lebensrealitäten von Frauen* und einem vermeintlichen
„weiblichen Stil" auseinandersetzen kann oder will. In der
Benennung und Verurteilung asymmetrischer Machtverhält-
nisse oder von Diskriminierungen ist das Lehramt im *forum
externum* oftmals sehr deutlich. Die vorhandenen Ungerechtigkeiten und systemischen Ungerechtigkeiten im *forum
internum* werden jedoch nicht einmal gesehen, und wenn,
dann als konstitutiv für das Wesen der römisch-katholischen
Kirche und ihrer Brüderlichkeit geframt. Die Logik und Denkweise, dass Frauen* eine spezifische Kategorie sind, die ein
eigenes Forum beim „Synodalen Weg" benötigen (vgl. Florin
2020) – oder eine separate weitere Kommission zum Thema „Frauendiakonat" – offenbart auf erschreckende Weise
die nicht vorhandene Einsicht, dass die Ungleichwertigkeit
von Frau* und Mann* ein Querschnittsthema ist, das alle (!)
Strukturordnungen und Grundvollzüge einer Kirche in die-

ser Welt tangieren müsste. Ohne dieses Bewusstsein, die Anerkenntnis und Sensibilisierung kann ein Aufbruch in ein „gutes Leben für alle" nicht glücken. „Die Vision des guten Lebens, die der Papst in ‚Querida Amazonía' durchaus überzeugend beschwört, ist ohne Geschlechtergerechtigkeit nicht umsetzbar. Dies gilt innerhalb der katholischen Kirche, dies gilt auch außerhalb. In zentralen ethischen Diskursen verliert die Kirche als global agierende Anwältin der Menschenwürde immer stärker an Glaubwürdigkeit." (Walser 2020)

Wie ein Aufbruch in eine gerechtere Zukunft möglicherweise gelingen könnte, soll anhand des zweiten österreichischen Frauen*Volksbegehrens von 2016–2018 illustriert werden.

> *„Ich denke es ist Zeit daran zu erinnern: Die Vision des Feminismus ist nicht eine "weibliche Zukunft". Es ist eine menschliche Zukunft. Ohne Rollenzwänge, ohne Macht- und Gewaltverhältnisse, ohne Männerbündelei und Weiblichkeitswahn."*
> (Johanna Dohnal, Gastvortrag TU Wien 2004)

Frauen*Volksbegehren 2.0 in Österreich

In der Republik Österreich gibt es die Möglichkeit, sog. Volksbegehren als rechtsstaatlich garantiertes Instrument der direkten Demokratie zu initiieren. 1997 trat ein erstes Frauenvolksbegehren mit elf Forderungen unter dem Titel „Alles, was Recht ist" an und wurde von elf Prozent der Wahlberechtigten unterschrieben. Fast 20 Jahre später, zum Jubliäumsjahr des ersten Frauenvolksbegehrens, traten Frauen erneut an, um einen intersektional-feministischen Diskurs angesichts realpolitischer Umbrüche zu entfachen: Aus einer Wut auf ein Wiedererstarken rückwärtsgewandter Gegenbewegungen, die sich weltweit mit einem Wiederaufkeimen nationalistischer, patriotischer und antifeministischer Tendenzen erkennen lassen, wurde von diesen Frauen die Vision geboren, einen gesellschaftspolitischen Diskurs über die nicht vorhandene Gleichwertigkeit aller Menschen zu führen und dabei insbesondere auf die Marginalisierung von Frauen* und Minderheiten hinzuweisen.

Die Bewegung sieht sich selbst im intersektionalen Feminismus begründet, was bedeutet, dass eben nicht nur die Anliegen eines bestimmten privilegierten Milieus verfolgt werden, sondern dass echte Gleichwertigkeit aller Menschen angezielt wird – wie es auch in der Präambel des Frauen*Volksbegehrens niedergeschrieben ist.

Der Verein wählte zum Namen Frauen*Volksbegehren den Zusatz 2.0 und möchte damit auch eine neue Generation von (feministischen) Volksbegehren ausrufen, die ganz im Sinne des Feminismus allen Menschen gleichberechtigte Partizipation und Repräsentation ermöglicht. Vielfältige Fragestellungen, Ansprüche und Perspektiven frauen*politischer Arbeit wurden mithilfe des Netzwerkes von Organisationen gesammelt, ausgewertet und in zunächst 15 Forderungen innerhalb von drei Blöcken organisiert: Arbeit & Wirtschaft, Familie & Gesundheit, Gesellschaft & Politik. Partizipation war und ist eines der vorrangigen Ziele der Bewegung. Am Ende eines mehrstufigen basisdemokratischen Prozesses, bei dem immer wieder in anderen Gruppenzusammensetzungen diskutiert wurde, standen neun Forderungen unter der Präambel „Es ist Zeit", die dann auch so von der österreichischen Bevölkerung in Form einer Unterstützungserklärung unterschrieben werden konnten. Theologisch bemerkenswert ist, dass hinter jeder einzelnen Forderung „Das ist gerecht!" skandiert ist und stark an die biblische Schöpfungserzählung mit den Worten „und es war gut so" erinnert. Frauen* machen mehr als die

Hälfte der Bevölkerung aus, sind aber in Politik und Parlament generell unterrepräsentiert, haben deutlich weniger Vermögen, arbeiten meist in schlechter bezahlten – aber systemrelevanten – Branchen, während sie gleichzeitig den Großteil der unbezahlten Arbeit leisten. Es ist Zeit für Umverteilung und Neubewertung. Im Cluster RECHT AUF GLEICHWERTIGKEIT sind die Forderungen „Macht teilen. Geld teilen. Arbeit (ver)teilen" enthalten. Das Cluster RECHT AUF VIELFALT diskutiert die Reproduktion stereotyper und antiquierter Frauen*bilder, die Frauen* immer noch vor allem hauptsächlich als fürsorgliche Mutter und liebende Ehefrau darstellen. Erziehungsaufgaben werden nach wie vor zum allergrößten Teil von Frauen* übernommen. Ihre Körper werden sexualisiert: „Armut bekämpfen. Wahlfreiheit ermöglichen. Vielfalt leben." Die Forderungen im Cluster RECHT AUF SICHERHEIT sprechen an, wie sehr Frauen* und ihre Körper täglich und weltweit Gewalt, Bedrohung und Belästigung ausgesetzt sind: „Selbst bestimmen. Gewalt verhindern. Schutz gewähren."

Insgesamt haben im Herbst 2018 fast eine halbe Million (wahlberechtigter) Menschen diese Forderungen unterzeichnet und so das nötige Quorum zur weiteren Behandlung im österreichischen Nationalrat erreicht. Schlussendlich bleibt, dass die Bewusstseinsbildung und die Sensibilisierung auf immer noch unzureichende Gerechtigkeitsfragen mithilfe des österreichischen Frauen*Volksbegehrens an Deutlichkeit gewonnen hat.

#mariafeminista

Während der Vorbereitungsphase für die Eintragungswoche im Oktober 2018 für das Frauen*Volksbegehren 2.0 wurden verschiedene Merchandising-Artikel online gestellt. So gab es unter anderem ein Shirt mit dem Sujet einer Madonnenfigur: Auf dem Gewand der Madonna findet sich der Spruch *The Future is female*. Via diverser Social-Media-Kanäle, insbesondere aber über Twitter, fand dieses Shirt eine enorme Resonanz. Der erste Gedanke, das Shirt online anzupreisen, war nicht nur die sehr tolle und zeitgemäße Verbindung von Maria und feministischen Anliegen, sondern vor allem um auf das österreichische Frauen*Volksbegehren aufmerksam zu machen, das nicht nur Reichweite, sondern auch finanzielle Unterstützung (aka Spenden) benötigte. Zwischen Deutschland, der Schweiz und Österreich wurden mittlerweile rund 400 Shirts versendet. Das brachte nicht nur einen großen Beitrag für die Fundraising-Kampagne des Volksbegehrens mit sich, sondern entwickelte eine eigene Dynamik. Die Interessent*innen am Shirt mit der *The Future is Female*-Madonna waren grenzüberwindend: Sowohl was die Grenzen möglicher Geschlechterzuordnungen angeht, als auch bemerkenswerterweise bezüglich den Grenzen zwischen religiös musikalischen Menschen und einer eher gänzlich religions-unverdächtigen feministisch geprägten Interessent*innen-Gruppe. Mit einer theologischen Brille war zudem auffällig, dass die Konfessionszugehörigkeit keine Rolle spielte: So wird das Shirt ganz selbstverständlich von protestantischen Pfarrerinnen und anglikanischen Brüdern getragen, aber auch natürlich von römisch-katholischen Gläubigen. Parallel dazu war nicht nur innerhalb des popkulturellen Bereichs ein großer Hype um feministische Slogans ausgebrochen (Mode – Musik – Kunst und Kultur), sondern im Mai 2019 fand der wichtige Streik zu *Maria 2.0* statt. Dies alles zum richtigen Zeitpunkt (kairos) hat dazu beigetragen, dass die Verbreitung des Madonnen-Shirts mit *The Future is Female* solch einen großen Zuspruch erhielt. Unter dem Hashtag *#mariafeminista* findet sich die eindrückliche Bewegung mit diversen Bildern von getragenen Shirts, mit Statements dazu, mit Verlinkung passender Artikel in Medien, mit eigenen Gedanken und Gefühlen zu *#mariafeminista*. Diese Community wirkt hochgradig identitätsstiftend und theologiegenerativ. Was die Träger*innen mit dem Shirt verbinden, findet sich hier als kleine unvollständige Sammlung via Twitter: „Vergangenheit, Gegenwart und Zukunft stecken unter einem Mantel", „original female Leadership – Sorgearbeit für Baby Jesus", „verbindend", „wütend", „Einladung in eine bessere Zukunft", „Netzwerk", „Empowerment", „Solidarität", „Gerechtigkeit, Diversität und Feminismus", „Statement", „letzte Chance für die katholische Kirche", „stressed but well dressed", „female resistance from within", „Superheldinnen-Kostüm", „future of church", „women united through resistance", „Schwesternschaft und Ökumene", „Kompliz*innenschaft", „bildet Banden", „Einladung durch ausgestreckte Arme", „Himmel hilf"…

Praktisch-theologische Würdigung des Frauen*Volksbegehrens

„For the women who persist: keep on being bloody difficult"
(Caroline Criado Perez, 2019)

Der Prozess des Synodalen Wegs arbeitet mit Mechanismen der Beteiligung, sei es durch ausgewählte Personen aus unterschiedlichsten Kreisen/Milieus/kirchlichen Verbänden, sei es durch die Möglichkeit des offenen Diskurses während der Synodalversammlung, sei es durch Eingaben über die Webseite. Allerdings wird der Abstimmungs- und Entscheidungsprozess sowie der Grad an Verbindlichkeit durch die Option des bischöflichen Vetos für die Diözesen – bzw. das Urgieren auf die Umsetzungs-Bereitschaft des jeweiligen Ortsbischofs – letztlich ad absurdum geführt. Auch für den Grad von Repräsentation und/oder von Partizipation ist noch Luft nach oben.

Unabhängig jedoch von Fragen nach Organisationsformen, Hierarchien, Strukturen, Ämtern und Diensten sowie Entscheidungsmechanismen bleibt allerdings – zumindest moralisch – erwägenswert und diskutabel, welche Kultur und welche geschwisterliche Haltung Kirche in ihrer Form als das Sakrament, d. h. das sichtbare Zeichen und Werkzeug der Offenbarung Gottes für das Heil der Menschen (vgl. LG), leben könnte und sollte. Anleihen für Rahmenbedingungen solch einer geschwisterlichen Gesellschaftsordnung innerhalb der Kirche könnten demokratischen Grundrechten (GG Art. 3 Abs. 2), einem europäischen Wertekanon (EUV Art. 2) oder der Allgemeinen Erklärung der Menschenrechte (AEMR Art. 2, die Papst Johannes XXIII. gewürdigt hat und deren Einhaltung seine Nachfolger zumindest immer wieder ermahnen) entnommen werden. Inwieweit diese Anleihen transferiert werden können, ist die eigentliche Gretchenfrage für die Zukunft von römisch-katholischer Kirche: Exkulturation oder Inkulturation ins 21. Jahrhundert? Allerdings ist die Anerkennung der wechselseitig notwendigen und bereichernden Ressource solidarischer Unterstützung zwischen Welt und Kirche der zentrale Erkenntnisgewinn: Die Gleichzeitigkeit des Kampfes um eine echte Gleichwertigkeit aller, insbesondere der Schutz und die Sicherheit vor männlicher Gewalt an Frauen*, ist sowohl in Kirche als auch in Welt das entscheidende Moment. Das zivilgesellschaftliche Projekt des österreichischen Frauen*Volksbegehrens und die theologisch-religiöse Schwesterbewegung von #mariafeminista sind Ausformungen des einen gemeinsamen Kampfes um echte Gerechtigkeit. Dazu gehört die „heilsnotwendige Geschlechtergerechtigkeit" (Fuchs) – in der Welt und noch mehr in der römisch-katholischen Kirche.

Abschließende Thesen

– Die Frage nach Gleichbehandlung und Gleichstellung von Frauen* innerhalb der römisch-katholischen Kirche sind Gerechtigkeitsdiskurse und führen unmittelbar in die Frage nach Anerkennung und Wirksamkeit von demokratischen Grundrechten: Essentialisierungsdebatten von einer möglichen Unterschiedlichkeit sind Verschleierungs- und Ablenkungsdiskurse. Das ist ungerecht.
– Der Kairos ist unübersehbar: Die Unterdrückung und Diskriminierung von Frauen* aufgrund ihres Geschlechts und in weiterer Folge Femizide sind so greifbar und sichtbar wie noch nie in unserer Welt; seit über 70 Jahren wird das ebenfalls innerhalb der römisch-katholischen Kirche thematisiert. Allein konkrete Handlungen und Veränderungen sind offen. Das ist ungerecht.
– Die Intersektionalität von feministischen Theorien und Praktiken muss „theosalon-fähig" sein. Die Wahrnehmung und Anerkennung eines intersektionalen Feminismus hat eine integrative und integrale Wirkung für die global agierende römisch-katholische Kirche von ungleichbarem Wert. Allein eine reaktionäre Widerstandshaltung und Abwertung als „Gender-Ideologie" ist wiederum Ablenkung. Das ist ungerecht.
– Römisch-katholische Kirche müsste auf Basis ihrer Botschaft, dass „alle eins sind in Jesus Christus" (Gal 3,28) und

ein „Leben in Fülle" (Joh 10,10) haben sollen, Vorreiterin und Kämpferin für Gleichberechtigungsbewegungen sein. Das gegenteilige Handeln ist Verrat. Das ist ungerecht.

– Die ideologische Ungleichwertigkeit von Frau* und Mann* in ihrem religiös-patriarchalischen Gewand, sowie die Normierung von Männlichkeit als absolut muss ein Ende haben: Mädchen* und Frauen* wurden in der Geschichte stumm gehalten und gemacht, dabei wäre ohne das machtvolle „Ja" von Maria keine Erlösung denkbar. Das ist gerecht.

Literatur

Beard, Mary, Frauen & Macht. Ein Manifest, Frankfurt a. M. 2018.

Florin, Christiane, Der Weiberaufstand. Warum Frauen in der katholischen Kirche mehr Macht brauchen, München 2017.

Florin, Christiane, Der Weiberaufstand. Blog; online: www.weiberaufstand. com/.

Fuchs, Ottmar, Denn Gott bin ich und nicht Mann (Hosea 11,9), 10.10.2017; online: www.feinschwarz.net/denn-gott-bin-ich-undnicht -mann-hosea-119/.

Haindorfer, Raimund u. a. (Hg.), Soziologische Momente im Alltag. Von der Sauna bis zur Kirchenbank, Wien 2019.

Heimerl, Theresia, Andere Wesen. Frauen in der Kirche, Graz 2015.

Schrader, Marianne OSB (1969), Zitat in: Heyder, Regina/Muschiol, Gisela (Hg.), Katholikinnen und das Zweite Vatikanische Konzil. Petitionen, Berichte, Fotografien, Münster 2018, 337.

Manne, Kate, Down Girl. Die Logik der Misogynie, Berlin 2019.

Nassehi, Armin/Felixberger, Peter (Hg.), Revolte 2020 [Kursbuch 200], Hamburg 2019.

Perez, Caroline Criado, Invisible Women. Exposing Data Bias in a World Designed for Men, London 2019.

Qualbrink, Andrea, Frauen in kirchlichen Leitungspositionen. Möglichkeiten, Bedingungen und Folgen der Gestaltungsmacht von Frauen in der katholischen Kirche, Stuttgart 2019.

Walser, Angelika, Der Papst und die Frauen: „Wir sind nicht mehr ‚zärtlich'", 26.02.2020; online: www.furche.at/religion/angelika-walser-kritisiert -frauenbild-des-papstes-wir-sind-nicht-mehr-zaertlich-2356947.

Frauen*Volksbegehren 2018: www.frauenvolksbegehren.at

Forderungen, Ergebnisse und parlamentarisches Protokoll des Frauen-Volks-
begehrens 1997: www.parlament.gv.at/PAKT/VHG/XX/I/I_00716/
fname_139596.pdf

Bibliographischer Nachweis der lehramtlichen Texte: S. 283
[Links alle zuletzt eingesehen am 05. Juni 2021]

Die Amazoniensynode

Ein anschwillender Klageschrei, der in Bewegung setzt

Daniela Cannavina, hcmr (Bogotá, Kolumbien)

Mehr als ein Jahr nach der Amazoniensynode spüre ich weiterhin ein starkes Gefühl der Dankbarkeit für das, was im Herzen der Synodenhalle geschah, in der die Ergebnisse des vorsynodalen Hörprozesses, die Hoffnung für das Leben der Völker in „Querida Amazonia" und die Anliegen der Weltkirche zusammenliefen. Wo die Überlegungen und geistlichen Unterscheidungsprozesse der Synode zusammenliefen, wurde deutlich, dass das Gebiet des Amazonas heilig ist, wie jeder andere Erdboden auch.

Jungfräuliches Land, gepflegt und behütet wie das Kind im Mutterleib;

ertragreiches und fruchtbares Land, Nahrung und Leben in seiner reinsten Form;

Land, mit dem Schweiß und der Arbeit seiner Bewohner*innen bewässert;

bloßes, freudiges, tanzendes Land;

Land mit offenen und blutenden Adern, das nach Samariterhänden sucht,

Hände, die sich für die Menschen auf dem Weg einsetzen;

in tiefer Beziehung und Verbundenheit mit allem, was ist, was das Land gibt und womit es für die Existenz und das Leben des Planeten sorgt.

Mutter Erde, die geliebt und respektiert und nicht zum Nutzen einiger weniger ausgebeutet und ausgeweidet wird.

"Humus, fondo-nutriente, sustancia-pura, alma-semilla, espera-oculta, raíz-secreta, tierra-placenta, mi tierra-cuna"[1], wie der Salesianer Eduardo Meana es besingt.

Wie erschütternd ist es, angesichts dieser Lebenserfahrung zu hören: „Wir, die Indigenen von Guaviare (Kolumbien) sind Teil und verstehen uns als Teil der Natur, weil wir Wasser, Luft, Erde und Leben der von Gott geschaffenen Umwelt sind. Deshalb fordern wir, dass Misshandlung und Vernichtung der ‚Mutter Erde' ein Ende haben. Die Erde hat Blut und blutet aus. Die multinationalen Konzerne haben die Adern unserer ‚Mutter Erde' durchtrennt. Wir wollen, dass der Schrei von uns Indigenen auf der ganzen Welt gehört werde" (IL 2014, 17).

Nicht umsonst haben wir uns am 4. Oktober 2019 in den Vatikanischen Gärten um die Erde versammelt. Zum Auftakt der Versammlung am Beginn der Amazonien-Synode wurde eine aus Assisi mitgebrachte Steineiche gepflanzt und gegossen. Man bekräftigte das zentrale Anliegen der Indigenen, gemeinsame Schritte zum Erhalt der Fruchtbarkeit der Erde zu gehen. Es war ein bewegender Moment, in dem alle Anwesenden, auch Papst Franziskus, die Natur in besonderer Weise wahrnahmen und ihnen klar vor Augen stand, dass die arrogante Haltung, die menschliche Spezies könne nach ihrem Belieben über die Erde verfügen, abgelegt werden muss.

Wozu eigentlich eine Bischofssynode mit der Anwesenheit von Vertreter*innen der indigenen Völker, Vertreter*innen

---

1 Dt. „Humus, Nährboden, reine Substanz, Samen-Seele, verborgene Hoffnung, geheime Wurzel, Erde-Mutterkuchen, meine Wiege-Erde".

anderer Gemeinschaften des Amazonasgebiets und Lai*innen (insgesamt 35 Frauen), die sich für verschiedene Anliegen einsetzen? Warum sind wir der Einladung gefolgt, den Traum von „Neuen Wegen für die Kirche und für eine ganzheitliche Ökologie" zu fördern? Nur eine Antwort verbindet Zentrum und Peripherie: „[D]ie Bischofssynode muss immer mehr zu einem bevorzugten Instrument des Hörens auf das Volk Gottes werden: ‚Vom Heiligen Geist erbitten wir für die Synodenväter vor allem die Gabe des Hörens: des Hörens auf Gott, so dass wir mit Ihm den Klageschrei des Volkes hören; des Hörens auf das Volk, so dass wir dort den Willen wahrnehmen, zu dem Gott uns ruft.'" (EC, 6)

Auf die nährende Tiefe hören

Aus den nährenden Tiefen der heiligen Erde Amazoniens sind Stimmen zu hören, die zum Himmel schreien und die uns im Lauf der Geschichte der Völker begleiten. Die Zweite Generalkonferenz des lateinamerikanischen Episkopats in Medellín (Kolumbien, 1968) hat dies in ihrem Schlussdokument als Mahnung gegen das Vergessen hinterlassen: „Es erhebt sich ein stummer Schrei von Millionen von Menschen, die von ihren Hirten eine Befreiung erbitten, die ihnen von keiner Seite gewährt wird" (Dokument von Medellín, 115). „Wir deuten die Bestrebungen und Klagen Lateinamerikas als Zeichen, die die Ausrichtung des Gottesplanes offenbaren, der in der Erlöserliebe Christi wirkt. Diese verankert die Bestrebungen im Bewusstsein einer brüderlichen Solidarität" (Dokument von Medellín, 15). Bei der Dritten Generalkonferenz in Puebla (Mexiko, 1979) schrieben die Bischöfe: „Insbesondere seit Medellín erforscht die Kirche im klaren Bewusstsein ihrer Sendung und bereit zu fairem Dialog die Zeichen der Zeit, und sie ist bereit zur Evangelisierung, um ihren Beitrag zum Aufbau einer neuen Gesellschaft zu leisten, einer Gesellschaft, die gerechter und brüderlicher ist, wie unsere Völker sie unüberhörbar fordern" (Dokument von Puebla, 12).

Eine vielstimmige Klage steigt zum Himmel empor und fordert uns gleichzeitig auf, uns dem Handeln Gottes anzuschließen, der sich angesichts der Klage seines Volkes immer wieder engagiert und es befreit: „Der HERR sprach: Ich habe das Elend meines Volkes in Ägypten gesehen und ihre laute Klage über ihre Antreiber habe ich gehört. Ich kenne sein Leid. Ich bin herabgestiegen, um es der Hand der Ägypter zu entreißen und aus jenem Land hinaufzuführen in ein schönes, weites Land, in ein Land, in dem Milch und Honig fließen (...) Und jetzt geh! Ich sende dich zum Pharao. Führe mein Volk, die Israeliten, aus Ägypten heraus!" (Ex 3,7–10)

Die Völker des Amazonas leben in realer Verlassenheit, ihre Klagen dringen zu Gott, und Gott will alles andere als sie in ein „schönes, weites Land" führen, „in ein Land, in dem Milch und Honig fließen". Er will es ihnen mit vollen Händen zurückgeben, denn es gehört ihnen. Er fordert uns auf, wie Mose die Aufgabe der Befreiung zu übernehmen, in die Klageschreie voller Angst, Hoffnung und Sehnsucht einzustimmen und ihnen eine Stimme zu geben. Alles in der Kirche und alle in ihr stehen im Dienst desselben Heils- und Befreiungsplans, der im Hier und Jetzt neue Wirklichkeit wird. Das reelle Leiden und die wirkliche Unterdrückung sind ein ebenso guter Grund für ein erneuertes Engagement wie die Hoffnung auf den Bau unseres neuen Hauses für alle – im Sinne des Evangeliums und für Erde wie Menschheit.

Eine Kirche, getrübt vom Klageschrei

Wenn ich hier von „Klageschrei" (*clamor*) spreche, meine ich damit Stimmen und Rufe, die vehement und von vielen geäußert werden, um etwas zu fordern. Es bringt den Schmerz und die Erfahrung der Verlassenheit, die in der Tiefe des Herzens entsteht, zum Ausdruck. Dieses Wort, das sowohl im biblischen als auch im modernen Hebräisch vorkommt, steht für Betroffenheit, Bedrängnis, Erschütterung und auch für Flehen.

Im Licht unseres Glaubens blicken wir auf den natürlichen und kulturellen Reichtum unseres Kontinents und sehen die offenen Adern, die wegen all der Armut, Ausgrenzung und Marginalisierung bluten. Es erfordert Anstrengung, um in den Zeichen unserer Zeit weiter die Spuren Gottes zu lesen. Wir interpretieren die Klagerufe Lateinamerikas und der Karibik als Träume, in denen die erlösende Liebe Christi wirksam ist. Sie zeigt, dass diese schmerzlichen Sehnsüchte ihren tiefen Grund im Bewusstsein einer geschwisterlichen Solidarität haben. Die Schreie der Opfer von Ungerechtigkeit und Unterdrückung in „Querida Amazonia" verbinden sich mit denen, die aus dem Herzen der gegenwärtigen Welt rufen. Diesen Klagerufen auf den Grund zu gehen und danach zu streben, ihnen Antworten der Hoffnung, der Zuversicht und der Kraft zu geben, ist unser großer Dienst. Und selbst wenn die Klagerufe ungehört ersticken angesichts so vieler gescheiterter Pläne, verdrängter Wünsche oder verkümmerter Illusionen, die nie gehört wurden, wird auch aus der Stille heraus geschrien: Menschen bitten, sehnen sich, träumen und streben danach, bessere Tage zu erleben.

Das Amazonasgebiet ist zweifellos ein theologischer Ort, von dem aus der Glaube gelebt wird. Hier wird der Herzschlag der Erde gehört, und es verwandelt sich Trauer in Tanz. Es ist eine besondere Quelle der Offenbarung Gottes, ein Raum der Gottesgegenwart, in dem „ein Reservoir von Leben und Weisheit für den Planeten aufzufinden ist, von Leben und Weisheit, die von Gott sprechen" (IL 2019, 19) und in dem man von einer Welt träumt, in der die ganze Schöpfung ihren Platz hat.

Die Klage der Frauen

Wie Frauen handeln und die Ereignisse verstehen, wurde im Verlauf der Synode deutlich sichtbar. Fünfundreißig Frauen waren wir, die wir ein deutliches Zeichen setzten mit unserem Zeugnis von Einheit, Harmonie, gemeinsamer Reflexion, gegenseitiger Unterstützung, Verantwortungsbewusstein und guter Vorbereitung. Es waren klare, eindringliche und respektvolle Beiträge von Frauen, die sich durch ihre Worte und Taten für das Gemeinwohl und die Solidarität unter den Völkern Amazoniens aussprachen und vielfältige Initiativen zugunsten der Ausgegrenzten einbrachten. Sie offenbarten die Fähigkeit, auch in Konfliktsituationen zu lieben, Risiken einzugehen und strukturelle Muster zu durchbrechen.

Die Synodalität trägt das Siegel eines Lebens- und Handlungsstils, der alle zentralisierenden Machtausübungen abbaut, der die etablierten klerikalistischen Strukturen und die machistische Einteilung der Wirklichkeit (Cannavina 2019) in Frage stellt. Sie öffnete eine Tür für das Wachstum, die Pflege, den Schutz und die Verlängerung allen Lebens, indem sie „das Wort aufgehen lässt"[2]. Die auf der Synode anwesenden indigenen Frauen traten aus ihrer Anonymität heraus und schlugen

---

2   Ausdruck einer Indigenen aus dem Amazonasgebiet, die als Auditorin an der Synode teilnahm.

ein neues Kapitel für die Gesellschaft und die Kirche auf. Sie waren überzeugt, dass ihre eigene Kultur und Spiritualität zur Humanisierung ihrer Völker „mit indigenem Gesicht, Denken und Herzen"[3] beiträgt. Heute ist es mehr denn je notwendig, zu begreifen, was der Geist des Herrn durch die Frauen auf der Amazonien-Synode ruft: Es ist das Zeichen einer Zeit, die gekommen ist und nicht mehr aufgeschoben werden kann.

Ya es la hora! – Es ist an der Zeit!

Ya es la hora – Es ist an der Zeit, die grundlegende Rolle von Frauen in den Kulturen und der Spiritualität, in Gemeinschaften und Familien zu fördern (vgl. IL 2019, 79c).

Ya es la hora – Es ist an der Zeit, die Widerstandsfähigkeit und Resilienz von Frauen innerkirchlich zu würdigen (vgl. IL 2019, 121).

Ya es la hora – Es ist an der Zeit, Berufungen von Frauen aus den ursprünglichen Völkern zu fördern, als Antwort auf die Erfordernisse der pastoral-sakramentalen Begleitung, im Wissen, dass sie einen entscheidenden Impuls zu einer authentischen Evangelisierung aus der Perspektive der Indigenen leisten können, entsprechend ihren Gebräuchen und Gewohnheiten (vgl. IL 2019, 129, 1).

Ya es la hora – Es ist an der Zeit, das offizielle Amt zu bestimmen, das den Frauen übertragen werden kann, unter

---

3 Phrase, die auf einem Seminar für indigenes religiöses Leben organisiert durch die lateinamerikanische Vereinigung der Ordensleute (*Confederación Latinoamericana de Religiosos y Religiosas* – CLAR) erarbeitet wurde (Quito, Oktober 2008).

Berücksichtigung der zentralen Rolle, die Frauen heute in der Kirche in Amazonien spielen (vgl. IL 2019, 129, 2).

Ya es la hora – Es ist an der Zeit, die weibliche Präsenz im kirchlichen Bereich auf der Grundlage ihrer Charismen und Talente wertzuschätzen (vgl. IL 2019, 129, 4c1).

Ya es la hora – Es ist an der Zeit, den Frauen Führungsrollen sicherzustellen, sowie immer breitere und entscheidendere Räume im Bereich der Ausbildung: Theologie, Katechese, Liturgie und Bildungszentren für Glaubens und Politik (vgl. IL 2019, 129, 4c2; 79).

Ya es la hora – Es ist an der Zeit, dass die Stimmen der Frauen gehört werden, dass sie konsultiert und an den Entscheidungen beteiligt werden, damit sie mit ihrer Wahrnehmungsweise zur kirchlichen Synodalität beitragen können (vgl. IL 2019, 129, 4c3; SDOK 2019, 101).

Ya es la hora – Es ist an der Zeit, sich an die Märtyrerinnen zu erinnern (vgl. IL 2019, 145).

Ya es la hora – Es ist an der Zeit, die Würde und Gleichberechtigung der Frauen im öffentlichen, privaten und kirchlichen Bereich zu achten, Mitwirkungsmöglichkeiten zu gewährleisten, körperliche, häusliche und psychische Gewalt, Femizid, Abtreibung, sexuelle Ausbeutung und Menschenhandel zu bekämpfen und sich zu verpflichten, für die Gewährleistung ihrer Rechte zu kämpfen und jede Art von stereotyper Zuschreibung zu überwinden (vgl. IL 2019, 146e).

Ya es la hora – Es ist an der Zeit, die Stellung der Frauen wertzuschätzen und ihre grundlegende Rolle bei der Herausbildung und Aufrechterhaltung von Kultur, in der Spiritualität, in Gemeinden und Familien anzuerkennen. Es ist notwendig, dass sie mit größter Kraft ihre Führungsrolle im Schoß der Kirche übernehmen und dass die Kirche sie anerkennt und fördert, indem sie ihre Beteiligung in den Pastoralräten der Pfarreien und Diözesen oder auch auf Staatsebene verstärkt (vgl. SDOK 2019, 101).

Ya es la hora – Es ist an der Zeit, dass das Amt der „Gemeindeleiterin" im Dienst der sich wandelnden Anforderungen der Evangelisierung und der Sorge für die Gemeinden institutionalisiert und anerkannt wird (vgl. SDOK 2019, 102).

All diese Punkte stammen aus dem *Instrumentum Laboris* und dem Schlussdokument der Synode. Sie verursachen große Unsicherheit, vor allem im Vergleich mit dem, was davon im nachsynodalen Schreiben *Querida Amazonía* vorkommt. Und obwohl die Beteiligung der Frauen sicherlich zahlenmäßig spürbarer geworden ist und die Synodalität neue Kraft gewonnen hat, liegt es an uns, „den Zeitpunkt nicht mehr aufzuschieben". Denn jede Minute öffnet neue Wege für die Kirche und für eine ganzheitliche Ökologie. Es ist unsere Aufgabe und unser größter Dienst, dran zu bleiben und nicht aufzugeben.

Fazit

Papst Franziskus schreibt in *Querida Amazonía:* „In einer synodalen Kirche sollten die Frauen, die in der Tat eine zentrale Rolle in den Amazonasgemeinden spielen, Zugang zu Aufgaben und auch kirchlichen Diensten haben, die nicht die heiligen Weihen erfordern und es ihnen ermöglichen, ihren eigenen Platz besser zum Ausdruck zu bringen. Es sei daran erinnert, dass ein solcher Dienst Dauerhaftigkeit, öffentliche Anerkennung und eine Beauftragung durch den Bischof voraussetzt. Das bedeutet auch, dass Frauen einen echten und effektiven Einfluss in der Organisation, bei den wichtigsten Entscheidungen und bei der Leitung von Gemeinschaften [= Gemeinden, Anm. d. Übs.] haben" (QA 103). Franziskus hat in letzter Zeit Schritte in die richtige Richtung getan und Frauen in wichtige Ämter der Kirche berufen, v. a. zur Mitarbeit im Vatikan. Möglicherweise reichen diese Zeichen bis ins Herz des Amazonasgebietes. Während sich eine Tür schon geöffnet hat, warten wir auf weitere Schritte für die Zukunft. Träumen wir weiter mit offenen Augen: inspiriert, unkonventionell und prophetisch. „Es ist eine Form, das Verlangen wach zu halten und das hat eine große transformierende Kraft. Träumen ist der erste Schritt, um die Realität zu verändern, es ist ein Weg, Utopien wahr werden zu lassen" (Ocaña). *Ya es la hora!* – Es ist Zeit!

Literatur

Cannavina, Daniela, La Vida Religiosa también se deja soñar. Un sueño en espejo desde Querida Amazonía, in: Revista CLAR, 58 (4/2020), 41–53.
Cannavina, Daniela, Sínodo para la Amazonía: La experiencia de un Kairós. Revista Medellín, 45 (175/2019).
Meana, Eduardo, Volver al humus [Lied], aus: En Declaración de domicilio. Vol. VII, online: https://estoquesoy.org.ar/cancion.php?codigo=86.
Ocaña, Emma, Soñando un nuevo futuro para la mujer en la Iglesia, online: http://emmamartinezocana11.blogspot.com/2012/07/sonando-un-nuevo-futuro-para-la-mujer.html.

Bibliographischer Nachweis der lehramtlichen Texte: S. 283
[Links alle zuletzt eingesehen am 05. Juni 2021]

Die Stunde der Frauen?

Dynamiken der Ermächtigung und Entmächtigung von Frauen im Kontext der Amazoniensynode und der nachsynodalen Phase[1]

Birgit Weiler MMS (Lima, Peru)

Die pastorale Bedeutung der Amazoniensynode, insbesondere hinsichtlich der Rolle der Frauen, erschließt sich erst, wenn man die Situation der Frauen in Gesellschaft und Kirche Lateinamerikas in den Blick nimmt. Auf der Synode, zu der ich als Expertin geladen war, kam das Bewusstsein vieler Synodenteilnehmer*innen zum Ausdruck, dass „jetzt" die „Stunde der Frauen" ist und es in der Kirche darauf ankommt, was aus diesem besonderen Moment gemacht wird. Während meiner mehr als 30-jährigen Tätigkeit in Peru habe ich beobachten können, wie die Anerkennung der Frau als gesellschaftliches Subjekt zunehmend gewachsen ist. Allerdings setzte dieser Prozess in der Kirche Lateinamerikas im Vergleich zur Gesellschaft erst Jahre später ein. Auf der 4. Generalversammlung des Episkopats von Lateinamerika und der Karibik (1992) in Santo Domingo wurden zum ersten Mal in aller Deutlichkeit die Rolle der Frau und ihre stärkere Einbeziehung in Entscheidungen zur Gestaltung von Pastoral und Kirche sowie eine größere Achtsamkeit im Gebrauch von Sprache und Symbolen in Bezug auf die Frauen thematisiert (vgl. Santo Domingo 1992, 194–106).

---

[1]   Dieser Text wurde erstmals veröffentlicht unter dem Titel *Die Stunde der Frauen?*, in: Lebendige Seelsorge 71 (3/2020) 189–193, und für die vorliegende Publikation aktualisiert und erweitert.

Die lateinamerikanischen Gesellschaften waren in jener Zeit im Allgemeinen, von graduellen Unterschieden abgesehen, noch stark patriarchalisch strukturiert; es herrschte eine Kultur des Machismo vor. Im Verlauf der 1990er Jahre begannen Frauen, die im Bewusstsein ihrer Würde auf eine Veränderung dieser Verhältnisse hinarbeiten wollten, sich nicht nur in gesellschaftlichen, sondern auch in kirchlichen Kontexten zusammenzuschließen und Netzwerke aufzubauen. Im Schlussdokument von Aparecida (2007) werden die Frauen neben Indigenen, Afroamerikaner*innen und Jugendlichen als „neue Subjekte" (*nuevos sujetos*) genannt (Aparecida 2007, 51), die in der Gesellschaft hervortreten. Mit dem Subjektbegriff wird im Spanischen zum Ausdruck gebracht, dass sich die Frauen mit eigenem Denken, eigener Stimme und Eigeninitiative in Gesellschaft und Kirche einbringen und sie mitgestalten wollen.

Vorsynodale Dialogforen in Amazonien: Im Licht der Option für die Armen, unter großer Beteiligung von Frauen

An den vorsynodalen Dialogforen nahmen rund 87.000 Menschen teil. Auf den Foren wurde das Vorbereitungsdokument zur Amazoniensynode intensiv reflektiert und darüber diskutiert; auf der Grundlage dessen wurden anschließend zahlreiche Vorschläge im Hinblick auf neue Wege für die Kirche und eine ganzheitliche Ökologie formuliert. Von Anfang an war es dem Panamazonischen Kirchlichen Netzwerk (REPAM; *Red Eclesial PanAmazónica*) ein zentrales Anliegen, vor allem Mitglieder der Bevölkerungsgruppen, die aufgrund von Ethnie, Gender und sozialer Herkunft in den Gesellschaften der

Länder Amazoniens unter Diskriminierung und Ausgrenzung leiden, aktiv in den Konsultationsprozess einzubeziehen. Interkulturelle Kommunikationsstile und Arbeitsweisen haben es vielen Frauen aus indigenen Gemeinschaften erheblich erleichtert, sich aktiv in die Dialogforen einzubringen. Die Genderperspektive war von Beginn des Prozesses an präsent, und es wurden die verschiedenen Erscheinungsformen von Genderungleichheit sowie Genderungerechtigkeit in den Gesellschaften und Ortskirchen Amazoniens benannt. Zugleich zeigten die Beiträge, dass sich in vielen christlichen Gemeinden bereits positive Transformationsprozesse vollziehen hin zu mehr Gleichberechtigung und Geschlechtergerechtigkeit. In vielen Regionalforen im Amazonasgebiet Brasiliens brachten Frauen und Männern aus den Gemeinden engagiert das Anliegen vor, dass den Frauen in der Kirche der Zugang zum Diakoninnenamt ermöglicht werden möge. Dies wurde auch von mehreren Bischöfen aktiv unterstützt.

In den verschiedenen vorsynodalen Konsultationen thematisierten die indigenen Menschen häufig ihre Erfahrungen von Machtasymmetrien in den gesellschaftlichen und innerkirchlichen Beziehungen sowie die Verwundungen, die sie durch eine koloniale, dominante Haltung und abwertende Praxis ihnen, ihren Kulturen, Sprachen und Spiritualitäten gegenüber bis in die Gegenwart erlitten haben. In ihren Erzählungen wurde auch deutlich, dass soziale, politische und auf Geschlechterunterschieden basierende Machtasymmetrien kirchlicherseits durch Klerikalismus noch verstärkt werden. Es wuchs die Erkenntnis: Um miteinander im Geiste Jesu Gemeinschaft zu leben (vgl. Gal 3,26–28), bedarf es in den Ortskirchen immer wieder der Umkehr zu Beziehungen auf Augenhöhe als Schwestern und Brüder mit derselben Würde, gerufen zur Teilhabe an der gemeinsamen Gestaltung von Kirche, Pastoral und Glaubensleben in den verschiedenen Kontexten.

Die lebendige Beteiligung der zahlreichen Repräsentantinnen und Repräsentanten verschiedener Bevölkerungsgruppen Amazoniens, insbesondere der ursprünglichen Völker, an den Dialogforen in Vorbereitung auf die Synode als auch auf der Synode in Rom war ein historisches Moment in der katholischen Kirche. Frauen haben entscheidend daran mitgewirkt, dass es zu diesem Moment kam.

„Starke" Präsenz von Frauen auf der Synode

Das Adjektiv „stark" bezieht sich nicht nur auf die Tatsache, dass an der Amazoniensynode im Vergleich mit anderen Synoden die bislang höchste Zahl von Frauen teilnahm, sondern auch auf die Weise, wie die Frauen präsent waren und sich in die synodalen Reflexions- und Entscheidungsprozesse einbrachten. Im Schlussdokument der Amazoniensynode wird wertschätzend gesagt: „[Die Synode] war eine neue Erfahrung des Hinhörens, um die Stimme des Heiligen Geistes zu erkennen, der der Kirche neue Wege der Präsenz, der Evangelisierung und des interkulturellen Dialogs in Amazonien eröffnet" (SDOK 2019, 4). Dazu haben die teilnehmenden Frauen viel beigetragen, wie mehrere Bischöfe und Kardinäle in Gesprächen dankbar anerkannten.

Zahlreiche Reden von Frauen in der Synodenaula und in den Sprachgruppen (*circoli minori*) charakterisierten sich durch großen Freimut (*Parrhesia*). Dies hat meines Erachtens dazu beigetragen, dass im Schlussdokument die Selbstverpflichtung der Ortskirchen Amazoniens im Verbund mit der Weltkirche formuliert wurde, mit „evangeliumsgemäßem Wagemut neue Wege für das Leben der Kirche und für ihren Dienst an einer ganzheitliche Ökologie in Amazonien" (SDOK 2019, 91) zu beschreiten. Die Kritik an klerikalen und autoritären Leitungsstilen auf verschiedenen Ebenen in den Ortskirchen wurde anerkannt. Dies spiegelt sich in den Textpassagen wider, die von der notwendigen Umkehr zu einem synodalen Lebensstil „von Gemeinschaft und Teilhabe" in den Ortskirchen Amazoniens sprechen, „der erkennbar wird am Respekt vor der Würde und Gleichheit aller getauften Männer und Frauen, am wechselseitigen Zusammenspiel von Charismen und Ämtern, an der Freude, [...] gemeinsam die Stimme des Heiligen Geistes von anderen Stimmen zu unterscheiden" (Nr. 91) und somit viel stärker als bisher Laien, Männer und insbesondere Frauen, in „Beratungs- und Entscheidungsprozesse" (SDOK 2019, 94) einzubeziehen. Dies erfordert unbedingt, „Klerikalismus und willkürliche Anweisungen zu beenden" (SDOK 2019, 88) und Organisationsstrukturen zu schaffen, die Synodalität auf den verschiedenen Ebenen von Kirche ermöglichen und sichern, damit die synodale Umkehr nicht nur auf dem Papier, sondern real im kirchlichen Alltag vollzogen wird (vgl. SDOK 2019, 91).

Synodalität in unserer Kirche: grundlegende Probleme und Herausforderungen

Ist es überhaupt möglich, eine synodale Struktur, mit allem, was diese impliziert, in einer zutiefst hierarchisch geprägten Kirche zu schaffen, und von ihr her die kirchliche Praxis zu bestimmen und zu entfalten? Denn bei allem lebendigen Interesse an mehr Synodalität ist zu bedenken, dass es sich bislang bei den Synoden auf weltkirchlicher Ebene um

Bischofssynoden handelt. Stimmrecht haben Bischöfe, der Papst und die jeweiligen Kurienkardinäle sowie einige wenige männliche Generalobere von Ordensgemeinschaften (auch wenn sie nicht Priester sind), nicht hingegen die Generaloberinnen, die an der Synode teilnehmen. Obwohl die Bitte, dass auch ihnen das Stimmrecht erteilt werden möge, bereits seit der Jugendsynode (2018) den zuständigen Stellen in der Kurie vorlag, konnte dies selbst im Kontext der Amazoniensynode nicht erreicht werden. *Der einzige Grund dafür, dass die Generaloberinnen kein Stimmrecht haben, besteht darin, dass sie Frauen sind.* Dies ist im 21. Jahrhundert für viele Frauen und Männer nicht mehr nachvollziehbar und völlig inakzeptabel. Es zeigt zugleich, wie mühsam die Prozesse sind, in den verkrusteten Denk- und Handlungsstrukturen des Vatikan etwas in Bewegung zu bringen. Und dies im vorliegenden Fall nur in Bezug auf eine sehr kleine Zahl von Frauen, denn das Stimmrecht der vielen anderen Frauen, die aktiv an der Synode teilnahmen, stand noch nicht einmal zur Debatte. Anhand des genannten Beispiels wird die Problematik der Machtfrage im Hinblick auf die Praxis von Synodalität deutlich. Denn bislang liegt die Entscheidungsmacht auf Synoden der Weltkirche zum allergrößten Teil bei Männern, die aufgrund der nur Männern zugänglichen sakramentalen Weihen ein höheres Leitungsamt in der Kirche innehaben. Synodalversammlungen, wie z. B. der Synodale Weg in Deutschland, bergen die Möglichkeit zu zeigen, dass ein notwendiges Gegengewicht zur stark hierarchischen Struktur geschaffen sowie Wege für einen anderen Umgang mit Macht in unserer Kirche gebahnt werden könnten und müssten. Vom Gelingen wird zukünftig zu einem großen Teil die Glaubwürdigkeit der Kirche nicht nur in Westeuropa, sondern auch in Lateinamerika und anderswo abhängen.

Frau und Kirche im Nachsynodalen Schreiben *Querida Amazonía*: Kritische Betrachtungen

Der Papst anerkennt und würdigt in seinem Nachsynodalen Schreiben *Querida Amazonía* (QA) ausdrücklich die Tatsache, dass die Kirche Amazoniens an vielen Orten nur dank des Glaubenszeugnisses und starken Engagements von Frauen präsent ist. Zahlreiche Gemeinden Amazoniens werden von Frauen geleitet. Daher war es eine ausdrückliche Bitte der Synode, dass Frauen formal vom jeweiligen Ortsbischof mit der Leitung von Gemeinden beauftragt werden sollten. Es war ein richtungsweisender Schritt, dass Franziskus dieser Bitte im Nachsynodalen Schreiben *Querida Amazonía* nachkam und bestimmte, dass Frauen der Zugang zu dauerhaften Diensten und Ämtern gesichert werden soll, die daher mit "öffentlicher Anerkennung und bischöflicher Beauftragung" (QA 103) verbunden sein sollen. Eine solche formale Beauftragung sowie der Aufruf des Papstes, Frauen in die wichtigsten Entscheidungen effektiv mit einzubeziehen (QA 103), ist für viele Frauen Westeuropas, die in Theologie und Pastoral tätig sind, bereits seit geraumer Zeit eine Selbstverständlichkeit. Dies ist jedoch nicht so in Lateinamerika, sondern muss hier vielerorts erst noch zu einer gängigen Praxis werden.

Zugleich ist in Bezug auf diesen Teil des Schreibens deutlich Kritik zu formulieren: Im Hinblick auf die Rolle von Frauen in der Kirche haben mehrere Textpassagen bei vielen Frauen Empörung und Schmerz hervorgerufen (insbesondere QA 100–102). Ebenso wie in Westeuropa werden auch in Lateinamerika sowohl das Frauenbild als auch das Verständnis von Geschlechterrollen vielfach kritisiert, da beides auf essentialistischen Zuschreibungen basiert und, wie die Grazer Dogmatikprofessorin Gunda Werner darlegt, einer

Theologie des 19. Jahrhunderts entstammt (vgl. Kommentare zum Nachsynodalen Apostolischen Schreiben *Querida Amazonía*). Ein solches Verständnis gilt aufgrund der gegenwärtigen Erkenntnisse in verschiedenen Wissenschaftsdisziplinen als überholt. In Nr. 100 des Nachsynodalen Schreibens spricht der Papst davon, das sakramentale Priestertum wie bisher nur den zölibatär lebenden Männern vorzubehalten, um dadurch die Frauen vor „Funktionalisierung" und „Klerikalismus" zu schützen. In dieser Argumentation kommt ein starker Patriarchalismus zum Ausdruck. Zudem widersprechen meines Erachtens die getroffenen Aussagen dem synodalen Geist, denn dieser erfordert, Frauen als Subjekte mit eigener Stimme zu respektieren und nicht für sie zu sprechen oder zu entscheiden. Kritisch zu erwähnen ist auch, dass der Papst in seiner Argumentation in keiner Weise die Erkenntnisse von vielen Jahren fundierter theologischer Reflexion berücksichtigt. Denn Theologinnen haben wiederholt dargelegt, dass das Diakonen/Diakoninnen- und Priesteramt inhaltlich gerade nicht klerikal und funktionalistisch, sondern auf die Gemeinde als Schwestern und Brüder im Glauben und die verschiedenen Charismen bezogen verstanden und begründet werden sollte.

Bei aller Betroffenheit und Enttäuschung erachte ich es aber gemeinsam mit vielen im Amazonasgebiet theologisch und pastoral engagierten Frauen für wichtig, zugleich die Kapitel über den sozialen, kulturellen und ökologischen Traum in *Querida Amazonía* zu würdigen. Denn diese Abschnitte enthalten viele inspirierende Gedanken und mutige Stellungnahmen des Papstes wie zum Beispiel die Kritik an den kolonialen Interessen und ihren zerstörerischen Auswirkungen auf Mensch und Natur in Amazonien sowie die Bekräftigung, dass die Sorge für die Menschen und die Sorge für die

Ökosysteme untrennbar zusammengehören (vgl. QA 42). Es sind Aussagen, die uns in unserer Arbeit in Amazonien sozusagen den Rücken stärken. Zugleich ist meines Erachtens weiter zu denken, was in *Querida Amazonía* 94 kurz angesprochen wird, nämlich die Ausstattung von Laien, Frauen und Männer, „mit entsprechenden Vollmachten". Im Netzwerk von Frauen innerhalb des REPAM zur Reflexion der Rolle von Frauen in der Kirche Amazoniens ist dies ein Ausgangspunkt für weiterführende Überlegungen. In verschiedenen Ortskirchen Amazoniens, wie z. B. in Peru, wurde 2020 auf den Jahrestagungen zur Umsetzung der Synodenbeschlüsse auf Initiative der Frauen ebenso wie der Männer – Bischöfe, Priester und Laien – beschlossen, dass in den kommenden Jahren die Schaffung von mehr Gendergerechtigkeit und eine größere effektive Beteiligung von Frauen an Entscheidungen und Leitung auf allen Ebenen der Ortskirchen ein pastoraler Schwerpunkt sein soll. Mehrere gesellschaftliche Erfahrungen in Lateinamerika bestärken uns in der Hoffnung, dass Veränderungen durch eine entsprechende Praxis von der Basis her bewirkt werden können.

Die Kirchenkonferenz Amazoniens (CEAMA) – wenn Synodalität zur Praxis wird

Die Amazoniensynode hat zweifellos die Entwicklung einer gemeinsamen Identität der Ortskirchen im Amazonasraum als *panamazonische* Kirche (*Iglesia panamazónica*) angestoßen. Sie hatte auch die Gründung einer Bischofskonferenz für Amazonien angeregt. In der nachsynodalen Phase begann jedoch ein Reflexionsprozess, der zur Erkenntnis führte, dass es dem synodalen Geist viel mehr entspricht, eine *Confe-*

rencia Eclesial de la Amazonía (CEAMA), also eine „Kirchenkonferenz Amazoniens" und nicht eine Bischofskonferenz zu
schaffen. Dieses Projekt wurde und wird auch weiterhin von
Papst Franziskus aktiv unterstützt. Das trug wesentlich dazu
bei, dass die Kirchenkonferenz bereits am 29. Juni 2020 gegründet werden konnte, auch wenn es einige Skepsis und
Widerstand von manchen konservativen Kreisen im Vatikan
gab.

Mit CEAMA wurde eine völlig neue und daher in der
Weltkirche bislang „einzigartige Institution" (Domradio 2020)
geschaffen. Sie ist sozusagen aus der Amazoniensynode erwachsen. Die Aussagen im Schlussdokument zu Ziel und
Aufgaben der geplanten Bischofskonferenz gelten nun für die
Kirchenkonferenz, was heißt: Sie soll vor allem dazu beitragen, „das amazonische Antlitz dieser Kirche zu konturieren
und [...] neue Wege für den Evangelisierungsauftrag zu entdecken, insbesondere unter Berücksichtigung der Idee einer
ganzheitlichen Ökologie" (SDOK 2019, 115). Wie der gegenwärtige Exekutivsekretär von CEAMA, der Jesuitenpater
Alfredo Ferro (ernannt im Mai 2021), in einem unveröf-
fentlichten Interview vom 14. Mai 2021 feststellt, hat die
Amazoniensynode wichtige Spuren in der Kirche Lateinamerikas hinterlassen und eine Dynamik kirchlicher Erneuerung
und Transformation in Gang gesetzt. Denn sie hat den Anstoß
zu einer synodalen Kirche gegeben, in der sich die Mitglieder,
Frauen und Männer, gemeinsam auf den Weg machen, um
miteinander die bestehenden kirchlichen Strukturen zu überdenken und neue Strukturen zu schaffen, die eine synodale
Praxis ermöglichen und stärken. Die Kirchenkonferenz Amazoniens arbeitet daher inspiriert von den synodalen Prinzipi-
en des gegenseitigen Zuhörens, des Dialogs auf Augenhöhe
sowie des gemeinsamen Beratens und Entscheidens.

Da Synodalität die Erzeugung von Synergien, Verbindungen und Netzwerken sowie kontinuierliche Koordinationen
zwischen verschiedenen kirchlichen Instanzen und Institutionen erfordert, versteht sich CEAMA als ein kirchliches Organ,
das mit dem Bischofsrat Lateinamerikas und der Karibik (CEL-
AM, *Consejo Episcopal Latinoamericano*) verbunden, diesem
jedoch nicht untergeordnet ist; vielmehr ist die Kirchenkonferenz autonom. CEAMA arbeitet eng mit dem Kirchlichen
Panamazonischen Netzwerk (REPAM), mit CARITAS und der
Konföderation der Ordensmänner und Ordensfrauen Lateinamerikas und der Karibik (*Confederación Latinoamericana y
Caribeña de Religiosos y Religiosas*, CLAR) zusammen, um
die Umsetzung der Synodenbeschlüsse in die Praxis voranzubringen und zu begleiten.

Als *Kirchenkonferenz* ist CEAMA bereits ein Ausdruck von
Synodalität. Denn ihr gehören nicht nur Bischöfe und Priester an, sondern auch ständige Diakone, Laien – Frauen und
Männer – darunter mehrere Repräsentantinnen und Repräsentanten ursprünglicher Völker Amazoniens, ebenso wie
Ordensfrauen und Ordensmänner. Die Kirchenkonferenz ist
so verfasst, dass in ihr die verschiedenen Ortskirchen Amazoniens vertreten sind und synodale Zusammenarbeit gefördert
wird im Bewusstsein, dass Gottes Geist allen geschenkt ist
und zu Schwestern und Brüdern im Glauben macht.

Die Bischöfe in der Kirchenkonferenz Amazoniens haben
in synodalem Geist und mit der Autorität, die sie kirchen-
rechtlich besitzen, beschlossen, dass die Konferenz nach
synodalen Prinzipien arbeiten soll und daher alle Mitglieder
der Kirchenkonferenz das Recht auf Teilnahme und Teilhabe
besitzen. Dies bedeutet konkret, dass Frauen nicht nur aktiv
an den Beratungen, sondern auch gleichberechtigt an den
Entscheidungen beteiligt sind. Das ist die gängige Praxis im

ständigen Leitungsrat der Kirchenkonferenz sowie auf den Generalversammlungen. In all dem geht es darum, Synodalität operationalisierbar zu machen. Wie der Exekutivsekretär von CEAMA betont, gehört zu den Prioritäten in der Arbeit der Kirchenkonferenz für die kommenden Jahre vor allem die aktive Beteiligung von Laien, insbesondere von Frauen, zu fördern (vgl. Modino). Frauen sollen viel stärker als bisher in Leitungsgremien in der Kirche Amazoniens einbezogen werden und mit höheren Leitungsaufgaben, die keine Weihe erfordern, betraut werden. Sie sollen auch bei der Entwicklung einer christlichen Theologie und Spiritualität vom Amazonasraum her gleichberechtigt mitarbeiten. Damit nimmt CEAMA ein starkes Anliegen vieler Frauen und Männer in den Foren zur Vorbereitung auf die Amazoniensynode und in der Synodenaula auf, ein Anliegen, das Papst Franziskus in seinem Nachsynodalen Schreiben *Querida Amazonía* ausdrücklich nennt und sich damit zu eigen macht, nämlich dass Frauen unbedingt „einen echten und effektiven Einfluss in der Organisation, bei den wichtigsten Entscheidungen und bei der Leitung von Gemeinschaften" (QA 103) haben müssen.

Der Papst hat in *Querida Amazonía* auch dazu aufgerufen, „der Kühnheit des Geistes Raum zu geben" (QA 94). In der „Kühnheit des Geistes" will CEAMA am Thema eines ständigen Diakonats für Frauen weiter arbeiten. Dieser Prozess ist Teil des Umkehrprozesses hin zu einer wahrhaft synodalen und somit lernbereiten und dialogoffenen Kirche (vgl. SDOK 2019, 23), die immer wieder das gemeinschaftliche Hinhören als eine wesentliche spirituelle Praxis von Synodalität vollzieht. Zu den weiteren Prioritäten der Kirchenkonferenz Amazoniens gehört es, die Präsenz der Kirche als Bündnispartnerin an der Seite der Menschen in Armut, insbesondere der ursprünglichen Völker und afrikanisch-stämmigen

Gemeinschaften (vgl. IL 2019, 9) zu stärken, um sich gemeinsam mit ihnen für die Anerkennung und den Schutz ihrer persönlichen als auch kollektiven Rechte und für die Erde, unser gemeinsames Lebenshaus, einzusetzen. Das Engagement gilt auch der Überwindung kolonialer Mentalitäten und Praxen sowie einer selbstkritischen Überprüfung der kirchlichen Pastoral eingedenk der Selbstverpflichtung der Kirche Amazoniens auf der Synode, „eine Evangelisierung nach Art des Kolonialismus" strikt abzulehnen (SDOK 2019, 55). Zu dieser Selbstverpflichtung haben vor allem indigene Frauen mit ihren Reden in der Synodenaula entscheidend beigetragen. CEAMA will in enger Zusammenarbeit mit REPAM und CARITAS effektiv darauf hinwirken, dass „angesichts der Notlage des Planeten und des Amazonasgebietes" (SDOK 2019, 67) die Praxis einer ganzheitlichen Ökologie in Amazonien und anderswo sowie die Praxis globaler Solidarität immer weiter Kreise zieht im Bewusstsein, dass eine ganzheitliche Ökologie „der einzig mögliche Weg zur Rettung der Region" ist (SDOK 2019, 67). All dies ist ohne die Beteiligung der Frauen nicht zu erreichen. Denn für Amazonien gilt in besonderer Weise: „Ohne Frauen ist keine Kirche zu machen."

Die Dynamik kirchlicher Erneuerung in Amazonien hat auch den Bischofsrat Lateinamerikas und der Karibik (CELAM) erfasst. Denn er befindet sich gegenwärtig im Prozess einer grundlegenden Erneuerung seiner Strukturen nach synodalen Prinzipien. Das hat bereits dazu geführt, dass mehr Frauen mit höheren Leitungsaufgaben im CELAM betraut wurden und eine größere Präsenz von Frauen in Leitungsgremien des lateinamerikanischen Bischofsrates gezielt gefördert wird. An dieser Stelle soll noch ein weiteres bedeutendes Zeichen genannt werden: CELAM hat für November 2021 eine erste „Kirchenversammlung" (*Asamblea Eclesial*) – und nicht

Bischofsversammlung! – Lateinamerikas und der Karibik einberufen, die eindeutig synodalen Charakter hat und an der proportional gerecht Frauen und Männer beteiligt sein sollen sowie Stimmrecht besitzen werden.

Die genannten Beispiele zeugen von der performativen Kraft synodaler Praxen, die häufig zunächst in einem kleineren Handlungsraum beginnen und sich von dort verbreiten. Sie erinnern an das Gleichnis vom Sauerteig (Lk 13,20–21), in dem eine Frau (!) etwas Sauerteig unter einen Trog Mehl mischt, „bis das Ganze durchsäuert ist" (Lk 13,21). Die Frau im Evangelium setzt mit ihrem Handeln einen Wandlungsprozess in Gang. Viele Frauen in Amazonien bringen den Sauerteig der Synodalität in die Ortskirchen konsequent und mit viel Engagement ein, in der Hoffnung, das er seine verwandelnde Kraft immer mehr entfaltet.

Literatur

Domradio, Neue Kirchenkonferenz für das Amazonasgebiet gegründet. Sendung vom 30.6.2020, online: https://www.domradio.de/themen/weltkirche/2020-06-30/einzigartiges-kirchliches-organ-umfasst-neun-laender-neue-kirchenkonferenz-fuer-das-amazonasgebiet.

Modino, L., Alfredo Ferro: "Hay un interés muy grande de ir tejiendo relaciones al interior de la Iglesia", 14.5.2021, online: https://prensacelam.org/2021/05/14/alfredo-ferro-hay-un-interes-muy-grande-de-ir-tejiendo-relaciones-al-interior-de-la-iglesia/.

Kommentare zum Nachsynodalen Apostolischen Schreiben Querida Amazonía, 21.2.2020, online: https://religion.orf.at/stories/2999003/.

Vatican News, Amazonien hat eine neue kirchliche Konferenz, 30.06.2020, online: https://www.vaticannews.va/de/welt/news/2020-06/amazonien-synode-konferenz-kirche-vereinigungen.html.

Bibliographischer Nachweis der lehramtlichen Texte: S. 283
[Links alle zuletzt eingesehen am 15. Juni 2021]

Teil 3

**Zwischen Ordo und Lai*innenapostolat –
Frauen in Diensten und Ämtern in der Kirche**

Voices of Faith

Die Erfahrungen der Frauen endlich wahrnehmen

Zuzanna Flisowska-Caridi (Rom, Italien)

Bereits 1949 machte Simone de Beauvoir in dem heute klassischen Buch *Das andere Geschlecht* auf die Art und Weise aufmerksam, wie in der europäischen Kultur das Mannsein als Norm behandelt wurde – als bestimmend für den Standard und als Grundversion des Menschseins. Obwohl Frauen die Hälfte der Menschheit ausmachen, wurden sie in kultureller und anthropologischer Hinsicht als das „Andere" behandelt, die Ausnahme von der Regel, ein Sonderfall. Seitdem wurde in den europäischen Gesellschaften viel dafür getan, dass der öffentliche Diskurs, die Gesetzgebung und die praktischen Lösungen auch von Frauen gestaltet werden. Doch von den Entscheidungsträgern der katholischen Kirche werden diese von der Sozialwissenschaft beschriebenen Mechanismen der Ausgrenzung von Frauen noch immer wenig wahrgenommen.

Seit den 1960er Jahren ist jedoch eine ernsthafte intellektuelle Arbeit geleistet worden, die die Mechanismen dieses Ausschlusses im christlichen Denken und in der katholischen Tradition untersucht. Arbeiten von feministischen Theologinnen zeigen, wie androzentrisches Denken und kulturelle Muster Theologie und kirchliche Praxis geprägt haben. Sie weisen auch auf die Notwendigkeit hin, die Erfahrung und die Perspektive von Frauen in den Prozess des Lesens der Offenbarung einzubeziehen, der in der Kirche ständig stattfindet. Das liegt nicht daran, dass Frauen eine gesonderte oder besondere Kategorie sind, sondern daran, dass ohne sie die Hälfte des Bildes der menschlichen Erfahrung – das heißt auch die Hälfte des menschlichen Dialogs mit Gott – fehlt. Wie Doris Strahm mit einem Zitat von Catharina J. M. Halkes prägnant formulierte: „Feministische Theologie stützt sich nicht auf die Besonderheit der Frauen als solche, ‚sondern auf ihre historische Erfahrungen des Leidens, auf ihre psychische und sexuelle Unterdrückung, Infantilisierung und strukturelle Unsichtbarmachung infolge Sexismus in den Kirchen und in der Gesellschaft'" (Strahm, 14). In der institutionellen Kirche gibt es jedoch noch keine Instrumente, um diese Erfahrungen zu hören und sie direkt in die Formulierung von Entscheidungen und offiziellen Dokumenten einfließen zu lassen. Infolgedessen bleiben de facto Bestimmungen wie die der Dogmatischen Konstitution über die Kirche *Lumen gentium* leer: „Es ist also in Christus und in der Kirche keine Ungleichheit aufgrund von Rasse und Volkszugehörigkeit, sozialer Stellung oder Geschlecht." (LG 32)

Aus diesem Grund werden Frauen immer noch als „Andere" behandelt. Wenn ihnen in kirchlichen Dokumenten Aufmerksamkeit geschenkt wird, wird auf sie im Singular Bezug genommen: die Berufung der Frau, die Rolle der Frau, das Genie der Frau – als ob die Tatsache, eine Frau zu sein, so außergewöhnlich wäre, dass alle anderen Unterschiede zwischen ihnen in den Hintergrund treten würden. Bei Frauen scheint es das Geschlecht zu sein, das definiert, wie sich eine Frau zu verhalten hat und welche Rollen sie einnehmen soll – nicht aufgrund ihrer Erfahrung, ihrer persönlichen Veranlagung oder der Bedürfnisse ihrer Gemeinde. In offiziellen kirchlichen Dokumenten ist das Geschlecht immer noch die stärkste Determinante der Identität – für Frauen. Das männliche Geschlecht, als Standard im kirchlichen Diskurs, gibt weder eine Richtung vor, noch begründet es eine spezifische

Verantwortung. Demzufolge werden im populärkulturellen Diskurs als auch in offiziellen kirchlichen Dokumenten und Erklärungen der höchsten Hierarchie seit einigen Jahren vermehrt ‚spezielle' anthropologische und ethische Kategorien für Frauen angeführt. Einerseits scheinen diese Zuschreibungen besonderen Respekt vor Frauen zu zeigen, andererseits offenbaren sie aber auch tiefgreifende Probleme bei der Wahrnehmung von Frauen als gleichberechtigte, für ihr Handeln und ihre Berufung verantwortliche Menschen. Vor allem aber zeigen sie, wie schwierig es ist, Frauen in das gegenwärtige kirchliche System zu integrieren. Dieses Vorgehen seitens des Lehramts lässt die immer klarere Schlussfolgerung deutlich werden: Bei der Arbeit an der Gleichstellung in der Kirche geht es nicht darum, den Frauen das eine oder andere Recht im gegenwärtigen System einzuräumen, sondern es geht um einen grundlegenden Wandel in der Mentalität und Leitungsweise der Kirche. Auf dem Spiel stehen die Würde jedes Menschen und die Treue zum Evangelium.

Praktische Lösungen, die sich von Land zu Land, von lokaler Kultur zu lokaler Kultur oder von den Bedürfnissen einer bestimmten Gemeinde unterscheiden können, sind zweitrangig. Das Problem besteht darin, die realen Erfahrungen der Frauen im endlich als ebenso relevant für die Kirche anzusehen wie die der Männer. Um Strahm noch einmal zu zitieren: „Feministinnen bestehen (...) darauf, dass nicht Frauen in das patriarchale System integriert werden sollen, sondern dass das patriarchale System selbst durch die Frauen verändert werden muss." (Strahm, 12) Und obwohl der Weg zu diesen Veränderungen noch sehr weit ist, wird die Notwendigkeit, die vielfältigen Erfahrungen von Frauen in die theologische und ekklesiologische Reflexion einzubeziehen, wie sie von der feministischen Theologie befürwortet wird, für katholische Aktivist*innen in aller Welt immer offensichtlicher. Also suchen sie nach Möglichkeiten, ihre Erfahrungen zu benennen und öffentlich zu verkünden – eine Geste, die in der katholischen Kirche weiterhin Widerstand und Angst hervorruft.

Voices of Faith ist eine Initiative, für die genau das Sammeln und Aussprechen dieser Erfahrungen die primäre Methode der Veränderung ist. 2014 wurde sie von Chantal Götz gegründet und von der Fidel Götz Stiftung gefördert. Es begann mit der symbolischen Geste, einen Internationalen Frauentag im Vatikan zu organisieren, bei dem mehrere Frauen aus verschiedenen Teilen der Welt gebeten wurden, über ihre Erfahrungen zu Glauben, Aktivismus, Führung und Ermächtigung zu sprechen. Die gewählte Methode des Storytellings, das persönliche Erzählen konkreter Geschichten und das Zeugnis von nicht sichtbaren Charismen, war rhetorisch sehr ansprechend, hatte aber auch eine wichtige inhaltliche Bedeutung. Den Stimmen der Frauen und ihren konkreten und vielfältigen Erfahrungen zuzuhören, fehlt in der institutionellen Kirche. Gemäß den Forderungen der feministischen Theologien wurde von der ersten Veranstaltung an unter anderem auf eine kontextuelle Einstellung geachtet. Da es nicht die eine und einzige Erfahrung der gläubigen Frau gibt, sondern eine unendliche Anzahl von ihnen, die von kulturellen, geografischen und historischen Kontexten, persönlichen Prädispositionen, gewähltem Lebensweg, ökonomischem und bildungsmäßigem Status, persönlichen und familiären Erfahrungen abhängen, muss die Kirche in ihrer Theorie und Praxis diese Vielfalt berücksichtigen und darf nicht versuchen, die Berufung der Frau in ein enges Schema zu zwängen. Das Leben der Frauen als ein einheitliches Schicksal zu betrachten ist Teil des Problems. Bei allen *Voices of Faith*-Veranstaltungen wurde daher stets großer Wert auf die kulturelle Vielfalt gelegt. Wann immer möglich, wurde versucht, Referentinnen aus verschiedenen Ländern und Kontinenten zu gewinnen.

Die Vielfalt der Herkunftsländer der Referent*innen sowie die Kontakte, die *Voices of Faith* mit katholischen Frauenorganisationen in aller Welt geknüpft hat, zeigen einen weiteren sehr wichtigen Punkt. Der Ausschluss von Frauen aus weiten Teilen der kirchlichen Praxis und Theorie ist nicht nur ein Problem für Frauen in den USA oder Westeuropa. Im Gegenteil, in Ländern, in denen die Gesellschaft Frauen und Männern nicht die gleichen Rechte einräumt, sehnen sich katholische Frauen nach der Initiative der Kirche, um diese Gleichheit zu bezeugen. Leider lässt die Kirche sie dabei in vielen Fällen im Stich und wird zur Bewahrerin ungerechter sozialer Arrangements, in denen eine Person aufgrund ihres Geschlechts keine Freiheit und Selbstbestimmung erlangen kann.

Obwohl die primäre Stärke der von *Voices of Faith* organisierten Treffen im Vatikan darin bestand, dieser weiblichen Vielfalt einen Ort des freien Ausdrucks zu geben, war es notwendig, einen bestimmten Schlüssel für die Auswahl der Gästinnen anzuwenden. Ein Thema einte die eingeladenen Redner*innen: Leadership. Natürlich war das ein bisschen widersprüchlich, denn die Position einer Leiterin ist keine Rolle, in der die Kirche Frauen gerne sehen würde. Um diese Lücke zu füllen, lud *Voices of Faith* Frauen ein, die die Vision und die Kraft hatten, in ihrer Gemeinde kreativ etwas zu bewirken. Hinter dieser Geste stand auch eine klar formulierte Forderung: Frauen sollten zu Führungs- und Entscheidungspositionen auch in der Kirche und ihren offiziellen Strukturen zugelassen werden. Es gibt Kraft, die Dinge zu

benennen und erlaubt es, die eigenen Erfahrungen zu ord-
nen und in einer breiteren Perspektive zu sehen. Wenn wir
den Geschichten der Frauen zuhören, können wir verstehen,
inwieweit ihre Erfahrungen bisher im öffentlichen Diskurs
nicht berücksichtigt wurden. Das Hinzufügen dieser vielfältigen Perspektive verändert die Wahrnehmung vieler Themen,
deren ausschließlich von Männern geschriebene Interpretation wir bisher als objektiv angesehen haben. Deshalb ist
auch das Erzählen von Frauenschicksalen in der katholischen
Kirche, das *Voices of Faith* zu schreiben begonnen hat, ein
Prozess der allmählichen Entdeckung der blinden Flecken des
kirchlichen Systems.

Offen über die Erfahrungen von Frauen zu sprechen, ist
auch für kirchliche Autoritäten oft problematisch. Nach vier
Treffen, die für aufeinanderfolgende Frauentage (2014–2017)
organisiert wurden, wurde die von *Voices of Faith* vorberei-
tete Redner*innenliste vom Vatikan im Jahr 2018 in Frage
gestellt. Eine Änderung dieser Liste wurde zur Bedingung für
ein Treffen innerhalb der Mauern des Vatikans gemacht. Am
8. März 2018 fand die jährliche Veranstaltung von *Voices
of Faith* nicht weit außerhalb der Mauern, in der gast-
freundlichen Jesuiten-Generalkurie, statt, und die Liste der
Redner*innen blieb unverändert: Mary McAleese, Ssenfu-
ka Joanita Warry, Zuzanna Radzik, Joana Gnomes, Gaya und
Nivedita Lobo Gajiwala, Alina Oehler, Luke Hansen SJ, Elisa
Orbananos Hernando, Nicole Sotelo und Tina Beattie.

2018 war also ein Wendepunkt. *Voices of Faith* eröffnete
ein eigenes Büro in Rom und beschloss, seine kommenden
Veranstaltungen bestimmten Themen zu widmen, die sich
aus den Erfahrungen der Vergangenheit und der aktuellen
kirchlichen Debatte ergeben. Dieses Jahr war vor allem für
die Kirche als Ganzes ein Wendepunkt, der den Skandal

um Vorfälle von sexueller Gewalt und den unzureichenden Umgang damit in den Mittelpunkt der kirchlichen Debatte rückte. Als Reaktion auf die Ankündigung des Papstes, einen Gipfel zu diesem Thema zu veranstalten, organisierte *Voices of Faith* in Rom ein Treffen mit dem Titel „*Overcoming silence. Frauenstimmen in der Missbrauchskrise*", bei dem Frauen – Betroffene und Expertinnen – ihre Analyse und grundlegende Schritte aus der Krise vorstellten. Die Materialien dieses Treffens wurden an alle Bischöfe geschickt, die am päpstlichen Anti-Gewalt-Gipfel, *Der Schutz von Minderjährigen in der Kirche*, teilnahmen.

Während der beiden Generalsynoden 2018 und 2019 hat *Voices of Faith* zusammen mit anderen Laienorganisationen die Kampagne *Votes for Catholic Women* durchgeführt. Nach den von Papst Franziskus eingeführten Änderungen gehörte ein Delegierter der männlichen Orden zu denen, die über die Schlussdokumente abstimmen durften, damit wurde ein Präzedenzfall geschaffen – ein Laie erhielt das Stimmrecht. Wenn aber ein männlicher Laie Stimmrecht erhalten konnte, gab es keinen Grund mehr, warum ein solches Recht nicht auch Frauen gewährt werden konnte. Als Teil der Kampagne *Votes for Catholic Women* haben fast zehntausend Menschen aus der ganzen Welt eine Petition unterstützt, damit auch Ordensschwestern, die an der Synodenversammlung teilnahmen, Stimmrecht gewährt würde. Die Petition wurde dem Synodalbüro in Rom vorgelegt. *Voices of Faith* mit seinen Partnerorganisationen hat sich mehrmals mit der Bitte um ein Treffen an dieses Büro gewandt. Wir haben nie eine Antwort erhalten. Inzwischen wurde das Thema in der Öffentlichkeit lautstark diskutiert. Das Bild von Benediktinerinnen aus dem Schweizer Kloster Fahr, die Plakate mit dem Kampagnen-Slogan halten, sorgte für Begeisterung in den Medien. Die Vertreter*innen der internationalen Vereinigungen von Ordensoberinnen und Ordensobern waren sich einig, dass es notwendig ist, den Schwestern das Wahlrecht zu ermöglichen. Im Februar 2021 schließlich ernannte Papst Franziskus Schwester Nathalie Becquart zur Untersekretärin der Synode. Mit ihrer Position wird sie die erste Frau sein, die das Recht hat, während der Synodenversammlung über Dokumente abzustimmen.

Mit der Kampagne konnten die Erfahrungen von Ordensfrauen in den Blick gerückt werden, von denen wir in der Kirche selten hören. Obwohl sie ihr ganzes Leben der Kirche gewidmet haben, stehen sie ihr manchmal auch kritisch gegenüber. Eben weil sie sich um die Kirche und um Gerechtigkeit sorgen. Ihre Stimme wird jedoch bei der Entscheidungsfindung in der Orts- und Weltkirche nur sehr selten berücksichtigt. Also organisierten wir eine Veranstaltung für sie und überließen ihnen die Entscheidung über das Thema. „Und Sie, Schwester, was sagen Sie?" war im Oktober 2019 zugleich die erste Veranstaltung, bei der ein Bischof die Einladung zum Gespräch mit den Teilnehmerinnen annahm. Bischof Felix Gmür sprach mit Priorin Irene Gassmann aus seiner Diözese über die Möglichkeiten für Ordensschwestern, die Sakramente zu spenden.

Das schwierige Jahr 2020 widmete *Voices of Faith* dem Thema Networking. Kurz vor dem Ausbruch der Pandemie fand im November 2019 auf Initiative von *Voices of Faith* ein Treffen mit Aktivistinnen, Vertreterinnen verschiedener katholischer Frauenorganisationen, Ordensschwestern und Theologinnen in Stuttgart statt. Gemeinsam wurde beschlossen, das *Catholic Women's Council* zu gründen, das im Januar 2020 begann, Mitgliedsorganisationen aus aller Welt aufzunehmen. Während der Pandemie wurde die Gemeinschaft, die sich um das *Catholic Women's Council* bildete, für viele Frauen eine Stütze, ein Ort der Reflexion und des Gebets. Für Ostern, Pfingsten, das Fest der Maria Magdalena und für Weihnachten arbeiteten Frauen aus verschiedenen Teilen der Welt zusammen, um eine virtuelle Liturgie vorzubereiten – ein Gebet und eine Reflexion, die von Frauen geschrieben und gemeinsam in einem Online-Treffen vorgetragen wurden.

Anfang 2021 kehrte *Voices of Faith* zum Thema der Ordensfrauen zurück, das 2019 in Angriff genommen wurde. Eines der größten Tabus in der Kirche – die vielfältige Gewalt, die Schwestern erleiden – wollen wir ansprechen. Es ist höchste Zeit für uns alle, auch diese dramatische Erfahrung der Frauen in der Kirche anzuerkennen, dieses Phänomen richtig zu interpretieren und alle notwendigen Reformen in Angriff zu nehmen, um dem ein Ende zu setzen.

Literatur

Doris Strahm, Aufbruch zu neuen Räumen. Eine Einführung in feministische Theologie, Freiburg i. Br. 1987.

Bibliographischer Nachweis der lehramtlichen Texte: S. 283
[Links alle zuletzt eingesehen am 05. Juni 2021]

Frauen in der Kirche

„Warum gehen sie nicht einfach?"

Jean Goulet c. s.c (Ottawa, Kanada)

„Warum gehen sie nicht einfach?", fragte ein Bischof, mit dem ich über den Wunsch von Frauen nach Veränderungen in der Kirche diskutierte. Mitte der 1990er Jahre wollten Frauen mehr Beteiligung an Dienstämtern in der Kirche. Das tun sie immer noch. Frauen in Kanada wollen, dass sie in allen Lebensbereichen gleichberechtigt sind, und diese Gleichberechtigung wünschen sie sich ausdrücklich auch in der Kirche. Frauen wollen genauso wie ihre männlichen Kollegen respektiert werden, sie wollen echte Chancengleichheit. *Wie* diese Gleichheit schließlich zum Ausdruck kommt, kann sich dann durchaus nach kulturellen, sozialen, intellektuellen und spirituellen Normen oder Prioritäten unterscheiden. Gleichberechtigung in der kanadischen Kirche ist *work in progress*.

Der vorliegende Text stellt das Bemühen um Gleichberechtigung der kanadischen Kirche in Vergangenheit und Gegenwart dar, insbesondere eine weitsichtige Position der kanadischen Bischöfen aus den 1980er Jahren. Ergänzt wird der Text durch einige anekdotische Belege und persönliche Gedanken sowohl über die Notwendigkeit von Veränderungen als auch über die damit verbundenen Schwierigkeiten.

Innerhalb Kanadas haben die Regierungen auf allen regionalen Ebenen, von einzelnen Ortsgemeinden bis hin zur Bundesebene, Initiativen gefördert, die versuchen, ein gerechteres Arbeitsumfeld zu schaffen. Dazu gehören u. a.:

197

gleicher Lohn für gleiche Arbeit, gleicher Lohn für gleichwertige Arbeit, Kinderbetreuung, Elternzeit für Mütter und Väter. Die kanadische Gesellschaftsstruktur als Ganzes ist dadurch gerechter und paritätischer geworden, aber das Ziel ist noch nicht erreicht. Gewalt gegen Frauen beispielsweise ist längst nicht beseitigt, sondern hat sich im Gegenteil während der Covid- Pandemie noch weiter verschärft.

Und die Kirche? Hat sie zum Thema der Gleichberechtigung oder überhaupt zu Themen, die Frauen betreffen, etwas zu sagen? Um auf die eingangs genannte Frage des Bischofs zurückzukommen: Viele Frauen haben die Kirche verlassen, einige von ihnen, um in einer anderen christlichen Kirche zur Ordination zugelassen zu werden, andere gehen schweigend. Wie viele es wirklich sind, ob die Minderheit oder die Mehrheit, können wir ohne valide statistische Erhebungen nicht sagen, aber ich kenne so viele solche Geschichten, besonders in der Provinz Québec.

Die Frauen in Québec sind seit langem schon gut organisiert. Ihr Fokus richtete sich umfassend auf die Beseitigung von Armut und Gewalt gegen Frauen, was sich beispielsweise in den sog. *Bread and Roses Marches*[1] widerspiegelte: Brot – Nahrung für den Körper; Rosen – Nahrung für die Seele. Als Reaktion auf die Anliegen der Frauen hatte 1989 die Kommission für soziale Angelegenheiten der Bischofskonferenz von Québec ein Dokument mit dem Titel *A Heritage of Violence? A Pastoral Reflection on Conjugal Violence* (dt.: „Das Erbe der Gewalt? Eine pastorale Reflexion über häusliche Gewalt") veröffentlicht. Und trotzdem stellt sich die Frage, ob und wie die Kirche darüber hinaus auf die Schreie

---

1   Anm. d. Übs.: Der erste Brot-und-Rosen-Marsch gegen die Armut war eine Initiative der *Fédération des femmes du Québec* und fand am 26. Mai 1995 statt.

der Frauen reagiert hat, nicht nur in Québec, sondern in ganz Kanada. Die *Catholic Women's League of Canada* (CWL) ist seit 100 Jahren ein Sprachrohr für die Stimme der katholischen Frauen und arbeitet mit Gemeinden im ganzen Land zusammen. Das Ziel der *League* ist es, dass alle Mitglieder erkennen: Ich kann etwas bewegen – sowohl in der Kirche, als auch in der Gesellschaft.

Was erwarten kanadische Katholikinnen von der Kirche?

Ich bin seit meiner Geburt Mitglied der Kirche und seit 65 Jahren Mitglied meiner Ordensgemeinschaft (ich bin 1956 eingetreten): Kirche ist also eine feste Größe in meinem Leben. Als junge Schwester war ich begeistert, als ich in eine kleine Pfarrei auf Vancouver Island entsandt wurde. 1968 nannte man uns Katechistinnen, aber wir taten viel mehr, als den Kindern, die die öffentliche Schule besuchten, nach Schulschluss Katechismusunterricht zu geben. Wir gingen zu den Kranken, organisierten Jugendgruppen, besuchten und ermutigten Familien in den Dörfern der Umgebung. Wir taten alles, was unser Pfarrer auch tat – außer die Messe zu lesen. Man kann sogar sagen, dass wir oft „Beichte hörten". Ob das sakramental war, soll Gott beurteilen. Als unser Pfarrer im Krankenhaus lag, feierten wir die morgendlichen Gottesdienste mit Kommunionausteilung, mussten aber für die Sonntagsmesse einen Priester vom Festland zu uns holen. Kaum ein Priester, der aus der Stadt Vancouver kam, wusste etwas darüber, wie unsere kleine Gemeinde beschaffen war. Wenn wir ihn also von der Fähre abholten, gaben wir ihm eine kurze Einführung in den Charakter und die Eigenheiten unserer wunderbaren Gemeindemitglieder. Und weil wir unsere Gemeinde so gut kannten, dachten wir: wäre es nicht fabelhaft, wenn wir auch die Sonntagsliturgie selbst feiern könnten? Alles andere taten wir schließlich auch. So nahm die Frage der Frauenordination in meinem Kopf Gestalt an. Vorausgesetzt, sie hatten die nötige theologische Ausbildung, konnte ich keinen Grund sehen, Frauen vom Priesteramt auszuschließen. Anderen Frauen – ausgebildete Laiinnen und zur Leitung von priesterlosen Gemeinden im kanadischen Norden beauftrag – ging es ähnlich. Krankenhausseelsorgerinnen, die sich tagein, tagaus um schwerkranke Patient*innen gekümmert haben, wären gerne selbst in der Lage, die Kranken zu salben, anstatt einen Priester oder Diakon hinzuziehen zu müssen. Die gleiche Erfahrung machten Seelsorgerinnen in Gefängnissen.

Als Koordinatorin der Pastoralen Dienste in der Erzdiözese Ottawa und später als Direktorin des Büros für ökumenische und interreligiöse Beziehungen der katholischen Bischofskonferenz war ich fest davon überzeugt, dass Frauen zur Priesterweihe berufen sein können. Nachdem ich eng mit Priestern verschiedener Couleur zusammengearbeitet hatte – einige davon klerikal, andere feministisch (ja, es gibt welche!), einige heiligmäßig und andere nicht so heiligmäßig –, sah ich keinen Grund, warum Frauen nicht geweiht werden könnten, vorausgesetzt, sie waren berufen und verfügten über die theologische und pastorale Ausbildung. Fachleute aus den Bibelwissenschaften kamen zu demselben Schluss. Im Jahr 1976 stellte der wissenschaftliche Report der Päpstlichen Bibelkommission fest, dass es von der Schrift her keine Gründe gibt, Frauen von der Ordination auszuschließen. Man kam zu dem Ergebnis: „Es scheint, dass die Frage nach einem möglichen Zugang von Frauen zum Prieseramt nicht alleine auf Grundlage des Neuen Testaments eindeutig und abschließend geklärt werden kann."[2] (Biblical Commission Report, in: Swidler/Swidler, 346) Die Frauen in Kanada wurden durch diesen Report ermutigt. Frauen, die sich zum Weiheamt berufen sahen, gründeten eine Organisation namens *Canadian Catholics for Women's Ordination* (1981). Diese Gruppe bildete ein landesweites Netzwerk und traf sich zu jährlichen Konferenzen. Im Laufe der Zeit beschlossen einige Frauen, dass sie sich nicht nur für die Zulassung zur Weihe einsetzen wollten, denn sie sahen die gesamte kirchliche Struktur als im Kern klerikalistisch an; sie wollten etwas anderes. Schließlich entschieden sie sich auf einer nationalen Konferenz für einen Richtungswechsel, der auch eine Namensänderung zur Folge hatte: *Catholic Network for Women's Equality* CNWE (1988). Auch wenn sich einige immer noch für die Frauenweihe einsetzen, tritt heute die Mehrheit der Mitglieder für ein umfassendes Verständnis von Kirche ein, nicht nur für eine Ordination, von der sie glauben, dass sie letztlich nur das klerikal geprägte Modell fortsetzen würde.

Dabei steht die Frage im Raum: Würden Priesterinnen nur eine klerikale Kultur fortsetzen, oder würden, ja könnten sie einen Wandel herbeiführen?

Persönlich liegen meine Sympathien bei diesen Frauen, die sich für Reformen in der Kirche einsetzen. Aber wie können wir die Kirche mit verändern, wenn unsere Stimmen nicht gehört werden? Im Moment verleiht die Weihe gleichzeitig Status und Respekt – man bekommt eine Stimme und hat etwas zu sagen. Für einige ergibt sich die Weihe von Frauen aus dem Sakrament der Taufe, verankert in dem Glauben, dass die Taufe allen

---

2 Engl. Orig.: "It does not seem that the New Testament by itself alone will permit us to settle in a clear way and once and for all the problems of the possible accession of women to the presbyterate."

Getauften gleiche Rechte verleiht. Das Initiationssakrament, die Grundfeste kirchlichen Lebens, macht uns alle zu Schwestern und Brüdern in Christus. Die Getauften haben die gleichen Rechte und Pflichten innerhalb der Kirche. Aber die Kirche sagt, dass dies den Ordo nicht miteinschließt. Sind wir denn nicht in das Leben und den Tod Jesu Christi hineingetauft und mit der Taufe zu „einem weiteren Christus" gemacht worden? Wenn die Ordination eine Geistesgabe an eine individuelle Person ist, die von der im Gebet versammelten Gemeinschaft kraft der Unterscheidung der Geister bestätigt wird – warum, so fragen sich also viele, muss diese Person männlich sein?

Schwester Elizabeth Johnson argumentiert ähnlich in ihren Reflexionen über Sexismus und und den Ausschluss der Frauen von der Weihe: „Ein solches Bürgerrecht zweiter Klasse entwertet die Gottesebenbildlichkeit der Frauen, profanisiert ihre Taufe, verzerrt das Geschlechterverhältnis und beschädigt die gesamte kirchliche Gemeinschaft." (Johnson 2015, 64) Frauen und Männer streben ein Kirchenmodell an, das weniger hierarchisch, nicht klerikalistisch und nicht patriarchalisch ist, eines, das mehr dem Diakonischen in der Nachfolge Jesu entspricht. Und, so könnte man hinzufügen, es geht um Gerechtigkeit. Wenn Kandidat*innen, weibliche *und* männliche, die Gaben und die entsprechende Ausbildung haben, um Priester*innen zu werden, warum sollte es dann nicht beiden möglich sein? Man sollte nicht aufgrund des Geschlechts ausgewählt werden!

Vor einigen Jahren fragte mich ein Priester: „Glauben Sie, dass Frauen bessere Priester werden als wir es sind?" Meine Antwort: „Die einen schon, die anderen wohl nicht – aber wir werden eine bessere Kirche haben, eine gerechtere Kirche!" Im Laufe der Jahre traf und arbeitete ich mit Bischöfen zusammen, die versuchten, das Thema der Rolle der Frauen in der Kirche stark zu machen, und zwar ohne es auf die Priesterweihe zu beschränken. Das Dienstamt (*ministry*) von Frauen in der Kirche beschäftigt die kanadischen Bischöfe in vielerlei Hinsicht schon länger.

Die Haltung der kanadischen Bischöfe hinsichtlich der Rolle der Frauen in der Kirche

Die Frauen in Kanada wurden ermutigt durch die Intervention von Kardinal George Bernard Flahiff auf der Bischofssynode 1971. Im Namen der *Canadian Conference of Catholic Bishops* (CCCB) erklärte er, dass die Bischöfe sich mit Frauengruppen im ganzen Land getroffen hätten, und er hielt ein leidenschaftliches Plädoyer zu Gunsten von Frauen: „Trotz einer jahrhundertealten gesellschaftlichen Tradition gegen ein Dienstamt (*ministry*) von Frauen in der Kirche sind wir überzeugt, dass die Zeichen der Zeit (und zu diesen Zeichen gehört, dass bereits viele Frauen mit großem Erfolg pastorale Dienste ausüben) eine Studie sowohl über die gegenwärtige Situation als auch über zukünftige Möglichkeiten dringend erforderlich machen. Wenn eine solche Studie nicht sofort in Angriff genommen wird, könnten wir von den Zeitläufen überholt werden. Dies und nur dies ist die Absicht der Empfehlung, die die kanadischen Bischöfe an diese Synode richten." (zit. nach CCCB 2000, 41)

Diese Empfehlung wurde in den Abschlussbericht der Synode von 1971 *De iustitia in mundo/ Justice in the World* aufgenommen:[3] „(41.) Man soll auch die Rechte in der Kir-

---

3   Anm. d. Übs.: die Autorin zitiert aus dem englischen Text *Justice in the World*; die Nummerierungen dort fehlen in der deutschsprachigen Übersetzung von Iustitia et Pax, aus deren Text wir hier zitieren.

che achten, der man auf verschiedene Weise verbunden sein kann. Niemandem dürfen auf Grund dieser verschiedenen Zugehörigkeit die allgemein zustehenden Rechte entzogen werden. Wer der Kirche mit seiner Arbeit dient – Priester und Ordensleute eingeschlossen –, muss auch den für seinen Lebensunterhalt notwendigen Entgelt und die Sozialleistungen erhalten, die in dem betreffenden Land üblich sind. Die Laien sollen gerecht entlohnt werden und Aufstiegsmöglichkeiten haben. Wir wiederholen den Wunsch, daß die Laien eine größere Verantwortung für das kirchliche Vermögen und dessen Verwaltung übernehmen. (42.) Wir dringen darauf, daß die Frauen ihre Verantwortung und Mitbeteiligung am Leben der Gesellschaft und der Kirche haben. (43.) Wir schlagen vor, daß diese Frage sachgerecht und gründlich studiert werde, zum Beispiel durch gemischte Kommissionen aus Männern und Frauen, aus Ordensleuten und Laien, die aus den verschiedensten Verhältnissen stammen." (World Synod of Catholic Bishops 1971)

Die kanadischen Bischöfe setzten sich bei der Bischofssynode im Jahr 1983 zu „Versöhnung und Buße in der Sendung der Kirche von heute" weiter für die Frauen ein. Da sie „davon überzeugt waren, dass die moderne feministische Bewegung positiv zu bewerten sei, (...) formulierten die kanadischen Bischöfe als ihr besonderes Anliegen die Versöhnung von Mann und Frau in der Kirche. In unserem Einsatz für eine gleichberechtigte Partnerschaft zwischen Frauen und Männern und für das Kommen des Reiches Gottes erinnern uns die Bischöfe an die grundlegende Notwendigkeit Fehler einzugestehen, als Einzelne und als Institution, und unser Bedürfnis nach Vergebung" (Higgins, 154). Auf derselben Synode, am 3. Oktober 1983, sprach Louis-Albert Vachon, der Vorsitzende der kanadischen Bischofskonferenz, mit schonungsloser Offenheit: „Was uns betrifft, so sollten wir uns der Zerstörungen durch den Sexismus und unserer eigenen männlichen Inbesitznahme der kirchlichen Institutionen und zahlreicher Bereiche des christlichen Lebens bewusst werden. Denken wir zum Beispiel an die männlich geprägte Sprache unserer offiziellen – und sogar liturgischen – Texte (…) Wenn wir, als Kirche, anerkennen, dass wir kulturell deformiert sind, können wir die überkommenen Vorstellungen vom Frausein überwinden, die wir seit Jahrhunderten verinnerlicht haben" (zit. nach CCCB 2000, 46f).

Versöhnung braucht eine Atmosphäre des Dialogs und des gegenseitigen Vertrauens. Um wirklich ein Zeichen der Versöhnung in der Welt zu sein, muss die Kirche selbst als eine versöhnende und versöhnte Gemeinschaft von Gläubigen gesehen werden, als das vollkommene Zeichen für eine „neue Menschheit, verwirklicht in Jesus Christus" (Higgins, 156). Die Rolle der Frauen in der Kirche beschäftigte die kanadischen Bischöfe weiterhin, was sich auch bei der Außerordentlichen Bischofssynode von 1985 zeigte, die von Papst Johannes Paul II. einberufen wurde, um den 20. Jahrestag zum Abschluss des Zweiten Vatikanischen Konzils zu feiern. Am 4. Dezember 1985 gab Bischof James Martin Hayes aus Halifax (Kanada) eine Erklärung zu einigen Anliegen der kanadischen Bischöfe ab, „darunter die Würde von Frauen, gelingender Dialog, Dienstamt und Mitverantwortung" (Higgins, 156). Bischof Hayes bezog sich auch auf Ordensfrauen und ihre Unterordnung unter männliche Autoritäten, obwohl sie ihre eigenen Angelegenheiten problemlos selbst regeln könnten. In seinem Schlussabsatz sagte er: „Die weiblichen Ordensgemeinschaften haben in besonderer Weise dabei mitgewirkt, die Menschen in der Kirche für die Rolle, den Platz und die Rechte der Frauen in der modernen Gesellschaft zu sensibilisieren. Sie stellen zurecht eine Situation infrage, in der viel zu oft Entscheidungen über die Ausrichtung und das Leben ihrer Kongregationen ausschließlich von Männern getroffen werden. Allgemeiner formuliert könnte die Kirche in ihren Augen bereichert werden durch ein gemeinsames Nachdenken von Frauen und Männern. Könnte die Kirche in der heutigen Welt nicht dauerhaft ein Ort für das Experiment eines solchen gemeinsamen Nachdenkens von Männern und Frauen im Dienst des Evangeliums sein?" (Higgins, 157) Es ist offenkundig, dass unsere kanadischen Bischöfe konsequent das Bewusstsein für die notwendige Einbeziehung von Frauen in die Kirche geschärft haben.

Ich habe mit Erzbischof Joseph-Aurèle Plourde und Erzbischof Marcel Gervais in Ottawa zusammengearbeitet, und ich kann bestätigen, dass sie beide aktiv Frauengremien unterstützten, die sich mit unterschiedlichen Aspekten der Frauenfrage befassten; beide Bischöfe besetzten kirchliche Führungspositionen mit Frauen. So kam es, dass Frauen Leiterinnen der Büros für Liturgie, Religionsunterricht, soziale Gerechtigkeit und Jugend oder Redakteurin der Diözesanzeitung wurden; eine Frau wurde sogar zur Koordinatorin der Pastoralen Dienste ernannt, ein Amt, das normalerweise von einem Weihbischof geleitet wird. Allerdings war diese positive Entwicklung nicht von langer Dauer.

Die Unterstützung durch diese beiden Bischöfe sowie durch unsere anderen kanadischen Bischöfe, die sich auf den römischen Synoden in den Jahrzehnten der 1970er, 1980er und 1990er Jahre äußerten, war ermutigend. Die kanadische Bischofskonferenz CCCB genehmigte in ihrer Vollversammlung im Jahr 1984 die Verwendung eines Grundsatzpapiers, des so genannten *Green Kit*, mit dem Titel *Women in the Church*. Es sollte als Grundlage für Frauen in ganz Kanada dienen, auf das sie sich beziehen, womit sie arbeiten und worauf sie reagieren konnten. Eine Frauenarbeitsgemeinschaft in der Erzdiözese Ottawa zum Beispiel veranstaltete Bildungsveranstaltungen zu Themen wie „Zeichen der Zeit", „Der Ort der Frauen in der Kirche", „Frauenbilder in der Kirche", „Kirche, Frauen und Sexualität", „Frauen und liturgische Sprache", „Frauen und Männer als gemeinsam Verantwortliche in der Kirche", „Frauen ergreifen in der Kirche das Wort", „Frauen in Diensten und Ämtern in der Kirche", „Frauen und der Dienst am Wort in der Kirche", „Frauen in Leitungsämtern in der Kirche", „Wer bin ich? Wer sind wir?". Diese Frauengruppen veranstalteten auch Gottesdienste in verschiedenen Pfarreien, bei denen Frauen die Möglichkeit hatten, selbstbestimmt das Gebet der Gemeinde zu leiten, ihre Gedanken zu teilen oder Gottesdienste so zu gestalten, dass sie sich darin wiederfanden; mancherorts führten sie das Stundengebet ein und standen dem Morgen- und Abendgebet vor. All das war ihnen vorher so nicht offen gestanden. Viele Frauen, die heute auf die Themenliste blicken, müssen erkennen, dass wir zurückgefallen sind und einiges an Boden verloren haben. In einem Anhang zum *Green Kit* sind zwölf Empfehlungen, die sicherstellen sollten, „dass die Prinzipien der sozialen Gerechtigkeit in Bezug auf Frauen, die in der Kirche angestellt oder anderweitig eingebunden sind, offen ausgesprochen, respektiert und angewandt werden; dass die kanadischen Bischöfe sich weiterhin klar und mutig gegen die Ungerechtigkeiten aussprechen, die immer noch überall in der Gesellschaft gegen Frauen verübt werden; dass eine inklusive Sprache in allen liturgischen Texten gefördert und eine angemessene Vertretung von Frauen auf allen Ebenen der Diözesankirche sichergestellt wird" (CCCB 1984, Anhang 1). Nachdem diese Empfehlungen als Appendix formuliert sind, fragt man sich, ob sie von den Diözesanbischöfen überhaupt ernst genommen wurden.

Der Bischof von Victoria, Remi Joseph de Roo[4], unterstützte weiterhin die Rolle der Frauen in der Kirche, er sagte im Oktober 1986 bei einer Konferenz in Washington zum Thema *Women in the Church*: „Die Frage der Frauenordination ist zu einem Symbol für die Bereitschaft oder Verweigerung der katholischen Kirche geworden, sich mit der (...) zeitgenössischen Gesellschaft auseinanderzusetzen (...), ebenso wie mit ökumenischen Initiativen, die zur Einheit der Christen führen." (Jamieson, XX) Der von Bischof De Roo erwähnte Weg zur christlichen Einheit wird jedoch durch die fehlende Beteiligung von Frauen auf allen Ebenen der Kirche blockiert. Als Teilnehmerin an der ökumenischen Dekade „Kirchen in Solidarität mit den Frauen" des Ökumenischen Rates der Kirchen (ÖRK)[5] sowie an mehreren christlichen Dialoggruppen war es für mich ermutigend, die Bereiche zu sehen, in denen wir zu einer Einigung kommen konnten, z. B. das Dokument über die Taufe, trotz der fehlenden Einigung über die Rolle der Frau. Solche Erfahrungen werfen die Frage auf: Wessen Wahrnehmungsprozess ist fehlerhaft? Spricht der Geist zwar zur anglikanischen Kirche in Kanada, aber nicht zur katholischen Kirche?

---

4   Anm. d. Übs.: Remi Joseph de Roo (geb. 1924) war von 1962–1999 Bischof von Victoria (British Columbia, Kanada), er hatte als Konzilsvater an allen Sitzungen des Zweiten Vatikanischen Konzils teilgenommen. Bischof Remi De Roo spielte eine zentrale Rolle bei der Befürwortung von Geburtenkontrolle und der Rolle der Frau in der Kirche.

5   Anm. d. Übs.: Die ökumenische Dekade „Kirchen in Solidarität mit den Frauen" wurde 1988 vom ÖRK initiiert; die Probleme von Frauen wurden so auch in ökumenischer Pespektive zu einem „Prioritätsthema der Kirchenagenda weltweit." www.oikoumene.org/de/news/a-look-back-the-founding-of-the-ecumenical-decade-of-churches-in-solidarity-with-women.

Jean-Guy Hamelin, Bischof von Rouyn-Noranda (Québec), sprach auf der Bischofssynode über „Berufung und Sendung der Laien in Kirche und Welt" im Jahr 1987 zur Frage der Öffnung des Diakonats für Frauen: „Können wir nicht das diakonische Wirken der Frauen anerkennen, die sich seit Jahrhunderten in den Dienst der Menschen in Not stellen, im häuslichen Bereich, in der Erziehung, in der Krankenhausarbeit, in den Missionen und in jeder Art von ehrenamtlicher Arbeit?" (CCCB 2000, 52) Auf der Familiensynode im Jahr 2015 schlug Erzbischof Paul André Durocher aus Gatineau (Québec) drei Maßnahmen vor: die Einladung von Laienfrauen und -männern zur Homilie; die Anerkennung der gleichberechtigten Fähigkeit von Frauen, Entscheidungspositionen in der römischen Kurie und den Diözesankurien zu übernehmen; und schließlich die Öffnung des Diakonats für Frauen. Das Diakonat ist für viele Frauen heute von Bedeutung, und Papst Franziskus ist offen für eine weitere Diskussion darüber. Phyllis Zagano, ein Mitglied der vatikanischen Studienkommission zur Untersuchung des Frauendiakonats, sagte vor kurzem, sie glaube, dass die Öffnung des Diakonats für Frauen kommen werde. Aber die Frage bleibt: Wird der Zugang zum Diakonat den Frauen die Stimme geben, die sie im kirchlichen Leben brauchen?

Modell der Kirche: Gemeinschaft der Jüngerinnen und Jünger

Obwohl es Theolog*innen (mit Schwerpunkt Ekklesiologie) gibt, die auf der Notwendigkeit eines hierarchischen Kirchenmodells beharren und behaupten, Jesus hätte es so gewollt, gibt es etliche mit einem gegenteiligen Standpunkt. Im neuen Testament werden Diakon*innen erwähnt und zusätzlich Personen, die in eine Führungsposition gewählt wurden. Daraus lässt sich aber noch keine Hierarchie ableiten. Auch wenn einige Menschen bestimmte Aufgaben in der Gemeinde übernommen haben, bedeutete das nicht, dass sie in irgendeiner Weise über anderen standen. Sie waren eine Gemeinschaft von Jünger*innen mit unterschiedlichen Gaben und Verantwortlichkeiten/Zuständigkeiten. Dies ist das Modell der Kirche, das sich viele Frauen erhoffen, mit legitimen Räumen auch für Lai*innen. Die Herausforderung besteht darin, sich darauf zu konzentrieren und von einem Pyramidenmodell zu einem kreisförmigen Modell überzugehen! Was wird diese Veränderung hervorrufen? Was könnte uns veranlassen, uns von einem klerikalen und hierarchischen Modell wegzubewegen und ein Gemeinschaftsmodell zu adaptieren? Auf vielen Synoden wurde empfohlen, Führungspositionen innerhalb der Kirche mit Frauen zu besetzen, und tatsächlich sind sowohl auf Diözesan- als auch auf nationaler Ebene Frauen mittlerweile in Leitungspositionen. Es muss jedoch zu einer Veränderung in der Denkweise des Klerus kommen, so dass sie mit Frauen in diesen Positionen auch gut zusammenarbeiten.

Ich erinnere mich an eine Situation, in der ich mich als Diözesanvertreterin mit einer Gruppe von Priestern in einem Pfarrheim traf, und ein Monsignore, der neben mir saß, sagte: „Schwester, wir haben keinen Kaffee!" Ich wusste, dass einige Frauen ihn in der Küche zubereiteten, also sagte ich ihm freundlich, dass der Kaffee bald käme. So sah man die Rolle der Frauen: als hingebungsvollen Dienst an der Gemeinschaft. Mancherorts ist das immer noch so, und in der Tat wählen manche Frauen selbst diese Rolle. Und trotzdem: lasst uns aus der Küche herauskommen, damit wir gleichberechtigt und partnerschaftlich am gleichen Tisch sitzen, auch von den Geistlichen anerkannt und willkommen geheißen. Die notwendige Bewusstseinsbildung über die Gleichberechtigung der Frau muss von Anfang an in die Ausbildung des Klerus integriert sein, so wie es die kanadischen Bischöfe 1984, vor über 30 Jahren, empfohlen haben: – „Priester und angehende Priester sind sich der fundamentalen Gleichheit der Frauen im von Christus eingesetzten neuen Menschsein bewusst; – Priester anerkennen in ihrer Haltung und ihrem pastoralen Handeln die fundamentale Gleichheit von Frauen und Männern in der Kirche; – in der beruflichen Ausbildung der angehenden Priester wird die Frage nach der Rolle der Frau in der Kirche als eine Frage von besonderer Bedeutung erachtet; – Frauen werden aktiv in die Ausbildung zukünftiger Priester einbezogen" (CCCB 1984, Anhang 1, Empfehlung Nr. 7). Man fragt sich, wo überhaupt und auf welche Weise Priesterseminare Frauen in die Ausbildung von Priestern einbeziehen?

Als ich in der Erzdiözese Ottawa arbeitete, trafen wir uns regelmäßig mit den Frauen, die in vielen Pfarreien als hauptamtliche pastorale Mitarbeiterinnen tätig waren. Derzeit scheint es nur noch eine einzige Pastoralassistentin zu geben. Warum ist das so? Meine Theorie ist, dass das männliche Diakonatsprogramm in unserer Diözese den Priestern engagierte und gläubige Männer zur Seite gestellt hat, die zwar in der Pfarrei arbeiten, denen aber nur ihre Unkosten zu erstatten sind. Warum also sollte eine Pfarrei, vor allem wenn es um die Finanzen geht, eine Frau zu einem existenzsichernden Lohn einstellen, wenn sie einen ehrenamtlich tätigen Diakon haben kann, der noch dazu predigen, die Taufe oder die Krankensalbung spenden oder Beerdigungen leiten kann?

Wir scheinen so weit von den Idealen und Visionen entfernt zu sein, die wir in den 1970er, 1980er und 1990er Jahren hatten. Was ist passiert? Frauen, die sich früher sehr für die Gleichberechtigung der Frauen in der Kirche eingesetzt haben, widmen sich jetzt anderen, lohnenderen Aufgaben. Einige erzählten mir, dass sie das Gefühl hatten, ihre Anstrengungen würden nichts bringen, und natürlich gab es oft Widerstand vom streng konservativen Arm der Kirche. Jüngere Frauen scheinen nicht sehr an der Kirche interessiert zu sein. Die Fragen, die in der Kirche diskutiert werden, sind nicht die ihren. Die meisten sind ohnehin mit ihren Jobs, mit ihren Kindern, der Pflege ihrer alten Eltern und mit einer Menge anderer Themen beschäftigt. Was hat die Kirche ihnen zu sagen? Hören sie jemals ihre Anliegen in einer Predigt?

Katholische Bischöfe schweigen sich heute über die Rolle der Frauen eher aus. Sie scheinen mit anderen Themen beschäftigt zu sein. Vielleicht bindet der sexuelle Missbrauch von Klerikern ihre Aufmerksamkeit ebenso wie die daraus resultierenden Gerichtskosten die knappen finanziellen Ressourcen. Gleichzeitig ist Papst Franziskus ein ermutigendes Beispiel, was die Einbeziehung von Frauen in kirchliche Führungspositionen angeht. Wir alle haben gejubelt, als wir gelesen haben, dass Nathalie Becquart, Mitglied bei den Xavière-Schwestern (*Institut La Xavière, Missionnaire du Christ Jésus*), zur Untersekretärin der Bischofssynode ernannt wurde, die erste Frau, die eine solche Position inne hat! In Vorbereitung auf die Amazoniensynode 2019 gehörte Schwester Becquart zu einer Gruppe von Frauen, die als erste überhaupt zu Beraterinnen des Generalsekretariats für die Bischofssynode ernannt werden. Diese Ernennung gibt mir Hoffnung. Wir müssen diese Flamme der Hoffnung am Leben erhalten.

Durch das Gebet von Frauen auf der ganzen Welt hoffen wir auf Veränderungen. Ich lebe mit zwei jungen Schwestern aus Afrika zusammen, die diese Veränderungen für ihre Heimatländer erhoffen und ihren Beitrag dazu leisten wollen, wenn sie nach Abschluss ihrer Studien der Theologie, Pädagogik und internationalen Entwicklung zurückkehren. Ich frage mich, ob und auf welche Art sie durch ihre Ortskirche unterstützt werden? Welche Hoffnung bietet ihnen unsere Kirche? Elizabeth Johnson beleuchtet in ihrem Buch *Truly Our Sister* das Bild von Elisabeth und Maria: eine historische, bedeutsame und freudvolle Begegnung zweier schwangerer Frauen, die das Leben, das Leben der Kirche in ihrer Gebärmutter tragen. Für Schwester Johnson ist Marias Lobgesang, das Magnificat, ein Schrei nach Befreiung, Befreiung von einer hierarchischen, paternalistischen und klerikalistischen Kirche (Johnson 2003, 263ff). Als Mitglieder von Ordensgemeinschaften beten wir das Magnificat jeden Tag beim Abendgebet. Es könnte doch das Gebet sein, durch das wir ein neues Modell von Kirche herbeiführen – eine inklusive, einladende Kirche.

Zusammenfassung

Es ist nun 50 Jahre her, dass Kardinal Flahiffs auf der Bischofssynode 1971 bahnbrechend intervenierte. Was hat sich seither verändert? Man könnte geneigt sein zu sagen: nicht viel.

Das wäre jedoch keine Anerkennung für jene Bischöfe, die sich in der Vergangenheit auf einer Synode nach der anderen mutig zu Wort gemeldet haben, wohl wissend, dass sie dafür als naiv beurteilt oder sogar bestraft werden könnten.

Es ist auch keine Anerkennung für die Pionierinnen, die für die Gleichberechtigung in der Kirche gekämpft haben, nur um dann zugunsten eines Klerikers beiseite geschoben zu werden. Wir haben jedoch nicht aufgegeben. Wir bemühen uns weiterhin, zusammen mit unseren männlichen Kollegen, das Reich Gottes in unserer Welt zu verwirklichen. Eine neue Synode ist für das Jahr 2022 geplant. Meine Hoffnung und mein Gebet ist, dass Papst Franziskus, der bereits Einsicht und Mut gezeigt hat, zur aktiven Teilnahme von Laienfrauen und -männern, Ordensleuten und Klerikern einladen wird. Diese gemeinschaftliche Synode würde eine neue Kirche hervorbringen und das Reich Gottes umfassender manifestieren!

Literatur

Biblical Commission Report, Can Women be Priests?, in: Swidler, Arlene/Swidler, Leonard J. (Hg.), Women Priests. A Catholic Commentary on the Vatican Declaration, University of California 1977, 338–346.

Canadian Conference of Catholic Bishops CCCB, Women in the Church (The Green Kit), Ottawa 1984.

Canadian Conference of Catholic Bishops CCCB, With Respect to Women. A History of CCCB Initiatives Concerning Women in the Church and Society 1971–2000, Ottawa 2000.

Higgins, Michael W./Letson, Douglas R., Canadian Participation in Episcopal Synods, 1967–1985, in: Historical Studies 54 (1989), 145–157.

Jamieson, Patrick, In the Avante Garde: The Prophetic Catholicism of Remi De Roo and the Politics Within the Catholic Church, Victoria, BC 2002.

Johnson, Elizabeth A., Truly Our Sister. A Theology of Mary in the Communion of Saints, New York 2003.

Johnson, Elizabeth A., Abounding in Kindness, New York 2015.

World Synod of Catholic Bishops, Justice in the World, 1971. Engl.: https://www.cctwincities.org/wp-content/uploads/2015/10/Justicia-in-Mundo.pdf; deutsche Übersetzung: https://www.iupax.at/dl/umMoJmoJOKOJqx4KJKJmMJmNMn/1971-weltbischofssynode-de-iustitia-in-mundo.pdf

Social Affairs Commission of the Assembly of Quebec Bishops, A Heritage of Violence? A Pastoral Reflection on Conjugal Violence, Québec

1989. Engl. Version online: https://evequescatholiques.quebec/sn_
uploads/A-Heritage-of-Violence.pdf

Swidler, Arlene/Swidler, Leonard J. (Hg.), Women Priests. A Catholic Commentary on the Vatican Declaration, University of California 1977.

[Links alle zuletzt eingesehen am 05. Juni 2021]

Frauen in der katholischen Kirche auf den Philippinen[1]

Mary John Mananzan OSB (Manila, Philippinen)

Ein Text über Frauen in der katholischen Kirche auf den Philippinen heute braucht den Blick ins Gestern: die Christianisierung der Philippinen durch die spanische Kirche war nämlich für Frauen mit ganz spezifischen Erfahrungen verbunden. In den meisten Ländern bedeutete die Einführung des Christentums eine Verbesserung des Status' der Frauen. Auf den Philippinen war das nicht der Fall.

Die Domestizierung der *mujer indigena* durch die spanische Kirche

In der vorspanischen Gesellschaft genoss die *mujer indigena* einen Sonderstatus, den andere Frauen aus anderen Teilen der Welt zu dieser Zeit nicht hatten. Auch wenn die vorspanische Gesellschaft nicht als matriarchalisch charakterisiert werden kann, hatten dennoch in bestimmten Bereichen weibliche Nachkommen einen egalitären Status. Frauen genossen gleiche Rechte sowohl in der Familie als auch in

---

1   Dieser Artikel erschien auf Englisch unter dem Titel „*Women in the Catholic Church in the Philippines World Mission*", in: World Mission Oct 2020, 18–21. www.worldmissionmagazine.com/. Wir danken dem Verlag für die Abdruckerlaubnis. Teile dieses Textes wurden bereits ins Deutsche übersetzt von Maren Thölking: Mananzan, Sr. Mary John, Frauen im Dienst der katholischen Kirche auf den Philippinen, in: Eckholt, Margit et al. (Hg.), Frauen in kirchlichen Ämtern. Reformbewegungen in der Ökumene, Freiburg i.Br. 2018, 69–83. Für die vorliegende Ausgabe wurde eine neue Übersetzung erstellt.

der Gesellschaft. Sie nahmen aktiv am wirtschaftlichen, politischen und kulturellen Leben der Gemeinschaft teil und beteiligten sich überall an Entscheidungsprozessen. Darüber hinaus konnten sie im religiösen Bereich eine im Vergleich einzigartige Vermittlungsrolle zwischen der Geisterwelt und der irdischen Gemeinschaft einnehmen, als *babaylan* bzw. Priesterin, ein Amt, das ausschließlich Frauen vorbehalten war.

Spanien brachte das Christentum und die westliche Zivilisation auf die Inseln. Die damit verbundene Durchsetzung eines extrem patriarchalen Systems hatte negative Auswirkungen auf die Rolle der Frau in der Gesellschaft. Unter dem Vorwand, die Frau als Objekt der Verehrung und Bewunderung auf ein Podest zu stellen, schloss die patriarchale Gesellschaft sie aus dem öffentlichen Leben, den öffentlichen Entscheidungen und der öffentlichen Bedeutung aus. Sie sollte fortan eine anmutige Zierde des Hauses oder die Opferseele des Klosters sein.

Es ist der Verdienst der *mujer indigena*, dass sie – trotz dieser Unterdrückung – mit ihrem angeborenen gesunden Menschenverstand, ihrer Weisheit, ihrer inneren Stärke und ihrem Mut die engen Fesseln immer wieder sprengen konnte, vor allem in Not- und Krisenzeiten. Es ist eine subversive, „gefährliche Erinnerung" an ihre ursprüngliche Gleichberechtigung, die sich die Frauen bewahrt haben.

Ordensfrauen in Dienstämtern der Kirche

Zur Zeit der spanischen Kolonisierung durften Konvente und Klöster keine einheimischen Berufungen annehmen, da die königlichen Stiftungen ausdrücklich nur für „fromme Spanierinnen und Töchter der *conquistadores*, die nicht angemessen heiraten können", zugelassen waren. Einheimische Frauen wurden nicht einmal erwähnt, was als Verbot interpretiert wurde (Santiago, 66). Indigene Frauen konnten nur als so genannte *beata* in den dritten Orden der Ordensgemeinschaften gehen. Erst 1632 erhielt eine einheimische *beata* des Dritten Ordens des Heiligen Franziskus aus Pampanga die Ausnahmegenehmigung, dem Kloster beizutreten.

Als die spanische Herrschaft auf den Philippinen endete, fühlte sich die katholische Kirche durch die zunehmende Zahl protestantischer Missionare, den Aufstieg der philippinischen Aglipayan-Kirche[2] und die Verbreitung der Freimaurerei bedroht. Und so appellierten Kirchenvertreter an Europa und Amerika, Ordensmissionare zu schicken, um diesen vermeintlichen Bedrohungen entgegenzuwirken. Dieser Appell wurde erhört und die Ordensgemeinschaften entsandten Missionare auf die Philippinen.

Der Beitrag der Ordensfrauen für Kirche und Gesellschaft

Ordensfrauen gehören zu den gebildetsten Frauen auf den Philippinen, und sie haben bis heute großen Einfluss auf die Gesellschaft, u. a. in den im Folgenden skizzierten Bereichen:

---

2   Anm. d. Übs.: Die Aglipayan-Kirche, auch Unabhängige Philippinische Kirche (IPC), wurde 1902 von dem katholischen Priester Gregorio Aglipay und Sr. Isabelo de los Yeyes gegründet. Sie richtete sich gegen die spanische Kolonialherrschaft und erhielt u. a. Unterstützung durch einheimische philippinische Nationalkräfte und amerikanische Protestanten. 1958 wurde die Aglipayan-Kirche Mitglied im ÖRK, dem Ökumenischen Rat der Kirchen, 1961 schloss sie sich der *American Episcopal Church* an.

1. Bildung

Was auch immer das besondere Charisma der Kongregationen war, die in der frühen Phase der amerikanischen Herrschaft kamen, es war ihnen allen ein Anliegen, christlich-katholische Werte zu vermitteln. Und so gründeten sie Schulen. Die Töchter prominenter Familien wurden von ihnen ausgebildet, nicht nur um gute Ehefrauen und Mütter zu sein, sondern auch um eine Führungsrolle in der Gesellschaft zu übernehmen. Corazon Aquino, die erste weibliche Präsidentin der Philippinen, studierte zum Beispiel am *St. Scholastica's College*. Die zweite weibliche Präsidentin, Gloria Macapagal Arroyo, machte ihren Abschluss am *Assumption Convent*. Während der Zeit des Kriegsrechts richteten sich mehrere dieser Colleges neu aus: hin zu einer Bildung für Gerechtigkeit und soziale Veränderung. Sie waren Exzellenzzentren in vielen Disziplinen gleichzeitig. Fakt ist: Viele weibliche Führungskräfte, egal in welchem Bereich, haben an Klosterschulen studiert, die von Ordensfrauen geleitet wurden.

2. Gesundheitssystem

Die weiblichen Kongregationen nahmen sich unverzüglich auch der Probleme rund um Gesundheit an. Sie gründeten Krankenhäuser im ganzen Land. Die Ordensfrauen der *Rural Missionaries of the Philippines* beispielsweise initiierten das sog. *Community Based Health Program* und besetzten selber leitende Positionen. Gemeindebasierte Gesundheitsprogramme gibt es heute überall auf den Philippinen.

3. Sozial-pastorale Arbeit

Ohne Ordensfrauen wären die Pfarreien (*parishes*) in ihren Vollzügen sehr eingeschränkt. Gewöhnlich übernehmen ein oder zwei Schwesterngemeinschaften die Verantwortung für die Aktivitäten in der Pfarrei, wie z. B. die Pfarrschulen, die Organisation und Ausbildung von Katechet*innen und deren Einsatz in verschiedenen Teilen der Pfarrei sowie den Aufbau von kirchlichen Basisgemeinden. Sie gestalten die liturgischen Feiern, einige erledigen sogar den Haushalt des Pfarrhauses bzw. – falls vorhanden – des Priesterseminars. Gibt es Waisenhäuser, die der Pfarrei oder der Diözese angegliedert sind, kümmern sie sich auch darum.

Das Engagement von Ordensfrauen umfasst heutzutage viele soziale Themen, besonders aber frauenspezifische Probleme, z. B. die Diskriminierung von Frauen in allen Lebensbereichen, häusliche Gewalt gegen Frauen, aber auch Frauen- bzw. Menschenhandel (national und international).

4. Einsatz für die Umwelt

Ordensfrauen haben sich seit Beginn der Umweltbewegung auf den Philippinen ökologisch engagiert. Mit Sr. Aida Velasquez OSB führte in den 1970er Jahren eine Ordensfrau die Kampagne gegen Atomkraft an, u. a. mit Bildungsveranstaltungen für die Menschen in einem Dorf, in dem ein Atomkraftwerk gebaut werden sollte. Daraus wurde eine nationale Kampagne, die erreichte, dass das Atomkraftwerk in Bataan stillgelegt wurde und bis heute nicht in Betrieb genommen ist.

Viele Schwesternkongregationen haben Bauernhöfe erworben, um ökologischen Anbau und nachhaltige Landwirtschaft zu verbreiten. Ihre Schulen haben Umweltschutz in allen Stufen in den Lehrplan aufgenommen und fördern umweltfreundliche Praktiken in Bezug auf Abfallentsorgung, Bekämpfung der Umweltverschmutzung, Energiesparen und Wiederaufforstung.

5. Die Rolle der Nonnen

Nonnen, die in kontemplativ-monastischen Ordensgemeinschaften leben, sehen ihre Berufung darin, das Gebet in der Kirche allem anderen voran zu stellen, der kontemplativen Dimension allen Lebens zu dienen und für andere vor Gott einzutreten. Neben ihrem Einsatz für Menschen, die ganz konkret ihre Hilfe und ihren Rat suchen, bringen sie in ihrem Gebetsleben die Nöte und Sorgen der Welt vor Gott. Trotz ihres Lebens in Klausur verfolgen viele kontemplative Gemeinschaften mit Interesse und Sorge die akuten gesellschaftlichen Probleme.

Die besondere prophetische Rolle der philippinischen Ordensfrauen

Während der Jahre des Kriegsrechts 1972–1986[3] wurden die herrschenden Ungerechtigkeiten und die Unterdrückung des Volkes vielen Ordensfrauen deutlich bewusst, und sie beteiligten sich aktiv am Kampf der einfachen Bevölkerung:

---

3   Anm. d. Übs.: Im Jahr 1972 verhängte Ferdinand Marcos, seit 1965 Präsident der Philippinen, das Kriegsrecht. Dieses wurde zwar 1981 formal aufgehoben, das Marcos-Regime endete aber erst 1986 mit der Flucht Marcos' in die USA (Hawaii).

Bäuer*innen, Arbeiter*innen, arme Menschen aus den Städten, Indigene.

In den 1980er Jahren wurde in vielen philippinischen Kinos ein Film mit dem Titel *Sister Stella L.* gezeigt. Er handelte von einer jungen Schwester – exemplarisch für viele Ordensfrauen –, die sich angesichts der sozialen Probleme in der nationalen Befreiungsbewegung engagierte. Der Drehbuchautor, Jose F. Lacaba, sagte, dass die Figur der Sr. Stella auf Gespräche zurück geht, die er mit drei Ordensfrauen geführt hatte.[4]

Die Rolle der Laienfrauen in der Kirche

Das wichtigste Ereignis in der katholischen Kirche der neueren Zeit ist das Zweite Vatikanische Konzil, das 1965 zum Abschluss kam. Es läutete radikale Veränderungen im Leben der Kirche ein, am bedeutendsten ist sicher das Selbstverständnis der Kirche als Kirche in der Welt. In diesem Kontext ist auch die veränderte Rolle der Lai*innen in der Kirche zu sehen. Auf den Philippinen war das Ereignis, das die Entwicklung des Laienapostolats mitangestoßen hat, das *Second Plenary Council of the Philippines* (PCP II). Im Jahr 2000 betonte Kardinal Orlando Quevedo im Rahmen in einer Ansprache die Rolle der Lai*innen und besonders der Frauen in der Kirche: „Laien müssen die Führung bei der gesellschaftlichen Transformation übernehmen. Insbesondere sollten wir auf die vielfältigen Erfahrungen von Frauen in unterschiedlichen Lebenssituationen hören und mögliche neue Rollen

---

4 Anm. d. Übs.: Sr. Mary John Mananzan war eine dieser drei Frauen. Regie führte Mike de Leon; der Film ist bis heute ein geachtetes Zeugnis vom Widerstand gegen die Marcos-Diktatur.

von Frauen in Kirche und Gesellschaft in Erwägung ziehen." (Quevedo, 260)

Von den regelmäßigen Kirchgänger*innen auf den Philippinen sind sicher ca. 80 Prozent Frauen. Die erste Aufgabe der Frauen in der Kirche ist also, im Gottesdienst zu beten, und vielleicht ist das in den Augen Gottes auch die wichtigste. Aber wir leben in einer menschlichen Gesellschaft und deshalb ist es notwendig, dass Laienfrauen eine *aktive* Rolle haben, um die Sendung der Kirche weiter voran zu bringen. Vor dem Konzil bestand ihre Aufgabe darin, im Chor (*manangs*) zu singen, den Blumenschmuck auf dem Altar zu arrangieren, den Klingelbeutel nach der Gabenbereitung zu übergeben und den Rosenkranz oder die Novene vor oder nach der Messe zu sprechen. Nach dem Zweiten Vatikanischen Konzil durften sie die erste und zweite Lesung lesen, die heilige Kommunion austeilen und als Kommentatorinnen während der Messe fungieren. Mädchen konnten Mesnerinnen und Ministrantinnen werden.

Nach dem PCP II wurden Frauen Mitglieder in kirchlichen Einrichtungen; sie konnten dort in Führungspositionen kommen und so an den Entscheidungsfindungen mitwirken. Frauen sind nicht nur in kirchlich organisierten Frauenverbänden wie der *Catholic Women's League* und der *Mother Butler's Guild* aktiv, sondern auch in gemischten Organisationen wie *Couples for Christ, Christian Family Movement, Christian Life Community* usw. Diese gemischten Gruppierungen allerdings werden immer noch hauptsächlich von Männern geleitet. Es gab nur wenige Frauen, die eine wichtige Rolle in der Kirche spielten; besonders bekannt ist Henrietta de Villa, die die Einberufung des PCP II leitete und später den *Parish Pastoral Council for Responsible Voting* (PPCRV) gründete, der zur offiziellen Kontrollinstanz für Wahlen innerhalb der Kirche wurde. Sie wurde darüber hinaus die erste weibliche Botschafterin im Vatikan, ihr folgten zwei weitere Frauen.

Das Phänomen der umgekehrten Mission

Mit der Zunahme von Migration und Wanderarbeit im Ausland entstand eine neue Aufgabe für Laiinnen, insbesondere für Arbeitsmigrantinnen. In den Worten von Reverend Canon Marx Oxbrow: „Eine neue missionarische Kraft ist heute am Werk, obwohl sie nicht in den Aufzeichnungen über missionarische Aktivitäten noch in irgendwelchen speziellen Datenbanken erscheint. Es ist das transkulturelle Zeugnis für Christus, das stattfindet, wenn Menschen als Migrant*innen oder Flüchtlinge unterwegs sind, genau wie in den Tagen des Neuen Testaments (...) Ihre Mission ist eine Mission ‚von unten'; sie haben nicht die Macht, das Prestige oder das Geld einer entwickelten Nation und sind auch nicht Teil einer Missionsorganisation. Sie sind in vielerlei Hinsicht vulnerabel, gleichzeitig haben sie – mit Hilfe ihres Glaubens an Jesus Christus – gelernt zu überleben." (Oxbrow) Filipino-Frauen, sowohl Laiinnen als auch Ordensfrauen, sind heute in der ganzen Welt missionarisch tätig, im Gegensatz zum Missionierungstrend während der Kolonialzeit.

Aktuelle Probleme der Frauen in der Kirche

Wenn wir über Frauen in der Kirche schreiben, müssen die verschiedenen Probleme klar benannt werden, mit denen sie in der Kirche konfrontiert sind.

1. *Reproductive health law* – ein aktuelles Problem für Frauen in der philippinischen Kirche

Ein Thema ist für viele Frauen in der Kirche dauerhaft problematisch, und aufgrund einiger heftig geführten Debatten kam es ins Licht der Öffentlichkeit. Diese hängen mit der Einführung eines umstrittenen Gesetzes zusammen, das als *Republic Act No. 10354* verabschiedet wurde, namentlich bekannt als *Responsible Parenthood and Reproductive Health Act of 2012*. Dieses Gesetz garantiert den umfassenden Zugang zu Verhütungsmethoden, Empfängniskontrolle, Sexualerziehung und Schwangerschaftsvorsorge.[5] Das Gesetz wurde verabschiedet, doch ich glaube, dass dieses Thema ein dauerhafter Konflikt zwischen Frauen und der Führungsriege auf den Philippinen ist.

2. Sexueller Missbrauch durch Kleriker

Ein gravierendes Problem in der Kirche, von dem Frauen und Mädchen und in einigen Fällen auch Jungen betroffen sind, besteht in der sexuellen Belästigung und dem sexuellen Missbrauch durch Kleriker. Die Priester können oder wollen keine Verantwortung für die von ihnen gezeugten Kinder übernehmen, und so liegen die Verantwortung und die Last alleine auf den Schultern der Opfer: unverheiratete, alleinstehende Mütter. Sie und ihre Kinder werden von der Gesellschaft

---

5   Anm. d. Übs.: Der Konflikt lag darin, dass die Bischöfe *gegen* die Regeln zu Verhütung und Sexualerziehung opponierten, während sich die Frauenorganisationen *für* das Gesetz aussprachen. Abtreibungsgegner und konservative Regierungsbeamte setzten den Kampf gegen das Gesetz fort, indem sie die Finanzierung der Maßnahmen blockierten.

verachtet und empfinden Scham, Opfer von sexuellem Missbrauch bzw. „Priesterkinder" zu sein. Auf den Philippinen wurde noch nie ein Priester für sein Verbrechen zu einer Gefängnisstrafe verurteilt. Häufig werden die Täter einfach in eine andere Gemeinde versetzt, wo sich die Vergehen oft wiederholen.

3. Mangelnde Gleichberechtigung in der Kirche

Gender inequality ist ein weltweites Phänomen, das aber auch im Kontext der Philippinen thematisiert werden sollte. Auf den Philippinen gibt es eine starke Frauenbewegung, so dass Genderthemen mittlerweile auf breiter Ebene ins Bewusstsein gekommen sind. Es wurden viele frauenfreundliche Gesetze verabschiedet, einschließlich einer *Magna Charta* für Frauen. Mit Blick auf die Kirche und ihre Praxis muss allerdings gesagt werden, dass es hier keine der säkularen Gesellschaft vergleichbaren Fortschritte auf dem Feld der Frauenförderung gegeben hat.

Die katholische Kirche vertritt immer noch ein konservatives Frauenbild. Die kirchlichen Lehren über das Familienleben betonen das Diktum *obey your husband* („Gehorche deinem Mann"). Frauen, die geschlagen werden, wird geraten, in einer solchen Ehe zu bleiben, nur damit die Familie nicht „zerrüttet" ist.

Die kirchliche Moraltheologie konzentriert sich immer noch auf die „fleischlichen Sünden", die mit einer deutlichen Herabwertung von Frauen als „Eva, die Verführerin" einhergehen. Der vorherrschende Jungfräulichkeitskult lässt Frauen, selbst wenn sie ihre Jungfräulichkeit unverschuldet verloren haben, sich wie Dreck fühlen.

In der Liturgie gibt es immer noch einen sexistischen Klang, wenn die Versammlung nur die „Brüder" („brethren") anspricht, für die Erlösung der „Mannheit"[6] („mankind") betet und zur Liebe zu den „Mitmännern" („fellowmen") ermahnt. Den Frauen werden unbedeutende Rollen in der Liturgie zugewiesen, aber im Hintergrund erledigen sie sowohl die aufwändigeren Vorbereitungen als auch die Aufräumarbeiten nach den Gottesdiensten.

Obwohl die Frauen in den kirchlichen Diensten und Aktivitäten am meisten engagiert sind, werden sie von den wichtigen Entscheidungsprozessen und der Teilhabe an allen Diensten und Ämtern in der Kirche ausgeschlossen. Zölibatär lebende Priester bestimmen weiterhin die Regeln und Vorschriften für Ehe und Familienleben. Die Strukturen sind hierarchisch und klerikal, und Frauen spielen dabei keine Rolle.

Zeichen der Hoffnung: feministische Theologie der Befreiung

Die Frauen auf den Philippinen, sowohl Laiinnen als auch Ordensfrauen, sind sich der anhaltenden Ungleichbehandlung der Geschlechter in der Kirche bewusst. Sie sind an der Entwicklung einer Feministischen Befreiungstheologie aus der Perspektive asiatischer Frauen innerhalb der *Ecumenical As-*

---

6   Anm. d. Übs.: die übliche deutsche Übersetzung von *mankind* = *Mensch*heit und *fellowmen* = Mit*menschen* verunsichtbart die von der Autorin kritisierte Schwierigkeit, so dass hier eine wörtliche Übersetzung gewählt wurde. Im Englischen wird *man* bzw. *mankind* häufig benutzt, um die gesamte Menschheit zu beschreiben, allerdings gelten diese Begriffe – ähnlich wie das inklusiv gedachte generische Maskulinum im Deutschen – mittlerweile als Ausdruck eines sprachlichen Sexismus, der eine androzentrische Norm wiederspiegelt.

sociation of Third World Theologians (EATWOT) beteiligt. Ihr erklärtes Ziel ist, all das abzubauen, was zur Unterdrückung beiträgt, und stattdessen das Befreiende in der Religion stark zu machen. Sie haben an nationalen, regionalen und internationalen Konferenzen zur feministischen Theologie teilgenommen, ihre Methodologie dargestellt, die Hermeneutik definiert und konkrete Projekte wie ein *Feminist Theology Journal* in Angriff genommen. Sie sind entschlossen, dafür zu sorgen, dass die befreienden Elemente in der Religion (Christentum) die unterdrückerischen Aspekte neutralisieren.

Literatur

Quevedo, Orlando, "Behold I make all things new" (Rev. 21:5). Message of the National Pastoral Consultation on Church Renewal, in: Landas 14 (2000) 257–263; 260 Nr. 7, 2.

Oxbrow, Canon Mark, Recovering Mission: Majority World Mission. A Return to Mission for the Majority, in: Laussane World Pulse 1/2009; online: https://lausanneworldpulse.com/themedarticles-php/1071/01-2009.

Santiago, L. P. R., To Love and To Suffer. The Development of the Religious Congregations for Women in the Spanish Philippines, 1565–1898, Quezon City 2005.

[Links alle zuletzt eingesehen am 05. Juni 2021]

„What keeps me going…"

Frauen in der Kirche

Claire Heron (Ottawa, Kanada)

Ich bin eine Laienfrau in der Kirche, seit sechzig Jahren verheiratet und habe Kinder und Enkelkinder. Seit 1965 bin ich Mitglied der *Catholic Women's League of Canada* (CWL). Diese Mitgliedschaft eröffnete mir ungezählte Möglichkeiten: Auseinandersetzungen mit Glaubensfragen und lebenslanges Lernen, soziale Aktionen, ehrenamtliches und ökumenisches Engagement und noch so viel mehr. Es war meine persönliche Erwachsenenbildung.

Acht Jahre war ich Mitglied im nationalen Vorstand der CWL, zwei Jahre davon als Präsidentin. In dieser Zeit war ich daran beteiligt, die Resolutionen, die an der Basis unserer Organisation entstanden sind, an die kanadische Bundesregierung heranzutragen. Diese Resolutionen befassten sich mit aktuellen Missständen, bei denen dringend eine Verbesserung nötig war; es war Lobbyarbeit, um die *community standards* zu verbessern. Ich bin stolz, dass diese Praxis bis zum heutigen Tag beibehalten wurde.

Während meiner Zeit im Nationalrat nahm ich 1995 als eine von zwei Delegierten der CWL an der Weltfrauenkonferenz in Beijing (China) teil.[1] Wir hatten von der *Canadian Conference of Catholic Bishops* (CCCB) finanzielle Unterstützung

---

1   Anm. d. Übs.: 1995 fand unter dem Motto „Handeln für Gleichberechtigung, Entwicklung und Frieden" mit ca. 47.000 Teilnehmer*innen aus 189 Ländern die vierte UN-Weltfrauenkonferenz in Beijing statt. Die Konferenz endete mit der sog. „Erklärung von Beijing", in der u. a. die Regierungen sich verpflichten, dass in ihren Politiken stets eine geschlechtsbezogene Perspektive zum Ausdruck kommt.

erhalten, und so berichteten wir den Bischöfen nach unserer Rückkehr von unseren Erfahrungen. Es war enttäuschend, dass man uns nie wieder zu weiteren Gesprächen darüber gebeten hat. Aber möglicherweise öffneten sich durch dieses Wagnis für uns die Türen zu anderen kirchlichen Gruppierungen.

Die Erfahrungen von Beijing waren für viele Frauen in unserem Land kaum nachvollziehbar. Kleine Gruppen von Frauen aus Entwicklungsländern zeigten in eindrucksvollen Präsentationen, dass sie einen nicht zu unterschätzenden Einfluss ausüben konnten. Eine Gruppe z. B. erzählte uns von einem Staudamm, der gebaut werden sollte – mit verheerenden Folgen für die *small farmers* in ihrem Land –, und wie es ihnen gelang, das Bauvorhaben zu stoppen.

Als Präsidentin der CWL kann ich sagen, dass die geistlichen Beiräte, die von Seiten der CCCB zu uns kamen, sehr hilfsbereit waren, und ich weiß, dass sie wiederum es als Segen empfanden, die kanadische Kirche durch die Augen von Laienfrauen aus dem ganzen Land kennenzulernen. Unsere Organisation arbeitete gut, bis heute befasst sie sich mit gesellschaftlichen und kirchlichen Themen. Diese Männer sahen unsere Organisation als führend in der Unterstützung der kanadischen Kirche an. Allerdings geriet das oft aus dem Blick, sobald wir – nach offiziellen Gesprächen mit der CCCB, in denen wir uns mit ihnen über ausgewählte Themen abstimmten – bei einem Glas Wein noch ins Diskutieren kamen. Ich hatte das Gefühl, dass wir als Laienfrauen nicht die Freiheit hatten, aus der Norm auszubrechen und offen einen anderen Standpunkt als die offizielle Kirchenlehre anzusprechen oder gar einzunehmen. Fairerweise nehme ich an, dass die Bischöfe aus demselben Grund nicht immer frei sind, das zu sagen, was sie wirklich denken. Einer unserer geistlichen Beiräte half uns bei der Dokumentation von Antworten auf anstehende

Fragen, egal ob spirituell oder säkular. Er riet uns, das Thema als Frauen anzusprechen, unsere Worte und Stimmen als Frauen zu benutzen, um unsere Ansichten zu einem Thema auszudrücken, und uns keine Sorgen darüber zu machen, wie andere es wohl ausgedrückt hätten. Es war ein guter Rat.

Nach meiner Zeit im nationalen Vorstand vertrat ich die CWL zehn Jahre lang im Vorstand der *World Union of Catholic Women's Organizations* (WUCWO). Während dieser Tätigkeit wurden mir die Augen geöffnet für Frauen, die weltweit unter völlig anderen Umständen für die Kirche tätig waren als in meinem Land, Kanada. Offenkundig wurde dies beispielsweise bei Delegierten aus Entwicklungsländern, die von der WUCWO finanzielle Unterstützung für die Teilnahme an den Treffen erhielten. Oft wurden die Frauen von einem Priester begleitet, und ich glaube, sie konnten ihre Meinung zu den Themen nicht frei äußern. Der Aufenthalt wurde ihnen bezahlt und sie hatten einen ‚Anstandswauwau‘ dabei – das hemmte sie.

Während meiner Zeit bei der WUCWO gab es Treffen zwischen WUCWO-Delegierten und römischen Dikasterien. Diese Treffen sollten dem Informationsaustausch dienen und dazu, unsere internationale Organisation in Rom bekannt zu machen. Obwohl es immer herzlich zuging, brachten die Treffen für mich sehr wenig. Ich hatte oft das Gefühl, dass die Gesprächspartner aus den Dikasterien unbeweglich blieben, und bei der Abreise fragte ich mich stets, ob etwas erreicht worden war. Ich weiß von keinen Folgemaßnahmen zu den angesprochenen Themen, aber um fair zu sein, ich habe weder in die eine noch in die andere Richtung irgendwelche Informationen. Ich weiß nur: immer wenn wir zu einem Besuch zurückkehrten, schien es, als würden wir dieselben Anliegen wiederholen! Bei einer dieser Gelegenheiten trafen wir im Vatikan mit Würdenträgern zusammen, einschließlich des offiziellen Kirchenrechtlers. Ich erinnere mich, dass ich die Anwesenden dringlichst auf den „Zustand" der Kirche in Kanada hingewiesen habe, besonders da die Kirche für so viele junge Menschen irrelevant geworden ist. Außerdem ging ich auf die Strukturen und die mangelnde Beteiligung von Frauen ein. Und? Wir verbrachten keine weitere Zeit damit, nach Möglichkeiten zu suchen, wie man diese Situationen angehen könnte.

Auch auf Gemeinde- und Diözesanebene erlebte ich fragwürdiges Handeln. Ich möchte ehrlich über ein Problem sprechen, das auch mich betraf. Ich wurde als Mitglied unseres örtlichen CWL-Rates von zwei Frauen um Rat gefragt. Ich gehe nicht ins Detail, aber als ich meine Besorgnis über unseren Gemeindepfarrer und diese Frauen meldete, wurde sofort gehandelt. Der Bischof nahm Kontakt mit mir auf, und dann setzte der zuständige Priester aus dem entsprechenden Verwaltungsgremium den Kontakt fort. Dieser Priester kam in unsere kleine Gemeinde und befragte sowohl die betroffenen Frauen als auch den Pfarrer. Daraufhin wurden schnell Maßnahmen ergriffen, und der Priester wurde aus unserer Gemeinde und sogar aus unserer Diözese abgezogen. Trotzdem tauchte dieser Priester in einer Nachbardiözese und später sogar in einer Nachbarprovinz auf! Bis heute ist er in einem anderen Land im Dienst! Ich habe einen Schwiegersohn, der fast drei Jahrzehnte lang in der Beratung von Überlebenden des *Indian Residential School*[2]-Systems gear-

---

2 Anm. d. Übs.: *Indian Residential Schools* waren Schulen, überwiegend Internate, in denen die Kinder der kanadischen indigenen Bevölkerung von der Mitte des 19. bis weit über die Mitte des 20. Jh. hinaus zwangsweise „zivilisiert" und „christianisiert" werden sollten. Oftmals wurden sie gegen den Willen ihrer Eltern dort festgehalten, durften z. B. nicht in ihren Muttersprachen sprechen, sondern mussten Englisch bzw. Französisch lernen. Etliche dieser *Residential Schools* wurden von kirchlichen Institutionen betrieben; viele Kinder erfuhren Misshandlungen und sexuellen Missbrauch. Eine Untersuchungskommission aus Ottawa sprach im Jahr 2015 von einem „kulturellen Genozid".

beitet hat. Es sind Menschen, die unter den Händen der Bundesregierung und der katholischen Kirche und anderer Glaubensorganisationen sehr gelitten haben. Die eben beschriebene Situation mit unserem Priester war und ist für meinen Schwiegersohn und für mich eine bittere Pille, die wir schlucken müssen. Obwohl wir keine näheren Informationen über die internen Beratungen haben, ist es falsch, dass diese Angelegenheit nur intern behandelt wurde und dass nur dieses konkret vorliegende Problem angesprochen wurde. Der Priester wurde nicht aus dem Dienst entfernt, sondern einfach aus dieser Situation herausgenommen. Wäre er ein Laie gewesen, wäre ihm wahrscheinlich gekündigt worden, er wäre vielleicht sogar inhaftiert worden. Die Kirche existiert nicht außerhalb des Gesetzes.

Vor Ort habe ich viele weitere Situationen erlebt, bei denen Frauen zu kämpfen haben. Oft wird beispielsweise bei der Bewerbung um eine Arbeitsstelle, eine höhere Position oder eine Fortbildung in kirchlichen Institutionen ein Referenzschreiben verlangt. Oftmals soll das Schreiben von einem Pfarrer verfasst werden, und das macht es für Frauen sehr schwierig. Es kann sein, dass der Pfarrer die Frau gar nicht kennt, oder dass zwischen ihnen ein schlechtes Arbeitsverhältnis besteht. Wenn der Pfarrer sich mit dem Fortbildungsangebot nicht auskennt, wird er vielleicht kein Interesse zeigen, wofür es ein solches Referenzschreiben überhaupt braucht. Frauen werden aufgrund dieser Anforderung von Fortbildungsmaßnahmen oder Beförderungen ausgeschlossen.

In jüngster Zeit habe ich mehrere Enttäuschungen in Bezug auf Frauen in der Kirche erlebt. In den letzten zehn Jahren war ich geistliche Beirätin auf CWL-Diözesanebene. Zuvor hatte eine Ordensfrau dieses Amt zehn Jahre lang inne gehabt. Als meine Amtszeit zu Ende ging, habe ich zwei Frauen als mögliche Kandidatinnen für meine Nachfolge vorgeschlagen. Für die endgültige Entscheidung ist jedoch der Bischof zuständig; die beiden Frauen wurden übergangen, stattdessen wurde ein Priester für diese Position bestimmt. Ich war traurig darüber, dass die 20-jährige Praxis, in der eine Frau als geistliche Beirätin in einer Frauenorganisation wirkte – und das war in meinen Augen zukunftsweisend – missachtet wurde. Leider fehlen Glaubensentwicklung oder spirituelle Entwicklung heute in der Kirche. Die Feier der Eucharistie ist doch nicht der einzige Weg, diese Ziele zu erreichen. Frauen in Führungspositionen, und dazu gehört auch eine geistliche Beirätin, bieten andere Chancen und Lernerfahrungen für die Mitglieder.

Zehn Jahre lang war ich im *Women's Inter-Church Council of Canada* (WICC) tätig, davon drei Jahre als Präsidentin. Ich war das erste römisch-katholische Mitglied, das in den Vorstand berufen wurde. Es gab wenig Interaktion mit der CCCB, aber ich schickte Berichte und eine Mitarbeiterin half gelegentlich, wenn Fragen der Finanzierung anderer Organisationen auftauchten oder wenn die „Sprache" von den Mitgliedern in Frage gestellt wurde. Die Politik der WICC war immer, eine inklusive Sprache zu verwenden. Frauen brauchen Bildung, um eine solche Politik zu verstehen. Diese Position vertrat ich auch als geistliche Beirätin bei der CWL. Es freut mich sehr, dass kürzlich eine meiner WICC-Freundinnen in der *Anglican Church of Canada* als Bischöfin eingesetzt wurde! Die WICC war eine Lernerfahrung für mich – und für die anderen Vorstandsmitglieder. Viele Missverständnisse über Katholik*innen wurden diskutiert oder geklärt.

Neben meinem Engagement im WICC habe ich an vielen ökumenischen Initiativen teilgenommen. Als Vorsitzende der

Ökumenekommission unserer Diözese hatte der Ausschuss sowohl mit interreligiösen als auch mit ökumenischen Gruppen zu tun. Diese Arbeit war so erfüllend und hat meine Spiritualität in vielfacher und positiver Weise geweitet. Als vor kurzem ein neuer Bischof für unsere Diözese ernannt und der Ökumeneausschuss aufgelöst wurde, war ich sehr enttäuscht. Es schien kein Verständnis dafür zu geben, wie wichtig und notwendig die Ökumene für unsere Glaubensentwicklung ist.

Auf lokaler Ebene, in einer sehr kleinen Gemeinde, nehme ich mit Frauen aus der *United Church of Canada* an einer wöchentlichen Bibelstunde teil. Wir folgen dem Lektionar, das dem der römisch-katholischen Kirche ähnelt, vor allem zu den besonderen Zeiten im Kirchenjahr. Oftmals moderiere ich diese Sitzungen. Ich bin erstaunt über die Möglichkeiten und die Flexibilität dieser Frauen, v. a. im Vergleich zu Frauen aus der römisch-katholischen Tradition. Unsere gemeinsamen Erfahrungen sind reich und lebensspendend.

Heute, als über Achtzigjährige, schaue ich auf verschiedene Erfahrungen zurück, die ich im Laufe der Jahre aufgrund von Zuständen gemacht habe, die ich unerträglich fand und die leider bis heute andauern. Ich schätze die Gelegenheit, mit gläubigen Frauen zu lernen und zu beten, unabhängig von ihrer Kirche oder Glaubensgemeinschaft ... zum Teil ist es das, was mich weitermachen lässt – *what keeps me going*!

Voller Hoffnung

Der Kampf der Frauen für Befreiung in Indonesien

Janice Kristanti (Collegeville, Minnesota/USA)

Die Kirchenlehrerin und Heilige Katharina von Siena sagte einmal: „Sei wie Gott dich gewollt hat, und du wirst die Welt in Brand setzen." Neben dieser sehr gewagten Antwort der heiligen Katharina an Papst Gregor XI., die den Lauf der Geschichte entscheidend verändert, war dieses Zitat für mich sehr inspirierend.[1] Schon früh in meiner theologischen Ausbildung war es für mich Motivation und Inspiration, um dem Ruf Gottes treu zu bleiben und ein Leben als Jüngerin Christi zu führen. Da ich aus Indonesien komme, wo fast nur zölibatäre Priester katholische Theologen sind, wird meine Berufung als Theologin oft missverstanden. Katholizismus ist in Indonesien eine Minderheitenreligion, und dies trägt dazu bei, dass die meisten kirchlichen Dienste und Führungsrollen von Klerikern und Ordensleuten im Zölibat ausgeübt werden, während Lai*innen ihren Dienst als *Freiwillige* in den Gemeinden oder in gemeinnützigen religiösen Organisationen tun. Diese Umstände – die Seltenheit von Laiinnen, die gleichzeitig Theologinnen sind – stellt den Hintergrund dar, vor dem mich die Menschen in Indonesien wahrnehmen. Ich wurde oft gefragt, ob ich Ordensfrau werden wollte, während andere sich nicht einmal die Mühe machten, meine Berufung ernst zu nehmen und den Beruf der Theologin eher als eine originellere Bezeichnung für eine „Kirchenfrau"

---

1   Anm. d. Übs.: Katharina von Siena (1347–1380) war bekannt für ihre mutigen Stellungnahmen, u. a. motivierte sie Papst Gregor XI. zur Rückkehr von Avignon nach Rom.

(*churchy woman*) betrachteten. Mein eigener Kampf als Frau in der Kirche zeigt mir, dass die Frage nach den Rollen von Lai*innen in der Kirche einerseits und den von Frauen andererseits eng miteinander verbunden sind.

In dem Dokument *The Vocation and Mission of the Laity in the Church and in the World of Asia* aus dem Jahr 1986 hat die *Federation of Asian Bishops' Conferences* (FABC) festgestellt: „Im Allgemeinen betrachtet die asiatische Gesellschaft Frauen als minderwertig. Das ist Teil der tragischen Lebensbedingungen asiatischer Frauen, die nach Veränderung verlangen" (3.3.1). Als junge asiatische Theologin in der katholischen Kirche spornt mich meine Rolle an, mich gegen die männliche Überlegenheit im asiatischen, insbesondere im indonesischen Kontext, auszusprechen. Die heilige Katharina gibt nicht nur Hoffnung, sondern fordert die Kirche auch heraus, sich für die Frauen und marginalisierte Menschen einzusetzen. Wenn sie nicht in der Lage sind, so zu sein, wie Gott es ihnen zugedacht hat, werden diese Frauen nicht in der Lage sein, „die Welt in Brand zu setzen". Tatsächlich sollte das Zitat der heiligen Katharina aber nicht auf die leichte Schulter genommen werden. Es sollte uns zum Nachdenken anregen: Wie schaffen wir als Kirche einen Raum, der die Talente der Frauen willkommen heißt und sie zu nutzen weiß? Wie erheben wir als Kirche unsere prophetische Stimme gegen Sexismus und Diskriminierung von Frauen? Wie kann die Kirche ein Instrument der Befreiung sein? Anhand dieser Fragen möchte ich eine kurze persönliche Geschichte erzählen, in der es darum geht, wie Frauen im indonesischen Kontext in die Kirche einbezogen werden. Meine Geschichte und die Situationsanalyse sollen ein Hoffnungsschimmer sein, der die weitere Arbeit für Emanzipation und Befreiung der Frauen in Indonesien und überall auf der Welt voranbringt.

Um die Verhältnisse, unter denen die Kirche in Indonesien Frauen unterstützt, besser kennenzulernen, beschloss ich, während meines Unterrichtspraktikums 2019 ein katholisches Seminar in West-Java zu besuchen. Im Rahmen dieser Hospitation unterrichtete ich zwei Tage lang zum Thema Katholizismus in den Vereinigten Staaten (mit Schwerpunkt auf dem kirchlichen Laienapostolat). Strukturelle Dienste, in denen Lai*innen hauptamtlich für die Kirche arbeiten und sogar bezahlt werden, sind dem indonesischen Denken im Allgemeinen noch fremd. Das Verständnis, dass Lai*innen und Kleriker „gemeinsam im Weinberg zusammenarbeiten" (*United States Conference of Catholic Bishops*, 2005), ist in den Augen der indonesischen Kirche immer noch ausschließlich amerikanisch. Als ich nach meinem Auslandsaufenthalt in den Vereinigten Staaten in mein Heimatland zurückkehrte, fiel mir am meisten auf, dass es sehr ungewöhnlich war, wenn eine junge katholische Laienfrau ein Theologiestudium auf Graduiertenebene absolvierte. Die patriarchalische Sicht auf Frauen in Indonesien stellt für mich persönlich ein Hindernis dar, nicht nur, weil es kaum Laientheologinnen gibt, sondern auch weil ich eine alleinstehende Frau bin, die in den Vereinigten Staaten Theologie studiert. Einige Leute in der Kirche haben eine positive Sicht auf meine Arbeit, andere hingegen nicht. Letztere meinen, das Doktoratsstudium würde mich davon abhalten, möglichst bald zu heiraten: „Um Himmels willen – das Theologiestudium ist reine Zeitverschwendung!"

Ein Schritt in Richtung Gleichberechtigung in der indonesischen Kirche ist, die Berufung von Frauen als solche zu benennen. Zu meinem Praktikum gehörte auch die Befragung von Seminaristen zu den Themen Berufung und Rolle von Lai*innen in der Kirche. In Einzelgesprächen interviewte ich sieben katholische Seminaristen. Die Interviews öffneten den Seminaristen genauso wie mir selbst die Augen über die Berufung und den Weg mit Gott der jeweils anderen. Ich beendete das Interview mit der Frage: „Wie sehen Sie jemanden wie mich? Eine Laienfrau mit theologischem Masterabschluss, die in der Kirche in Indonesien ihren Dienst leistet?" Fakt ist: *jemand wie ich* ist selten in Indonesien. Es gibt viele Lai*innen, die der Kirche dienen, ohne einen theologischen Abschluss oder eine professionelle Ausbildung zu haben. Trotz einer solchen „fremden" Realität waren diese Seminaristen neugierig und solidarisch hinsichtlich meiner Berufung. Einige ihrer Antworten waren: „Das ist gut. Wir brauchen Innovation in der Kirche, um voranzukommen"; „Wir brauchen jemanden, der das Patriarchat kritisieren kann"; „Ich denke, die Kirche braucht einen neuen Blickwinkel auf die Realitäten, den vor allem Menschen wie Sie – Frau und Laiin – beitragen können"; „Ich hätte nie gedacht, dass eine Laienfrau Theologin werden will. Sie können neue Einsichten liefern und für Gleichberechtigung kämpfen"; „Die Kirche braucht eine Brücke zwischen Laien und der Hierarchie"; „Sie können eine neue Perspektive auf die Theologie eröffnen, weil Sie andere Erfahrungen gemacht haben." Die Antworten dieser Seminaristen waren mir Zuspruch und Bestärkung. Sie sahen tatsächlich meine Berufung als Theologin. Dabei bestand allerdings die Gefahr, dass ich leicht in die Falle tappen und mich als „Einzelkämpferin" (*,solo-hero' mentality*) fühlen könnte, um gleich alles in der Kirche Indonesiens und der Gesellschaft in Ordnung zu bringen. In den positiven Gesprächen mit den Seminaristen wurde deutlich: mehr Partizipation und Mitwirkung von Lai*innen an der Leitung und dem Dienst der Kirche ist dringend notwendig. Ohne die

Zusammenarbeit von Lai*innen und Klerikern wäre die Kirche in Indonesien nicht in der Lage, sich für die Rechte von Frauen und gegen soziale und wirtschaftliche Ausbeutung einzusetzen.

Wenn man sich tiefergehend mit den Kommentaren der Seminaristen und meiner eigenen Erfahrung im Seminar auseinandersetzt, wird aufs Deutlichste bewusst, dass die Beteiligung von Frauen am kirchlichen Dienst und in der Theologie dringend notwendig ist, damit die Kirche in Indonesien wirklich für alle bedeutsam und befreiend wirken kann. Vielleicht hängt der Anschein, dass die Kirche zu langsam auf binnenkirchlichen Sexismus und Unterdrückung reagiert, damit zusammen, dass es so wenige Theologinnen gibt. Darin zeigt sich der Ernst der Lage für die Kirche in Indonesien, ihr theologisches Verständnis von *Berufung* ebenso wie die Haltung zur Frauenfrage in Kirche und Gesellschaft zu artikulieren.

Mich inspiriert folgendes Zitat: „Aber die Anerkennung des vollen Personseins der Frau muss gleichermaßen im Volk Gottes, in der Kirche, sichtbar werden. Denn die Kirche kann kein Zeichen des Reiches Gottes und der ewigen Gemeinschaft sein, wenn die Gaben des Geistes an Frauen nicht gebührend anerkannt werden, und wenn Frauen nicht an der ‚Freiheit der Kinder Gottes' teilhaben. Sie erwarten zentrale Verantwortlichkeiten in den Dienstämtern und Entscheidungsabläufen der Kirche." (FABC, 3.3.5)

Erst wenn sie ein einladender Ort für Frauen ist, kann Kirche hinausgehen und über Gleichberechtigung in der Gesellschaft predigen. Die Kirche muss ein Leuchtfeuer der Hoffnung sein und ein Beispiel dafür, dass es Räume gibt, in denen Frauen authentisch sie selbst sein können. Vor dem Hintergrund der Umstände in Indonesien muss sich die Kirche der herrschenden patriarchalischen Idealvorstellungen bewusst sein, die den Frauen schaden. Wichtige soziale und politische Themen in Indonesien sind die Emanzipation der Frauen und die permanente Infragestellung der Geschlechterungleichheit. Anhaltende geschlechtsspezifische Diskriminierung, sexuelle Gewalt im öffentlichen ebenso wie im häuslichen Bereich, Zwangsheirat und viele andere Formen der Unterdrückung werden von der Gesellschaft aufrechterhalten und von den Kirchen (leider) ignoriert – diese Umstände haben die Frauen daran gehindert, ihre von Gott gegebenen Talente voll zu entfalten. Es ist keine neue Erkenntnis, dass die Frauen in Indonesien durch die industrielle Ausbeutung und die politische Situation entmenschlicht wurden.

Eine protestantische Theologin, Frances S. Adeney, stellt in ihrem Buch *Christian Women in Indonesia. A Narrative Study of Gender and Religion* fest, dass „Diskussionen über Gender auf nationaler Ebene in der Regel darauf fokussieren, Frauen als primär familienorientierte und Männer als öffentlichkeitsorientierte Personen zu verstehen" (Adeney, 42). Frauen wird lediglich der Haushalt zugewiesen, so werden sie domestiziert; es ist in Indonesien gesellschaftlich akzeptiert zu sagen, Frauen gehörten hinter den Herd. Die gesellschaftlichen Normen erwarten von Frauen, zu heiraten, ergebene Ehefrauen und Mütter zu sein und die Tugend der Bescheidenheit zu verkörpern. Obwohl viele moderne Frauen eine höhere Bildung anstreben und Karriere machen, respektiert die indonesische Gesellschaft diese Frauen im Allgemeinen nur, wenn sie sich mittels Heirat unterwerfen und Ehefrauen und Mütter werden. Adeney bestätigt dieses Phänomen: „Männer wurden in öffentlichen und geistlichen Angelegenheiten als bedeutsamer angesehen, Frauen unterstanden ihren Vätern und erhielten den Erwachsenenstatus erst mit der Heirat" (Adeney, 43). Ein solch zutief patriarchalisches Verständnis von Frauen verhindert, dass Frauen ihr volles Potenzial ausschöpfen können. Viele Frauen in Indonesien haben solche frauenfeindlichen Haltungen verinnerlicht und glauben selbst, dass ihr Wert durch ihren Familienstand definiert wird.

Vor dem Hintergrund der Ideologie, die Frauen domestiziert und als minderwertig ansieht, wird in Fällen von sexueller Gewalt gegen Frauen in Indonesien oft nicht ermittelt. Es herrscht immer noch die Wahrnehmung, dass die Frau „Eigentum" des Mannes sei. Die Herabwürdigung von Frauen durch sexuelle Gewalt wird so zu einer Folge des Frauseins, „ihr Schicksal wird oft als natürlicher Lauf der Dinge akzeptiert; Soldaten sind brutal; Ehemänner schlagen ihre Ehefrauen; Männer haben sexuelles Verlangen und sehen sich deswegen zu Vergewaltigungen veranlasst usw." (Blackburn, 195) Solche extrem problematischen Ansichten über Frauen und Sexualität haben – sowohl implizit als auch explizit – die Sicht der Menschen auf Frauen und ihre angeborene Würde verzerrt. Die Frage der Frauenrechte sollte nicht nur als politisches Thema behandelt werden, sondern vielmehr in die ganz konkrete Arbeit der Kirche für Gerechtigkeit eingebunden werden. Die Katholische Soziallehre kann ein Mittel sein, um Frauenfragen sowohl im sozialen und politischen als auch im religiösen Bereich zu behandeln.

Als Reaktion auf die Existenz von Sexismus und Unterdrückung in Indonesien hat die Kirche ihre Beziehung zu einer Kultur zu bewerten, die Sexismus, Rassismus und andere Arten von Unterdrückung und Diskriminierung fördert. Insbesondere was die Erfahrung von Frauen anbelangt, sollte das Gestrüpp aus Religion und Patriarchat entworren werden; die Kirche muss hier zu einer Quelle der Heilung und einer treibenden Kraft der Befreiung werden. Chung Hyun Kyung, eine bekannte asiatische feministische Theologin, erklärte: „Asiatische Frauen haben begonnen, unbequeme Fragen zu stellen. Sie fragen zuerst, was Gott in ihrem Leben tut und wo Gott wirkt. Diese erste Frage führt sie zu einer weiteren Frage: Wer und was ist Gott?" (Kyung, 23). Inmitten von Ausgrenzung und Leid versuchen die Frauen in Indonesien immer wieder, ihre leidvollen Erfahrungen mit Hilfe ihres Glaubens zu deuten. Sie brauchen von der Kirche eine Theologie und Seelsorge, die das Bild von Gott als „Gott, der mit unserem Schmerz weint" (*„God who weeps with our pain"*, Kwok Pui Lan, 90), bekräftigt. Erst wenn die Kirche die Lebenswirklichkeit der Frauen in Indonesien bedeutungsvoll erschließt, können die Frauen das Gefühl haben, dass sie zur Kirche gehören und von ihr akzeptiert werden. Wenn diese Zeit gekommen ist, werden Frauen in der Kirche ihren Wert und ihre einzigartige Berufung nicht mehr in Frage stellen müssen. Durch ein solches prophetisches Zeugnis könnte die Kirche das patriarchalische System transformieren und in ihrem eigenen Kontext eine Gleichberechtigung unter den Geschlechtern verwirklichen.

Fazit

Ich bin über einen Artikel von Sandra Schneiders über die Berufung als Theolog*in gestolpert: „Denn bei der Berufung zur Theologie geht es nicht darum, Karriere zu machen. Es geht auch nicht ausschließlich darum, die eigenen Fragen zu beantworten. Es geht in einer sehr grundlegenden Weise immer darum, anderen bei ihrer Suche nach lebensbejahendenden

Antworten auf die wirklich wichtigen Fragen der menschlichen Existenz zu helfen." (Schneiders)

Der unausweichliche Sexismus und die geschlechtsspezifische Gewalt in Asien, besonders in Indonesien, erinnern mich immer wieder daran, dass meine Rolle als Theologin in der Kirche weniger ein „intellektuelles und spirituelles Streben" ist, sondern vielmehr die „Verkörperung des Glaubens, der nach Einsicht sucht und in konkreten Handlungen mündet". Die Kirche ebenso wie die Gesellschaft müssen die kollektiven Erfahrungen von Frauen in Indonesien in die Theologie integrieren, heute und auf lange Sicht. Vor dem Hintergrund meiner persönlichen Forschung und der Erfahrung im Seminar wurde mir klar, dass es in Theologie und Seelsorge notwendig ist, das Engagement der Kirche in ihrem kulturellen Kontext zu bewerten und den Einsatz der Kirche zu erweitern, um schließlich offen zu sein für die vielfältigen Gaben und Talente der Frauen.

Marianne Katoppo, eine prominente indonesische feministische Theologin, schrieb einmal über die Feindseligkeit, mit der die Kirche auf Theologinnen reagiert: „Eine Frau und Theologin wird entweder als häretisch oder als hysterisch angesehen! Im ersten Fall wird sie im übertragenen Sinn auf dem Scheiterhaufen verbrannt. Im zweiten Fall versucht man, ihr schleunigst einen Ehemann anzudrehen!" (Katoppo, 3) So extrem es auch klingen mag, die Aussage trifft immer noch auf den kulturellen Kontext zu, in dem der Familienstand den Wert und die Rolle der Frau bestimmt. Als pilgernde Kirche sollte uns klar sein, dass in der Kirche immer noch viel zu tun ist im Kampf für Gerechtigkeit und Inklusion. Wenn das Menschsein jedes und jeder Einzelnen bejaht wird, dann kann die Kirche als mystischer Leib wirklich der Ort sein, der „die Welt in Brand setzt". Wir dürfen hoffen.

Literatur

Adeney, Frances S., Christian Women in Indonesia. A Narrative Study of Gender and Religion, Syracuse 2003.

Blackburn, Susan, Women and the State in Modern Indonesia, Cambridge 2004.

Chung, Hyun Kyung, Struggle to Be the Sun Again. Introducing Asian Womens's Theology, Maryknoll 1990.

Katoppo, Marianne, Compassionate and Free. An Asian Women's Theology, Maryknoll 1980.

Kwok, Pui Lan, God Weeps with Our Pain, in: Pobee, John/Wartenberg-Potter, Bärbel (Hg.), New Eyes for Reading. Biblical and Theological Reflections by Women from the Third World, Geneva 1986, 90.

Rosales, Gaudencio B., For all the Peoples of Asia. Federation of Asian Bishops' Conferences Documents Form 1970 to 1991, Maryknoll 1992.

Schneiders, Sandra, The Vocation of the Theologian Begins with an Invitation, in: America the Jesuit review 20.08.2018, www.americamagazine.org/faith/2018/08/20/vocation-theologian-begins-invitation.

The Forth Plenary Assembly of the Federation of Asian Bishops' Conferences, Tokyo, Japan, September 16–25, The Vocation and Mission of the Laity in the Church and in the World of Asia, 1986 (FABC).

Diskriminierung von Ordensfrauen im kirchlichen Leben

Ein Erfahrungsbericht aus Nigeria

Caroline Mbonu, HHCJ (Port Harcourt, Nigeria)

Ich möchte mit einer persönlichen Geschichte beginnen und von der Diskriminierung erzählen, die ich erfahren habe, in der Gemeinschaft, die sich Kirche nennt. Nach Abschluss meines theologischen Doktoratsstudiums an der *Graduate Theological Union* in Berkeley und einem Lizenziat in *Sacred Theology (Christian Spirituality)* an der *Jesuit School of Theology*, *Santa Clara University* (beide in Kalifornien), kehrte ich im Jahr 2010 nach Nigeria zurück. Ich bemühte mich um einen Lehrauftrag an einem der großen Provinzseminare des Landes. Der Rektor des Seminars teilte mir jedoch mit, dass es Frauen nicht erlaubt sei, in ihrem Provinzseminar zu unterrichten. Ich wurde nicht wegen mangelnder Qualifikation abgelehnt, sondern allein wegen meines biologischen Geschlechts. Auch wenn es einige wenige Ordensfrauen gibt, die in nigerianischen Provinzseminaren unterrichten, war in meinem Fall klar: Bei der Ausbildung von Klerikern, die später gleichermaßen Frauen, Männern und Kindern in den Gemeinden dienen, würde mein Beitrag als Frau, noch dazu als geweihte Ordensfrau, nicht zählen.

In diesem Artikel skizziere ich mit groben Strichen einige Bereiche, in denen Ordensfrauen diskriminiert werden, unter anderem im Hinblick auf zentrale Ämter und Dienste, die eigentlich zum Aufbau der Kirche beitragen (1 Kor 12,4–19). Ich bringe meine persönlichen Erfahrungen in unserer Ortskirche und die wissenschaftlichen Erkenntnisse einiger nigerianischer Theologinnen ein. Das ist v. a. deswegen wichtig, weil in der katholischen Vorstellungswelt das Bild von Maria von Nazareth eine große Rolle spielt. Die theologischen Auseinandersetzungen damit können befreiend für die herrschende Kirchenkultur wirken, insbesondere hinsichtlich der Diskriminierung von Frauen in der Kirche, dem Leib Christi.

Die Diskriminierung von Ordensfrauen in Nigeria ist derjenigen nicht unähnlich, die andere Ordensfrauen in anderen Teilen der katholischen Weltkirche erfahren. Obwohl die Diskriminierung von Frauen ein systemisches Problem ist, bestimmen kulturelle Unterschiede ihre Intensität. Mit anderen Worten, integrativere Kulturen sind tendenziell empfänglicher für die Beiträge von Frauen in der Gesellschaft. In anderen Gesellschaften wiederum verstärkt eine patriarchalische Kirchenkultur die traditionell männliche Dominanz, indem sie den Frauen die Teilnahme an der öffentlichen Sphäre des kirchlichen Lebens, v. a. im Bereich der Leitung, verweigert.

Leadership – Ordensfrauen in Leitungspositionen

Abgesehen von den Führungspositionen, die sie in ihren Ordensgemeinschaften oder Kongregationen innehaben, sind nigerianische Ordensfrauen kaum an Führungsaufgaben in der Kirche beteiligt. In den mehr als vier Jahrzehnten meines Ordenslebens habe ich noch keine Frau – weder als Mitglied eines Ordens noch als Laiin – getroffen, die beispielsweise als Diözesankanzlerin oder Direktorin im Katholischen Sekretariat von Nigeria, dem obersten Verwaltungsorgan der katholischen Kirche hierzulande, tätig war. Ordensschwestern haben im Lauf der Jahre durchgehend als Sekretärinnen für männliche Direktoren gearbeitet. Wenn es darum geht, eine Verwaltungsposition zu besetzen, werden Priester ohne ausgewiesene Erfahrung den Ordensfrauen, die Verwaltung studiert haben, vorgezogen, obwohl diese Aufgabe nichts mit dem Priesteramt zu tun hat. Ordensschwestern werden kaum als Bischofsvikarin für Ordensleute eingesetzt, ungeachtet ihrer Eignung, Qualifikation und großen Zahl. Der *modus operandi*, wie kirchliche Stellen besetzt werden, legt nahe, dass man viel eher aufgrund der biologischen Merkmale und weniger durch die Taufe in die Kirche, den Leib Christi (1 Kor 12,13), eingegliedert wird.

Zweifellos arbeiten Ordensfrauen als Fußsoldatinnen der Kirche in den Gräben und Grenzen kirchlichen Lebens. Ihr Beitrag zum Gedeihen der Kirche in Nigeria kann gar nicht hoch genug eingeschätzt werden, aber ihre Unsichtbarkeit für das Leitungshandeln im Zentrum, wo sehr weitreichende Entscheidungen über das kirchliche Leben getroffen werden, ist wie Menschen Steuern aufzuerlegen ohne sie an der Regierung zu beteiligen: *taxation without representation*[1].

Das Bestreben, Frauen aus der Öffentlichkeit fernzuhalten, zeigt sich auch darin, dass es Mädchen fast nirgendwo erlaubt ist zu ministrieren, und dass Ordensschwestern nicht die Heilige Kommunion austeilen dürfen. Vielen Priestern fällt es schwer, hier Änderungen herbeizuführen. Ordensfrauen sitzen nicht mit am Tisch, wenn wichtige Entscheidungen über die Ortskirche getroffen werden, und sind somit

---

1   Anm. d. Übs.: "*taxation without representation*", zu dt. in etwa: "Besteuerung ohne gewählte Repräsentation" verweist u. a. auf die historische Tatsache, dass die Kolonien in Nordamerika Steuern an die britische Krone zu zahlen hatten, ohne eine politische Vertretung in das Parlament Großbritanniens entsenden zu können.

in einer benachteiligten Position. Stumm und unsichtbar gemacht, bleiben sie Objekte und werden nie zu Subjekten der fortlaufenden Kirchengeschichte. So bleibt die quälende Frage „Was tun Ordensschwestern überhaupt?", unter Katholik*innen und Protestant*innen gleichermaßen. Diese Vorurteile führten dazu, dass einige begabte katholische Frauen zu den *New Religious Movements* (NRMs) abwanderten, die meist charismatisch-pfingstlicher Prägung und im ganzen Land verbreitet sind. Die religiösen „Migrantinnen" strahlen eine bestimmte Art von Energie aus, weil ihre Charismen in den NRMs effektiv eingesetzt und ihre Leistungen gewertschätzt werden.

Frauen – Ordensmitglieder und Laiinnen – stellen die meisten Mitarbeitenden in den diözesanen Einrichtungen und Projekten, machen aber nur einen unbedeutenden Prozentsatz der Leitungsebene aus. Oft ernennen die Diözesen Priester, die wenig oder gar kein Detailwissen haben, zu Projektleitern, Ordensleute mit Fachwissen werden dadurch erneut entmündigt. Ein Priester hat beinahe die absolute Kontrolle über das von ihm geleitete Diözesanprojekt, während eine Ordensschwester solche Rechte nicht hat, sie ist dem vorgesetzten Priester verpflichtet. Hinzu kommt, dass Schwestern, die in solchen Projekten arbeiten, für ihre Qualifikation und Erfahrung nicht angemessen bezahlt werden. Damit steigt ihre finanzielle Abhängigkeit von der männlich dominierten Kirche. Auch Rechtsansprüche sind oft ungeklärt, weshalb die eigene Position angesichts von Ungerechtigkeiten nur schwer durchzusetzen ist. Eine solche Ausbeutung ist eine weitere Form des Missbrauchs. Es geht an dieser Stelle nicht darum, die Demütigungen zu katalogisieren, die Ordensfrauen in der Kirche erleiden, sondern es soll anhand von besonders markanten Beispielen deutlich gemacht werden, welche Veränderungen notwendig sind, will die Kirche dem Aufruf zur Neuevangelisierung wirklich folgen.

Evangelisierung und Diskriminierung von Frauen schließen einander aus. Die Herabsetzung von Ordensfrauen zieht sich durch fast alle Facetten des kirchlichen Lebens, selbst bei so freudigen Anlässen wie einer Priesterweihe. Oft wird bei öffentlichen liturgischen Versammlungen allen Anwesenden – einschließlich der Platzanweiser und Messdiener – ausdrücklich Anerkennung gezollt, nicht aber den Ordensschwestern. Denn sie sind, ungeachtet ihrer großen Zahl, schon längst verunsichtbart worden. Auch bei der feierlichen Segnung des Volkes durch den Neugeweihten werden die Priester als eigene Gruppe gesegnet, während die Ordensschwestern gemeinsam mit den Seminaristen gesegnet werden. Durch diese systematische Ausgrenzung und Herabsetzung werden Ordensschwestern kontinuierlich unsichtbar gemacht und noch weiter in die Anonymität getrieben. Dadurch verlieren die Frauen ihre Stimme, was sich in Schweigen ausdrückt, und ihre Probleme, insbesonders der ganze Bereich der undurchsichtigen Beziehungen zur Dominanzkultur, bleiben verborgen. Dies wirkt sich zum Nachteil des gesamten Volkes Gottes, der Frauen wie der Männer, aus.

Innerhalb der vorherrschenden kirchlichen Strukturen bleiben Ordensfrauen unsichtbar und ohne Stimme, sie führen eine Halbschattenexistenz, die Ausbeutung, Marginalisierung und Diskriminierung begünstigt. Ich glaube, dass das Ziel von Kirchenkonzilien und Synoden ist, sich mit solchen Fehlentwicklungen zu befassen, damit alle „das Leben haben und es in Fülle haben" (Joh 10,10). Das Zweite Vatikanische Konzil hat versucht, Wege zu finden, wie die Kirche an der Entstehung einer Gesellschaft ohne Ausgrenzung mitwirken kann. In dieser Hinsicht stechen zwei Konzilsdokumente besonders hervor: *Lumen gentium* und *Gaudium et spes*. *Lumen gentium* betont die Rede von der Kirche als Volk Gottes und vertritt damit ein Kirchenverständnis, das alle umfasst und den gleichen Wert aller Mitglieder – Frauen, Männer und Kinder – anerkennt. *Gaudium et spes* befasst sich unter anderem mit dem Selbstverständnis der Kirche und gibt eine fundierte Begründung für das Thema Menschenrechte. Die geringe bzw. fehlende Rezeption der Lehren des Zweiten Vatikanischen Konzils in weiten Teilen der Welt, Nigeria eingeschlossen, verschlimmert das Geschlechterproblem innerhalb der Kirche und wirkt sich in erheblichem Maß auch auf die Evangelisierung aus.

Ein Weiteres: das Modell der „Kirche als Familie Gottes", das von der afrikanischen Bischofssynode 1994 übernommen wurde, sollte das Geschlechterproblem in der afrikanischen Kirche minimiert, wenn nicht gar beendet haben. Aber ein Verständnis von Familie, das das Patriarchat privilegiert und die komplexen Beziehungen, die in einem Haushalt bestehen, kaum berücksichtigt, riskiert Stagnation und schlimmstenfalls eine Katastrophe. Vielleicht liegt ein Grund für das Verständnis der „Kirche als Familie" darin, dass das Christentum seine kulturellen Definitionen aus der griechisch-römischen Welt übernommen hat, einer Welt, die Frauen und Arme ausschließt (vgl. Spohn, 102). Es ist offensichtlich, dass dieses Modell von Kirche, wie oben erwähnt, Frauen bei ihrem Zugang zu höheren Positionen benachteiligt. Es wäre ein Versäumnis, den Standpunkt des nachsynodalen Schreibens der afrikanischen Synode zu Frauenrechten hier nicht zu erwähnen. Das Dokument widmet den Rechten der Frauen nur einen einzigen Absatz (vgl. Browne, 121).

Jüngste soziokulturelle Entwicklungen in ganz Afrika stellen jene Faktoren in Frage, die verschiedene Ebenen der Diskriminierung von Frauen im kirchlichen Leben aufrechterhalten. In Nigeria macht die Zivilgesellschaft in vielen Bereichen enorme Fortschritte bei der Verringerung der geschlechtsspezifischen Unterschiede (*gender gap*), aber weite Teile des kirchlichen Lebens bleiben davon unbeeindruckt. Abgesehen davon, dass sie den Frauen die Sichtbarkeit in entscheidenden Bereichen der kirchlichen Verwaltung verweigert, beraubt sich die Kirche selbst der Führungsqualitäten, die Frauen mitbringen. Mein Ansinnen hier hat nichts mit dem ordinierten Amt zu tun, es ist auch kein Krieg zwischen Männern und Frauen, sondern vielmehr ein Aufruf zum gemeinschaftlichen Dienst. Es ist gleichermaßen ein Streben nach Gerechtigkeit und Gleichheit im Geist Jesu Christi, der das Haupt des Leibes, der Kirche, ist. Dabei muss jedoch klar sein, dass es im ordinierten Amt um den Dienst und nicht um Selbstverherrlichung geht (vgl. Uzukwu, 127). Das kollegiale Dienstamt baut auf der Überzeugung auf, dass die Kirche – Frauen, Männer und Kinder – dazu berufen ist, eine evangelisierende Kirche zu sein, die die frohe Botschaft in jeden Bereich der Gesellschaft bringt.

Ein weiteres Beispiel macht die Kluft in der Beziehung erneut deutlich. Ordensfrauen sind in hohem Maße vom Klerus abhängig, wenn es um geistliche und theologische Anregungen geht. Eine solche Abhängigkeit macht Frauen zu ewigen Konsumentinnen männlicher theologischer Betrachtungen, die oft ohne die Empfindungen von weiblicher Seite sind. Es fällt auf, dass das Gegenteil nie vorkommt. Ordensfrauen genießen selten das Vertrauen des Klerus, um bei Exerzitien von Priestern unterstützend dabei zu sein oder sie gar anzuleiten. Ordensfrauen übernehmen kaum die geistliche Begleitung in den Seminaren. Eine solche eindimensionale Herangehensweise an Exerzitien verarmt den Leib Christi. Die Theologin und Ordensfrau Rose Uchem fasst es so zusammen: „(...) in vielen Teilen der nigerianischen Kirche geht das Leben immer noch weiter, als ob das Zweite Vatikanische Konzil und die Afrikanische Synode [1994 African Synod] nie stattgefunden hätten. Mit anderen Worten, es gibt ein großes Problem bei der Umsetzung von neuen kirchlichen Konzepten, insbesondere im Blick auf Partizipation und Integration, vor allem in den südöstlichen Pfarreien und Diözesen in Nigeria" (Uchem, 2).

Seit dieser Aussage von Uchem im Jahr 2006 hat sich im Südosten des Landes sehr wenig geändert, da der Katholizismus hier – im Vergleich mit anderen Teilen des Landes – weniger offen für Veränderungen in Bereichen zu sein scheint, die die Beteiligung von Frauen am kirchlichen Leben betreffen. Ironischerweise hatten Frauen früher gerade in der südöstlichen Tradition an der sozio-politischen Sphäre partizipiert (vgl. Mbonu 2010, 97ff.), einige waren sogar rituell Bevollmächtigte (vgl. Mbonu 2014, 109). Aufgrund der gesellschaftlichen Entwiclung seit der Kolonialisierung, insbesondere im Blick auf das Bildungssystem, das die Männer privilegiert, fehlt den Frauen das nötige Rüstzeug, um auf der Entwicklungsleiter aufzusteigen.

Ein Weg nach vorn – Theologische Überlegungen

Bis jetzt können Frauen am Aufstieg, der durch theologische Bildung ermöglicht wird, nicht teilhaben. In Nigeria gibt es nur sehr wenige Ordensfrauen, die gleichzeitig Theologie studiert haben. Mit Hilfe der theologischen Ausbildung würden die Schwestern befähigt, effektiv auf die Diskriminierung innerhalb des kirchlich-kulturellen Kontextes zu reagieren – andernfalls existieren sie weiterhin an der Peripherie der kirchlichen Gemeinschaft. Darüber hinaus würde die theologische Ausbildung von Ordensfrauen die übermäßige Abhängigkeit von Priestern mit Theologiestudium verringern und dadurch „die Sensibilität von Frauen fördern, mit der sie weit verbreitete, tendenziöse Auffassungen, die die männliche Vorherrschaft über Frauen zu rechtfertigen suchten, entlarven und korrigieren können" (Béchard, 272). In jeder Frauenkongregation sollten mehrere Schwestern Theologie studiert haben, da praktisch alle Priester Theologen sind; die theologische Ausbildung birgt ein befreiendes Moment. Dies kann durch Stipendien für Schwestern zum Studium der Theologie und der Heiligen Schrift im Besonderen erreicht werden.

Die Heilige Schrift bietet den Ausgangspunkt für den Abbau der Diskriminierung von Frauen in der Kirche. An keinem anderen Ort kann die Suche nach einer ganzheitlicheren Sensibilität im kirchlichen Leben besser beginnen als im biblischen Text bei der Verkündigung der Geburt Jesu (Lk 1,26–38). Die Rolle der Maria von Nazareth in der Erlösungsgeschichte legt alle Formen der Diskriminierung von Frauen offen.

Grundsätzlich stellt die Diskriminierung von Frauen die Rolle des Geistes in der Kirche in Frage, denn er wirkte mit bei der Transformation Marias, der unsichtbaren, sprachlosen jungen Frau aus Nazareth (Lk 1,26), einem Ort ohne historische Bedeutung (Joh 1,46), in die Mutter Gottes und Mutter der Kirche (Joh 1,12; Gal 4,4–5). Da der Glaube, der in der Menschwerdung Jesu Christi verwurzelt ist, die Bedeutung Marias in der Kirche erhellt, wird es problematisch, diesen Glauben mit irgendeiner Form der Diskriminierung von Frauen in Einklang zu bringen.

Fazit

Die unerlöste patriarchalische Kultur im Katholizismus fördert weiterhin die Diskriminierung von Frauen und entleert
damit das Kreuz Christi seiner Bedeutung. Aber Erlösung
bleibt das Ziel der Kirche, und jede Kultur ist erlösungsbe-
dürftig. Um die Ausbeutung der Frauen in der Kirche zu
minimieren, darf das afrikanische Modell der „Kirche als
Familie" Gottes, das afrikanische Sensibilitäten einbezieht,
insbesondere die Rolle der Frauen in der Familie, nicht
länger ignoriert werden. Am wichtigsten ist, dass bei einem Blick auf Maria und einer großmütigen Auslegung der
Verkündigungsszene ein Beziehungsmodell enthüllt werden kann, das in der Kirche als dem einen Leib Christi
bestehen kann. Für ein effektiveres Neuevangelisierungs-
projekt in Nigeria kommt die Kirche daher nicht umhin,
den vom Zweiten Vatikanischen Konzil vorgeschlagenen
und vom heiligen Papst Johannes Paul II. in seinem Apostolischen Schreiben *Christifideles laici* weiter erläuterten
gemeinschaftlichen Dienst anzunehmen, durch den Frauen
und Männer, Ordensleute wie Lai*innen, zusammenarbeiten, um die Schönheit des Reiches Gottes in unserer Mitte
umfassender zu verwirklichen.

Literatur

Béchard, Dean P., Pontifical Biblical Commission. Document on the Interpre-
    tation of the Bible in the Church, September 21, 1993, in: Béchard,
    Dean P. (Hg.), The Scripture Documents. An Anthology of Official Ca-
    tholic Teaching, Collegeville 2001.
Browne, Maura, The African Synod. Documents, Reflections, Perspectives,
    Compiled and edited by the African Faith & Justice Network under the
    Direction of Maura Browne, New York 1996.

Mbonu, Caroline N., A Retrieval of Women's Religious Experience in Things Fall Apart: Towards a Liberative Spirituality, in: Bulletin of Ecumenical Theology, Vol. 22 (2010), 28–47.

Mbonu, Caroline N., Women in Ministry. What Religious Sisters Do, Port Harcourt 2016.

Mbonu, Caroline N., Handmaid: The Power of Names in Theology and Society. Eugene, Oregon 2010.

Mbonu, Caroline N., Women's Religious Culture in Etcheland: A Traditional and Biblical Perspective, in: Akuma-Kalu and Elochukwu Uzukwu (Hg.), Interface between Igbo Theology and Christianity. Newcastle upon Tyne 2014.

Spohn, William C., Go and Do Likewise. Jesus and Ethics, New York 2000.

Uchem, Rose N., Strengthening the Church in Nigeria Through Collaborative Ministry. A Paper Presented International Conference Marking 20 Years of Catholic Institute of Development, Justice and Peace (CIDJAP) 04–07 July, 2006 at Ofu-Obi Africa Centre, Independence Layout, Enugu. Online: https://www.researchgate.net/publication/271520993_Strengthening_The_Church_In_Nigeria_Through_Collaborative_Ministry.

Uzukwu, Elochukwu E., A Listening Church. Autonomy and Communion in African Churches, New York 1996.

Bibliographischer Nachweis der lehramtlichen Texte: S. 283
[Links alle zuletzt eingesehen am 05. Juni 2021]

Kairos für eine geschlechtergerechte Kirche

Andrea Qualbrink (Essen, Deutschland)

Zeitdiagnose

In der katholischen Kirche werden Frauen und Männer differenziert und hierarchisiert. Das entspricht schon lange nicht mehr der Überzeugung vieler Christ*innen von einer zeit- und evangeliumsgemäßen Kirche. Dieser Dissens liegt offen, offener als je zuvor. Seit Jahrzehnten fordern Frauen (und Männer) auf der Grundlage theologischer Auseinandersetzungen und geschlechtertheoretischer Diskussionen eine katholische Kirche, in der Frauen nicht wegen ihres Geschlechts differenziert und vor allem nicht von den Weiheämtern ausgeschlossen werden. Immer war aber auch mit der Diskussion und den Forderungen Angst und Druck verbunden: Angst, wegen der öffentlichen Forderung nach der Priesterweihe für Frauen die eigenen beruflichen Möglichkeiten in der Kirche zu gefährden; Angst, wegen geschlechtertheoretisch fundierter Aussagen zum Thema Gender möglicherweise kein Nihil obstat für einen theologischen Lehrstuhl zu bekommen; Sorge, als katholischer Frauenverband weniger Zuschüsse aus kirchlicher Hand zu erhalten, wenn man die Forderung nach der Priesterweihe von Frauen offen ausspricht. Das Diskussionsverbot nach dem Apostolischen Schreiben *Ordinatio sacerdotalis* 1994 zeigte Wirkung – trotz aller theologischen Anfragen an die Argumentation. Und auf die 2004 mit dem *Schreiben an die Bischöfe der Katholischen Kirche über die Zusammenarbeit*

261

von Mann und Frau in der Kirche und in der Welt lehramtlich zementierte Geschlechterdualität ließ sich autoritär pochen – ohne Rekurs auf das Niveau der interdisziplinären Geschlechtertheoriedebatte (vgl. hierzu u. a. Heimbach-Steins 2004).

Die Forderungen nach der Auseinandersetzung der katholischen Kirche mit dem Bild und der Position von Frauen erfuhren eine erhebliche Dynamisierung im Fahrwasser eines anderen Themas: 2010 wurde in Deutschland erstmals die schreckliche Tatsache öffentlich, dass Kindern und Jugendlichen insbesondere durch Priester und Ordensleute in kirchlichen Einrichtungen sexuelle Gewalt angetan und dies zum Schutz der Täter und der Institution verschwiegen und vertuscht wurde. Die deutschen Bischöfe reagierten damals unter anderem mit der Initiierung des sog. Gesprächsprozesses. Im Zuge dieses Prozesses äußerten sich zahlreiche Verbände von Lai*innen zu den Themen, mit denen sich die katholische Kirche dringend auseinanderzusetzen habe. Hierzu gehörten in einer Vielzahl von Positionspapieren – ausgehend vom Thema Machtmissbrauch und der männerdominierten Kirche – auch die Forderungen nach mehr Frauen in Leitungspositionen, nach der Weihe von Diakoninnen und in wenigen Fällen auch die Forderung nach der Priesterweihe von Frauen (vgl. ausführlich Qualbrink 2019a, 56–66). 2013 reagierte die Deutsche Bischofskonferenz (DBK) mit einem Studientag im Rahmen ihrer Frühjahrsvollversammlung, der die Frage nach Frauen in Leitungspositionen in den Mittelpunkt rückte. Der Studientag endete mit einer Selbstverpflichtungserklärung der DBK, den Frauenanteil in kirchlichen Leitungspositionen weiter zu erhöhen und die Entwicklungen fünf Jahre später zu prüfen (vgl. Bode, 93). 2018 wurde plangemäß das Update der ersten Zahlenstudie vorgelegt, das tatsächlich einen leichten Anstieg von Frauen in Leitungspositionen in den deutschen Ordinariaten von 13 auf 19 Prozent auf der oberen Leitungsebene nachwies (vgl. Qualbrink 2019b).

Die Vorstellung der neuen Zahlen in der Frühjahrsvollversammlung 2019 wurde allerdings erneut überschattet vom Thema Missbrauch. Die Ergebnisse der von der DBK in Auftrag gegebenen MHG-Studie zum Missbrauch in der katholischen Kirche durch Priester und Ordensmänner erschütterten die katholische Kirche in Deutschland zutiefst – und das, obwohl die in der Studie benannten Zahlen des Hellfelds für niemanden überraschend sein konnten. Diese Erschütterung löste auf verschiedenen Ebenen der Kirche in Deutschland das bittere Gefühl und die Erkenntnis aus, dass die Kirche vor einer tiefgreifenden, ja grundlegenden Zäsur stehe. Im Zuge dieser Entwicklung erfuhr Ende 2018/Anfang 2019 das Thema Frauen in der katholischen Kirche eine Dynamisierung wie noch nie in der jüngeren Kirchengeschichte. Zu einem entscheidenden Player wurde die Gruppe „Maria 2.0", ein Lesekreis von Frauen aus Münster, der zu einer Aktionswoche im Mai 2019 aufrief und eine enorme Bewegung vor allem in Deutschland auslöste. In einem offenen Brief der Initiative an Papst Franziskus heißt es: „Wir glauben, dass die Struktur, die Missbrauch begünstigt und vertuscht, auch die ist, die Frauen von Amt und Weihe und damit von grundsätzlichen Entscheidungen und Kontrollmöglichkeiten in der Kirche ausschließt."[1] Etwa gleichzeitig zeigten sich Fraueninitiativen in Österreich: „50 Tage – 50 Frauen: bleiben – erheben – wandeln"[2] und in der Schweiz: „Gleichberechtigung

---

1   Vgl. UnterschriftenPapierform.pdf (mariazweipunktnull.de).
2   Vgl. https://bleibenerhebenwandeln.wordpress.com/50-tage-50-frauen/.

Punkt Amen."[3] International dynamisierte sich die Initiative *Voices of Faith*. Anlässlich der Amazonien-Synode forderte *Voices of Faith* öffentlichkeitswirksam mit Verweis auf das Stimmrecht von Ordensmännern das Stimmrecht von Ordensfrauen bei Bischofssynoden ein. Im November 2019 gründet sich mit dem *Catholic Women's Council* eine globale Dachgruppe römisch-katholischer Netzwerke, die sich für die volle Anerkennung der Würde und Gleichberechtigung der Frau in der Kirche einsetzen. Auch die beiden großen deutschen Frauenverbände, die Katholische Frauengemeinschaft Deutschlands kfd und der Katholische Deutsche Frauenbund KDFB, positionierten sich in profilierten Kampagnen.[4] Prominent sichtbar und hörbar wurde auch die Stimme der Frauenorden. Im Oktober 2018 forderten die Generaloberinnen von 34 Frauenorden aus der Schweiz, Luxemburg, Österreich und Deutschland, Frauen sollten zu allen kirchlichen Ämtern und Diensten zugelassen und bei Bischofssynoden mit Stimmrecht zugelassen werden.[5] Auch einige deutsche Bischöfe erklärten öffentlich, dass die Debatte um die Frauenweihe geführt werden müsse.

Die deutsche Kirche erlebt eine „Kernschmelze": Es sind Frauen und auch eine ganze Reihe von Männern aus der Mitte der Kirche, die ihre Stimme erheben, auf die Straße gehen, ausdrücken, woran sie z. T. jahrzehntelang in „ihrer Kirche" gelitten haben. Sie fragen vom Kern ihres Glaubens her die Strukturen der Kirche an; es geht um theologische Kernfragen. Neu sind die Öffentlichkeit und Wucht der Auseinander-

---

3   Vgl. https://www.frauenbund.ch/was-wir-bewegen/kirche-und-spiritualitaet/gleichberechtigungpunktamen/.
4   Vgl. https://www.kfd-bundesverband.de/dienste-und-aemter/ sowie https://bewegen-kdfb.de.
5   Vgl. https://www.kirche-und-leben.de/oberinnen-von-34-orden-fuer-frauen-in-allen-kirchlichen-aemtern.

setzung, in der wissenschaftliche Diskussionen, Glaube, Verletzungen, Wut und der Wille zur Veränderung zusammenkommen. Junge Frauen und Männer finden sich – jenseits der klaren, engagierten Positionierungen der Jugendverbände im BDKJ – allerdings weniger auf den Protestmärschen (vgl. Qualbrink 2021). Rainer Buchers These vom Ermöglichungsdiskurs findet hier Bestätigung: Insbesondere junge Frauen ringen nicht um Ermöglichungen und Veränderungen in der Kirche, sie verlassen sie (vgl. Bucher 2009, 288f.).

Fragen, denen die Kirche nicht mehr ausweichen kann

Im Zuge der Frühjahrsvollversammlung 2019 einigten sich die deutschen Bischöfe mit dem Zentralkomitee der deutschen Katholiken (ZdK) auf eine Reaktion hinsichtlich der Ergebnisse der MHG-Studie: Zum einen wurden Projekte im Blick auf den Umgang mit sexueller Gewalt in der katholischen Kirche aufgesetzt, zum anderen wurde der „Synodale Weg" initiiert, der die Strukturen der Kirche zum Thema machen und verändern soll. Das ZdK ergänzte die drei von der DBK vorgeschlagenen Foren um ein viertes unter dem Titel „Frauen in Diensten und Ämtern in der Kirche". Mitunter wurde die Befassung mit diesen systemischen Themen auf dem Synodalen Weg als „Missbrauch vom Missbrauch" bezeichnet. Hierzu sei Folgendes differenzierend gesagt: Die Ergebnisse der MHG-Studie und die notwendigen Debatten um den Missbrauch in der Kirche sind nicht zu vermischen mit den Forderungen nach gleichen Rechten von Frauen in der Kirche und der Veränderung der Kirche insgesamt. Kindern und Jugendlichen, aber auch erwachsenen Frauen (vgl. Haslbeck u. a.) und Männern wurde v. a. durch Kleriker unsägliches

Leid zugefügt. Die Institution, in der dieses Leid geschehen ist und immer noch geschieht, hat Kinder, Jugendliche und Erwachsene zu schützen, Täter und Mittäter konsequent zu bestrafen, alles gegen sexuelle und jede Form von Gewalt in ihren Einrichtungen zu tun und die systemischen und theologischen Ursachen konsequent zu bearbeiten. Die Ergebnisse der MHG-Studie und anderer Veröffentlichungen zeigen allerdings auch deutlich: Das Ermöglichen und Vertuschen sexueller Gewalt hat in der katholischen Kirche systemische Hintergründe, unter anderem die Degeneration sakralisierter Macht, Formen unreifer oder unterdrückter Sexualität bei Priestern, männerbündische Strukturen und Kulturen, häufig auch eine unreflektierte und unkontrollierte Pastoralmacht. Darum ist es kein „Missbrauch vom Missbrauch", Fragen an das System Kirche und ihre Theologie zu stellen. Im Gegenteil: Es wäre inkonsequent, sich diesen systemischen und theologischen Hintergründen nicht zu stellen. Die Ergebnisse u. a. der MHG-Studie sind aber auch über die konkreten Missbrauchstaten und ihre Aufarbeitung hinaus Anlass für viele, das auszusprechen, was sie an der katholischen Kirche, die ihnen wichtig und Heimat ist, kritisieren und kaum aushalten. Es ist erbärmlich, dass es solch einen Anlass braucht, konsequent hinzusehen, aber jetzt wegzusehen wäre schlicht unverantwortlich – um der Menschen, um der Kirche und um Gottes Willen. Das Thema des Forums „Frauen in Diensten und Ämtern in der Kirche" wurde im Papier des vorbereitenden Forums zu Recht als wichtige „Nagelprobe" für die Authentizität des Reformwillens der römisch-katholischen Kirche in der öffentlichen Wahrnehmung bezeichnet. Gibt es nach dem Synodalen Weg keine maßgeblichen, tiefgreifenden Veränderungen für Frauen in der katholischen Kirche, ist der Weg wesentlich gescheitert.

Strategien der Veränderung

Die katholische Kirche befindet sich aktuell in einem historischen Transformationsprozess; insbesondere die Frage nach einer geschlechtergerechten Kirche wurde nie zuvor mit solcher Konsequenz, Vehemenz und Dringlichkeit gestellt. Dabei lassen sich verschiedene Strategien beobachten, die kennzeichnend für eine sich verändernde Kirche zu sein scheinen.

1. Exploration

Mit dem Begriff „Exploration" sei das Herausgehen aus den eigenen Routinen, das Sich-Aussetzen, das Zuhören und das echte Interesse am Gegenüber und damit auch das Aufwerten von Erfahrungen bezeichnet. Neben einem methodisch kontrollierten empirischen Zugang ist auch die „Conversio", die Zuwendung und das interessierte Zuhören gemeint (vgl. Gruber, 49 ff.). Es verändert das Gesprächsklima, wenn beispielsweise sexuelle Orientierung nicht diskutiert oder gar definiert wird, sondern wenn Menschen unterschiedlicher sexueller Orientierung offen und wertschätzend miteinander über Liebe, Beziehung und Sexualität sprechen. Die Zeugnisse der über 150 Frauen über ihre Berufung zu einem Weiheamt in der katholischen Kirche (vgl. Rath) geben der theoretischen Anfrage an die Argumentation gegen die Zulassung von Frauen zu Weiheämtern Gesichter und Stimmen. „Sie machen eine Wirklichkeit sichtbar, die in der katholischen Kirche nicht vorgesehen ist." (Kirschner, 15) Auf dem Synodalen Weg findet diese Art von Exploration mitunter statt. Exploration bedeutet, dass Menschen aus ihren Routinen herausgehen und bereit sind, sich in ihren gewohnten

Sichtweisen stören zu lassen. Für die Kirche bedeutet Exploration, dass sie Abstand nimmt von einem definitorischen Zugriff etwa auf Menschen aufgrund ihres Geschlechts oder ihrer sexuellen Orientierung und zuallererst die Schöpfungsvielfalt wahr- und ernstnimmt.

2. Argumentation

Nie zuvor in der jüngeren Kirchengeschichte wurde so offen und so offensiv über Geschlechterfragen in der katholischen Kirche diskutiert. Ein zentrales Beispiel für die Auseinandersetzung mit Argumenten ist die Forderung nach der Zulassung von Frauen zu allen Weiheämtern. Sie wird getriggert vom Gerechtigkeitsempfinden der Menschen in einer Gesellschaft, in der – in Deutschland z. B. vom Grundgesetz zugesichert – niemand wegen seines Geschlechts diskriminiert werden darf. Dabei geht es aber nicht um eine Anpassung an den sogenannten „Zeitgeist". Es geht darum, dass die Argumente in der Erklärung *Inter insigniores* der Glaubenskongregation von 1976 viele theologisch bei Weitem nicht eindeutig zu überzeugen vermögen (vgl. Demel 2012; Eckholt). Ähnlich verhält es sich mit der Binarität und Komplementarität der zwei Geschlechter und ihrer normierenden Ausschließlichsetzung, die die geschlechtertheoretisch informierte theologische Wissenschaft zu Recht kritisiert (vgl. z. B. Heimbach-Steins 2004; dies. 2015; Marschütz), die aber herangezogen wird, um eine schöpfungsgewollte unterschiedliche Berufung der zwei Geschlechter zu begründen. Es ist gut, dass die Diskussion über die Argumente gegen die Zulassung von Frauen zu allen Weiheämtern nun intensiv und öffentlich geführt wird. Bei dieser Auseinandersetzung gilt es v. a., sich der Quellen und der Hermeneutik zu vergewissern. Theologie und Kirche müssen unter Bezugnahme auf alle ihnen zur Verfügung stehenden Quellen um die Frage ringen, was hier und heute evangeliumsgemäß ist. Die Auseinandersetzung darf aber nicht zu kurz greifen und nicht versäumen zu fragen, welche Weiheämter die katholische Kirche braucht: Welche Weiheämter entsprechen einer Kirche, die Zeichen und Werkzeug der Liebe und des Heilswillens Gottes sein soll (LG 1)? Die MHG-Studie sieht zwischen dem Klerikalismus, der sakralisierten Machtfülle von Priestern, und dem Missbrauch von Macht in sexualisierter Form einen Zusammenhang. Das ist eine scharfe Anfrage an das Weiheamt. In seinem nachsynodalen Schreiben *Querida Amazonía* beschreibt der Papst seine Befürchtung, dass die Zulassung der Frauen zur Weihe „auf eine Klerikalisierung der Frauen hinlenken würde" (QA 100). Diese Aussage ist so ehrlich wie paternalistisch. Tatsächlich muss die Kirche jedwedem Klerikalismus den Boden entziehen und sich fundamental mit den Weiheämtern auseinandersetzen.

Im Zuge der Frage nach der Zulassung von Frauen zu Diensten und Ämtern kommt immer wieder auch der Vorschlag von „Ämtern sui generis" auf, also neuen frauenspezifischen Aufgaben, Diensten und Ämtern (vgl. z. B. QA 102, aber auch Kasper, 27). Diese Idee, eng verknüpft mit der Vorstellung essentialistischer binärer Geschlechter, greift zu kurz im Blick auf die Schöpfungsvielfalt des Volkes Gottes und dem Auftrag der Kirche. Aufgaben, Dienste und Ämter sollten vom Auftrag der Kirche her (weiter-)entwickelt und entsprechend der vielfältigen Charismen und Kompetenzen von *Menschen* besetzt werden – unabhängig von ihrem Geschlecht. Auch der Synodale Weg setzt auf Argumentation. Es werden „zentrale Themen- und Handlungsfelder" (vgl. Satzung, Art. 1) der Kirche fokussiert, notwendige Veränderungen diskutiert und theoriegesättigt Handlungsempfehlungen formuliert. Die Argumente und daraus folgende Handlungsempfehlungen werden öffentlich gemacht. Es werden lebensweltliche Erfahrungen, theologische Reflexionen und Erkenntnisse aus Referenzwissenschaften rezipiert. Mit guten Gründen: Nach *Gaudium et spes* 62 ist es die Aufgabe der Kirche, sich um eine tiefe Erkenntnis der geoffenbarten Wahrheit zu bemühen und die ihr zur Verfügung stehenden Quellen zu nutzen. Das führt etwa bei der Anthropologie der Geschlechter in der Kirche über die Selbstreferentialität letzter lehramtlicher Schreiben hinaus; die Berufungserfahrungen von Frauen sowie die differenzierenden Sichtweisen aus der interdisziplinären Geschlechtertheoriedebatte können nicht weiter ignoriert werden. Auch der sensus fidei (vgl. LG 12) müsste als Quelle relevanter Erkenntnisse ernst genommen werden: Im Blick auf die Geschlechter in der Kirche hieße das beispielsweise: Welche Bedeutung werden dem breiten Aufbegehren und den über 40.000 Unterschriften im offenen Brief an den Papst durch die Initiative *Maria 2.0* beigemessen? Bezüglich der Ungleichberechtigung aufgrund des Geschlechts wäre es unverzichtbar, dass auch binnenkirchlich die Menschenrechte und Antidiskriminierungsgesetze als Zeichen der Zeit erkannt und im Licht des Evangeliums gedeutet werden.

Die Konjunktive im letzten Absatz deuten einen Vorbehalt hinsichtlich der argumentativen Auseinandersetzungen auf dem Synodalen Weg an: Letztlich, dies zeigt der Berliner Dogmatiker Georg Essen auf, behält das Lehramt immer das letzte Wort. Essen begründet dies historisch mit Verweis auf das 19. Jahrhundert: Der Hintergrund sei die Etablierung des sogenannten „ordentlichen Lehramts" in der Kirche durch Papst Pius IX. (reg. 1846–1878), mit der Folge, dass das Lehramt in die Theorie- und Methodenfreiheit der Theologie eingreifen und selbst zum theologischen Akteur werden konnte: „Es [= das Lehramt] fängt an, seine eigene Theologie zu treiben. Zur Eigenlogik des Lehramts gehört überdies, dass es die authentische Interpretation der verbindlichen Glaubenslehren seiner Doktrinalgewalt unterstellt. Die traditionelle Differenz zwischen Lehramt und Theologie entfällt nun auch in dem Sinne, dass das Lehramt sich anmaßt, selbst über die theologische Kompetenz der Glaubensinterpretation zu verfügen. Diese Kompetenz wiederum wird normativ abgesichert durch den Anspruch, das Lehramt sei die authentische Interpretin von Schrift und Tradition. Damit wird aber zum einen die traditionelle Differenz von der Schrift als der norma normans und der Tradition als der norma normata in einem autoritativen Sinne unverbindlich und ortlos, eben weil das Lehramt für sich in Anspruch nimmt, über den Wahrheitsgehalt von Schrift und Tradition interpretierend und normierend verfügen zu können. Die Hermetik ist perfekt." (Essen, 167f) Es geht also im Zweifelsfall nicht um das bessere theologische Argument, die Definitionsmacht liegt zuletzt immer beim Lehramt der katholischen Kirche. Daran ändert auch, so zeigt Essen im Weiteren auf, das Zweite Vatikanische Konzil nichts. Im Blick auf das Treffen amtlicher Entscheidungen erklärt er schließlich: „Von der, scharf gesprochen, Willkür eines Papstes wie eines Diözesanbischofs hängt ab, ob die Leitungsgewalt kollegial ausgeübt wird oder halt nicht. Und selbst wenn sie kollegial ausgeübt wird, haben diesbezügliche Gremien – so beispielsweise eine Synode – ausschließlich eine beratende Funktion. Ihre Beschlüsse binden den Bischof nicht und verpflichten ihn zu nichts." (Essen, 173) Und genau dies ist auch beim Synodalen

Weg der Fall, wie hinsichtlich der Diözesanbischöfe ausdrücklich in Art 11 der Satzung festgehalten wurde.[6] Wenn Papst Franziskus an Pfingsten 2021 einen weltweiten Synodalen Weg ausgerufen hat, so ist zu hoffen, dass es sich um einen Diskurs handelt, der auf Argumente unter Nutzung aller Quellen setzt.

3. Aktion

Mit „Aktion" ist in diesem Zusammenhang gemeint, dass Fakten gesetzt und auf diesem Weg Veränderungen herbeigeführt werden. So bietet das geltende Kirchenrecht im Blick auf die Dienste und Ämter von Frauen Handlungsspielräume, die genutzt werden können, um Lai*innen stärker und entsprechend ihrer Charismen an der Gestaltung der Kirche in all ihren Grundvollzügen zu beteiligen. Im Blick auf liturgische Tätigkeiten ist es z. B. möglich, dass Lai*innen nach can. 759 CIC zum Taufen und nach can. 1112 § 1 zur Eheschließungsassistenz beauftragt werden können. Nach can. 517 § 2 kann ein Bischof auch Lai*innen und Diakone allein oder in einer Gemeinschaft mit der Leitung einer Pfarrei beauftragen. Jenseits des Ausschöpfens der Möglichkeiten von Lai*innen im Rahmen des Kirchenrechts lassen sich Fakten im Sinne der Geschlechtergerechtigkeit auch durch Quotierungen bei Leitungspositionen kirchlicher Einrichtungen, Räten und Gremien setzen. Es ist zu hoffen, dass sich die

---

6   Hier heißt es unter Punkt 5: „Beschlüsse der Synodalversammlung entfalten von sich aus keine Rechtswirkung. Die Vollmacht der Bischofskonferenz und der einzelnen Diözesanbischöfe, im Rahmen ihrer jeweiligen Zuständigkeit Rechtsnormen zu erlassen und ihr Lehramt auszuüben, bleibt durch die Beschlüsse unberührt." (Satzung des Synodalen Wegs, 7)

Kirche zunehmend an Frauen gewöhnt, die in Ordinariaten und Pfarreien leiten, die Beerdigungen durchführen, taufen, predigen und beim Sakrament der Ehe assistieren. Dabei ist allerdings zu berücksichtigen, dass Lai*innen bestimmte Aufgaben nach geltendem Kirchenrecht ausschließlich im Einzel- bzw. Notfall übernehmen dürfen – gemeint ist die Not an Priestern. Die Kirchenrechtlerin Sabine Demel bezeichnet die Canones daher „als eine Art Notstandsparagraph" (Demel 2008, 33). Der Kirchenrechtler Adrian Loretan beschreibt die Zumutung im Blick auf Frauen: „Denn sie sind als beauftragte Amtspersonen weitgehend nur Ersatzpersonen, Lückenbüßerinnen für geweihte Amtspersonen. Dies widerspricht einer gleichberechtigten Zulassung zu allen Ämtern. Die Frauen werden dieses Ausgeschlossensein im Kontext einer Rechtskultur der Gleichberechtigung nicht mehr hinnehmen." (Loretan, 64) Es kann gefragt werden, ob Frauen und Lai*innen, die sich für Aufgaben im Notfall des Priestermangels zur Verfügung stellen, nicht zu Agent*innen der Verzögerung echter Veränderung werden. Auf der anderen Seite können Lai*innen, wenn diese kirchenrechtlichen Gestaltungsräume genutzt werden, ihre Charismen leben und ihre Kompetenzen wirksam werden lassen. Und Menschen können davon profitieren – in Leitung, Verkündigung und Liturgie. Mit systemischem Blick und aus organisationsentwicklerischer Perspektive lässt sich überdies sagen: Veränderung beginnt dadurch, dass Fakten gesetzt werden. Das allerdings ist mit dem Aushalten von Zumutungen verbunden und darf nicht gegen die Notwendigkeit weiterer Auseinandersetzungen und Entwicklungen ausgespielt werden. Denn ganz grundlegend geht es um den sakramentalen Charakter der Kirche. Johanna Rahner und Adrian Loretan weisen je aus ihrer Perspektive als Dogmatikerin und Kirchenrechtler darauf hin, dass das geltende Kirchenrecht in Aporien führt. Loretan schreibt: „Wenn (...) die katholische Kirche die Bedeutung der Weihetradition nicht vernachlässigen will – und sie würde ihre theologische Identität verlieren, wenn sie es tun würde – wird sie Frauen, die heute als beauftragte Amtsperson handeln, in Zukunft weihen müssen." (Loretan, 63) Rahner konstatiert: „Entweder Sie entfernen alle Frauen aus jeglichen seelsorgerlichen, caritativen und kirchenleitenden Aufgabenfeldern der Catholica, die sie als echtes ‚Amt' in der Kirche ausüben, oder sie räumen die prinzipielle Möglichkeiten ein, dass diese Frauen auch geweiht werden könnten, um theologisch anzuzeigen, dass auch sie ihre Dienste in einem engeren, amtstheologischen Sinn, als ein auch sakramental zu bestärkendes kirchliches ‚Amtshandeln' in der *repraesentatio Christi* deuten (...)." (Rahner) Die Kirche muss sich mit diesen Aporien auseinandersetzen und fragen, mit welchen Menschen in welchen Diensten und wie ausgestatteten Ämtern sie ihrem Auftrag nachkommt.

Im Blick auf die meisten Leitungspositionen in kirchlichen Einrichtungen gibt es grundsätzlich für Lai*innen, d. h. Nicht-Ordinierte, keine Zugangsbeschränkungen. Gerade bei hohen Leitungspositionen greifen dann aber geschlechterdifferenzierende Mechanismen. Es gibt Frauen, die führen können und Kirche gestalten wollen. Es ist die Aufgabe der Organisation und vor allem der Entscheider(*innen), ihre Verantwortung bei der Erhöhung des Frauenanteils in Leitungspositionen zu übernehmen (vgl. ausführlich Qualbrink 2019a, 499–528). Das patriarchale, hierarchische Ständesystem der katholischen Kirche lässt sich aber nicht einfach verändern – so wie sich jedes System mit seinen Routinen gegen Veränderung wehrt. Kirchliche Organisationen machen es Frauen in Leitungspositionen oft nicht leicht.

Auch in der Kirche wirken gläserne Decken, Wände und Klippen. Hierbei handelt es sich um unsichtbare, oft unbewusste, aber rigide geschlechtsspezifische Grenzziehungen in Organisationen: das Verhindern des vertikalen Aufstiegs, das Betrauen mit strategisch weniger relevanten oder extrem riskanten Führungspositionen. Hinzu treten die nicht weniger rigiden klerikalen Decken und Wände: Positionen, Gremien und Kommunikationskanäle, zu denen aus formellen oder traditionellen Gründen nur Priester zugelassen sind (vgl. u. a. Qualbrink 2019a, 403ff.). Die Frauen in Leitungspositionen, die ich für meine Dissertation interviewt habe (vgl. Qualbrink 2019a), berichten von Männerbünden und Ausschlüssen, von Verletzungen, von der Infragestellung ihrer Kompetenz und vom Untergraben ihrer Autorität. Sie berichten aber auch, dass sie mit ihren Charismen und Kompetenzen gestalten können, dass sie dies mit Leidenschaft für die Kirche und zusammen mit besonderen und kompetenten Menschen in der Kirche tun und sie berichten, dass sie etwas mit dem System machen, dass ihre Anwesenheit und ihre Arbeit wirken. Ich nenne das „produktive Störung". Die Frage an das System ist: Wie wirksam lässt es sich stören? Und die Frage an die Frauen ist: Was lassen sie sich zumuten?

4. Rebellion

Am 15.03.2021 wurde das „Responsum" der Glaubenskongregation auf das „Dubium" veröffentlicht, ob die Kirche befugt sei, gleichgeschlechtliche Paare zu segnen. Auf das „Nein" aus Rom erfolgte in Deutschland ein vielstimmiges „Doch". Mit Regenbogenfahnen an Kirchenfassaden machten Pfarreien ihre Position und Solidarität öffentlich, Professor*innen der Theologie kritisierten, das Lehramt untergrabe seine eigene Autorität, wenn es wissenschaftliche Erkenntnisse ignoriere,[7] gut 2.600 Seelsorger*innen bekundeten in einer Petition, weiterhin Segensfeiern mit gleichgeschlechtlich liebenden Paaren zu feiern,[8] und Bischöfe äußerten öffentlich, eben dies nicht zu ahnden und forderten eine Neubewertung der Sexualität[9]. Der weitgehende Protest scheint ein Ausdruck dessen zu sein, dass viele Katholik*innen und Verantwortungsträger*innen in der Kirche der immer wieder in den Ohnmachtsgestus gekleideten Definitionsmacht des römischen Lehramts und der nicht stattfindenden Diskurse überdrüssig und vor allem immer wieder im Dissens mit den eigenen, tiefen Überzeugungen, wie Kirche in den Spuren Jesu Christi zu leben und zu gestalten ist, sind. Am 10.05.2021, einem der Gedenktage Noahs, fanden unter dem Motto #mehrliebe in 111 Kirchen in Deutschland Segensfeiern für Liebende statt. Am 17.05.2021, dem Tag der Apostelin Junia, rief die kfd zum zweiten Mal zum bundesweiten Predigerinnentag auf. An zwölf Orten predigten Frauen in Wortgottes- und Eucharistiefeiern. Diese Aktionen lassen sich im Anschluss an den Dogmatiker Daniel Bogner als „Rebellion" beschreiben. Er erklärt im Blick auf die aktuelle Situation: „Wir brauchen einen ‚pastoralen Ungehorsam'. Menschen müssen nicht gleich aus der Kirche austreten,

---

7 KNA, Rom-Kritik. 200 Theologie-Lehrende unterstützen Münsteraner Erklärung, online: www.kirche-und-leben.de/artikel/rom-kritik-200-theologie-lehrende-unterstuetzen-muensteraner-erklaerung/print.html.

8 Heinz, Joachim/KNA, 2600 Seelsorger protestieren gegen Rom (29. März 2021), online: www.tag-des-herrn.de/2600-seelsorger-protestieren-gegen-rom.

9 Bischof Overbeck für kirchliche Neubewertung von Homosexualität (19. März 2021), online: www.katholisch.de/artikel/29154-bischof-overbeck-fuer-kirchliche-neubewertung-von-homosexualitaet.

aber: Sie können die Platzanweisung verweigern, die ihnen vom System gegeben wird." Die Kirche vertrage eine „Rebellion im Namen der richtigen Anliegen": „...nämlich der biblischen Werte Gerechtigkeit, Barmherzigkeit und Nächstenliebe – dann verträgt die Kirche nicht nur Rebellion. Wir brauchen eine Revolution der Kirche." (Kappel)

5. Kreation

Schließlich sei noch eine Strategie genannt, die wegweisend für eine sich verändernde Kirche sein könnte: das Beschreiten neuer Wege, das Entwerfen neuer Formen, die Gestaltung der Kirche als Konsequenz aus einer wirklich *kreativen* Konfrontation von Evangelium und Existenz (vgl. auch Bucher 2012, 143). Vom Auftrag der Kirche her und in den Spuren des Gottes Jesu Christi werden Dienste und Ämter, Strukturen und Kulturen, Sozialformen und Liturgien weiterentwickelt und neu kreiert. Dies geschieht schon lange und an vielen Orten, ist aber aufzuwerten als Ausdruck einer lebendigen, vielfältigen Kirche, in der Charismen wirksam werden dürfen.

6. Austritt

Nicht verschwiegen werden soll, dass auch der Austritt eine Strategie ist, die letztlich die katholische Kirche verändert. Insbesondere im Zuge der Aufdeckung sexueller Gewalt und dem Umgang mit der Aufarbeitung, aber auch angesichts des Responsums aus Rom zur Frage der Segnungen gleichgeschlechtlich liebender Paare und resignierend im Ringen um Geschlechtergerechtigkeit und tiefgreifende Veränderungen verlassen Menschen die Kirche und treten aus. Darunter finden sich Menschen, die nicht gehen, weil ihnen die Kirche *nichts* bedeutet, sondern im Gegenteil: Sie gehen, *weil* ihnen die Kirche etwas bedeutet, oder genauer: weil ihnen die christliche Botschaft so viel bedeutet und sie diese in der und durch die Kirche nicht mehr verkörpert sehen. Wenn immer wieder vor einer „Spaltung der katholischen Kirche" gewarnt wird, so ist zu realisieren, dass diese Spaltung längst eingetreten ist – zunächst als Schisma in den Köpfen vieler Menschen, dann in ihrem Auszug aus der Kirche.

Kairos für eine geschlechtergerechte Kirche

Die sogenannte „Frauenfrage" führt über sich selbst hinaus zu der fundamentalen Frage nach den Geschlechtern in Theologie und Kirche. Es geht um Geschlechterbilder, um verschiedene Orte und Aufgaben, um Anerkennung und Diskriminierung, um alle Menschen jeglichen Geschlechts im Volk Gottes. Es geht in intersektionaler Perspektive um Hierarchisierungen aufgrund von Geschlecht und Stand, es geht um Macht und um die Begründung von Ausschlüssen, um die Sakramentalität der Kirche und seelsorgliche Erfordernisse in der Verwirklichung des Reiches Gottes, um Aufgaben, Dienste und Ämter und den im umfassenden Sinn *katholischen* Glauben. Die Taufformel im Brief des Apostels Paulus an die Gemeinde in Galatien erinnert an die Aufhebung der Relevanz intersektionaler Faktoren im Christentum: „Denn alle, die ihr in den Messias hineingetauft seid, habt den Messias angezogen wie ein Kleid. Da ist nicht jüdisch noch griechisch, da ist nicht versklavt noch frei, da ist nicht männlich und weiblich: denn alle seid ihr einzig-einig im Messias Jesus."

(Gal 3, 27f) Das griechische Wort „Kairos" bezeichnet einen günstigen Zeitpunkt bzw. einen entscheidenden Augenblick. Für eine geschlechtergerechte Kirche ist jetzt solch ein Kairos. Menschen verschiedenen Geschlechts engagieren sich um Gottes, der Menschen und der Kirche willen. Sie hören zu und lassen sich aufeinander ein, sie argumentieren, agieren, rebellieren und werden kreativ, weil sie vom Gott Jesu Christi überzeugt sind und der Kirche noch zutrauen, Zeichen und Werkzeug dieses Gottes Jesu Christi zu sein. Ob sie das dauerhaft in oder jenseits der institutionalisierten Kirche tun, hängt davon ab, ob sich die institutionalisierte Kirche als eine erweist, in der Exploration, Argumentation, Aktion, Emotion, Rebellion und Kreation wirksam werden dürfen. Es wäre eine Kirche in den Spuren Jesu Christi.

Literatur

Ahlers, Stella, Gleichstellung der Frau in Staat und Kirche – ein problematisches Spannungsverhältnis, Münster 2006.

Bode, Franz-Josef (Hg.), Als Frau und Mann schuf er sie. Über das Zusammenwirken von Frauen und Männern in der Kirche, Paderborn 2013.

Bucher, Rainer, Die neue Ordnung der Geschlechter und die Ohnmacht der katholischen Kirche. Zum Ausklingen der patriarchalen Definitionsmacht, in: Eder, Sigrid/Fischer, Irmtraud (Hg.): „…männlich und weiblich schuf er sie…" (Gen 1,27). Zur Brisanz der Geschlechterfrage in Religion und Gesellschaft, Innsbruck 2009, 281–296.

Bucher, Rainer, Wenn nichts bleibt, wie es war. Zur prekären Zukunft der katholischen Kirche, Würzburg 2012.

Demel, Sabine, Frauen und kirchliches Amt. Grundlagen – Grenzen – Möglichkeiten, Freiburg i. Br. 2012.

Demel, Sabine, Gleichwertig, aber nicht gleichberechtigt? Kleriker – Laien – Frauen in der katholischen Kirche, in: Emig, Rainer/Demel, Sabine (Hg.): Gender – Religion (Regensburger Beiträge zur Gender-Forschung 2) Heidelberg 2008, 27–45.

Dreßing, Harald et al., Sexueller Missbrauch an Minderjährigen durch katholische Priester, Diakone und männliche Ordensangehörige im Bereich der Deutschen Bischofskonferenz (MHG-Studie). Mannheim – Heidelberg – Gießen 2018, online: www.dbk.de/fileadmin/redaktion/diverse_downloads/dossiers_2018/MHG-Studie-gesamt.pdf.

Eckholt, Margit, Frauen in kirchlichen Ämtern: amtstheologische Perspektiven im Ausgang vom II. Vatikanischen Konzil und die Verbindlichkeit von Ordinatio sacerdotalis, in: Dies u. a. (Hg.), Frauen in kirchlichen Ämtern: Reformbewegungen in der Ökumene, Freiburg i. Br. 2018, 342–374.

Essen, Georg, The „Invention of Tradition". Führung und Macht jenseits der Theologie des 19. Jahrhunderts, in: Jürgens, Benedikt/Sellmann, Matthias (Hg.), Wer entscheidet, wer was entscheidet? Zum Reformbedarf kirchlicher Führungspraxis, Freiburg i. Br. 2020, 159–174.

Gruber, Margareta, „Frau, dein Glaube ist groß". Ermutigungen zu einer Konversio, in: Bode, Franz-Josef (Hg.), Als Frau und Mann schuf er sie. Über das Zusammenwirken von Frauen und Männern in der Kirche, Paderborn 2013, 37–54.

Heimbach-Steins, Marianne, Die Gender-Debatte – Herausforderungen für Theologie und Kirche (Kirche und Gesellschaft 422), Köln 2015.

Heimbach-Steins, Marianne, Ein Dokument der Defensive. Kirche und Theologie vor der Provokation durch die Genderdebatte, in: Herder Korrespondenz 58 (9/2004), 443–447.

Kappel, Lena im Interview mit Daniel Bogner, "Wir brauchen einen pastoralen Ungehorsam", online: www.t-online.de/region/koeln/news/id_89631618/koeln-theologe-stellt-woelki-fatales-zeugnis-aus-und-fordert-revolution-der-kirche.html.

Kasper, Walter, Das Zusammenwirken von Frauen und Männern in Leben und Dienst der Kirche, in: Bode, Franz-Josef (Hg.), Als Frau und Mann schuf er sie. Über das Zusammenwirken von Frauen und Männern in der Kirche, Paderborn 2013, 11–28.

Kirschner, Martin, Erneuerung im Widerspruch. Konflikte als Ort theologischer Erkenntnis, in: Arbeitsgemeinschaft Ständiger Diakonat in Deutschland (Hg.): Jahresheft 2021 mit Dokumentationen der Online-Jahrestagung „Der Ständige Diakonat und der Synodale Weg", Bamberg, 12–17.

Loretan, Adrian, Frauen in kirchlichen Ämtern. Eine rechtliche Standortbestimmung, in: Buser, Denise/Ders. (Hg.), Gleichstellung der Geschlechter und die Kirchen. Ein Beitrag zur menschenrechtlichen und ökumenischen Diskussion (Freiburger Veröffentlichungen zum Religionsrecht 3), Freiburg (Schweiz) 1999, 52–70.

Marschütz, Gerhard, Wachstumspotenzial für die eigene Lehre. Zur Kritik an der vermeintlichen Gender-Ideologie, in: Herder Korrespondenz 68 (9/2014), 457–462.

Qualbrink, Andrea, Frauen in kirchlichen Leitungspositionen. Möglichkeiten, Bedingungen und Folgen der Gestaltungsmacht von Frauen in der katholischen Kirche, Stuttgart 2019a.

Qualbrink, Andrea, Studie „Frauen in Leitungspositionen deutscher Ordinariate/Generalvikariate 2018". Studie im Auftrag der Deutschen Bischofskonferenz, 2019b, online: www.dbk.de/fileadmin/redaktion/diverse_downloads/presse_2019/2019-035d-FVV-Lingen-Studie-Frauen-Leitungsposition.pdf.

Qualbrink, Andrea, von Notnägeln und Nagelproben. Frauen in der katholischen Kirche, in: Haslinger, Herbert (Hg.), Wege der Kirche in die Zukunft der Menschen. 50 Jahre nach Beginn der „Würzburger Synode", Freiburg i. Br. 2021, 84–111.

Rahner, Johanna, Frauen in kirchlichen Leitungsämtern – Gegenwart und Zukunft. Unveröffentlichtes Vortragsmanuskript, 2019.

Rath, Philippa (Hg.), „Weil Gott es so will". Frauen erzählen von ihrer Berufung zur Diakonin und Priesterin, Freiburg i. Br. 2021.

Satzung des Synodalen Wegs, online: www.synodalerweg.de/fileadmin/Synodalerweg/Dokumente_Reden_Beitraege/Satzung-des-Synodalen-Weges.pdf.

Vorbereitendes Forum Frauen in Diensten und Ämtern in der Kirche, Abschlussbericht der Arbeitsgruppe zur Vorbereitung des Synodalforums; online: www.synodalerweg.de/fileadmin/Synodalerweg/Dokumente_Reden_Beitraege/SW-Vorlage-Forum-III.pdf.

Bibliographischer Nachweis der lehramtlichen Texte: S. 283
[Links alle zuletzt eingesehen am 05. Juni 2021]

Von den Autor*innen zitierte lehramtliche Schreiben in chronologischer Reihenfolge

Papst Johannes XXIII., Enzyklika *Pacem in terris* über den Frieden unter allen Völkern in Wahrheit, Gerechtigkeit, Liebe und Freiheit, 11. April 1963. online: www.vatican.va/content/john-xxiii/de/encyclicals/documents/hf_j-xxiii_enc_11041963_pacem.html. [PT]

Zweites Vatikanisches Konzil, Dogmatische Konstitution *Lumen Gentium* über die Kirche, online: www.vatican.va/archive/hist_councils/ii_vatican_council/documents/vat-ii_const_19641121_lumen-gentium_ge.html. [LG]

Zweites Vatikanisches Konzil, Pastorale Konstitution *Gaudium et spes* über die Kirche in der Welt von Heute, online: www.vatican.va/archive/hist_councils/ii_vatican_council/documents/vat-ii_const_19651207_gaudium-et-spes_ge.html. [GS]

Dokument der II. Generalversammlung des lateinamerikanischen Episkopats, Medellín 1968, dt. Übersetzung in: Die Kirche Lateinamerikas. Dokumente der II. und III. Generalversammlung des Episkopats von Lateinamerika und der Karibik in Medellín und Puebla. (Stimmen der Weltkirche Nr. 8.) hg. vom Sekretariat der Deutschen Bischofskonferenz, Bonn o.J. [Dokument von Medellín]

Dokument der III. Generalversammlung des lateinamerikanischen Episkopats, Puebla 1979, dt. Übersetzung in: Die Kirche Lateinamerikas. Dokumente der II. und III. Generalversammlung des Episkopats von Lateinamerika und der Karibik in Medellín und Puebla (Stimmen der Weltkirche Nr. 8.) hg. vom Sekretariat der Deutschen Bischofskonferenz, Bonn o.J. [Dokument von Puebla]

Papst Johannes Paul II., Apostolisches Schreiben Mulieris dignitatem über die Würde und Berufung der Frau anläßlich des Marianischen Jahres, 15.08.1988 (Verlautbarungen des Apostolischen Stuhls 86), hg. vom Sekretariat der Deutschen Bischofskonferenz, Bonn 1988. [MD]

Schlussdokument der IV. Generalversammlung des lateinamerikanischen Episkopats in Santo Domingo 1992, Neue Evangelisierung. Förderung des Menschen. Christliche Kultur (Stimmen der Weltkirche 34), hg. vom Sekretariat der Deutschen Bischofskonferenz, Bonn 1992. [Santo Domingo 1992]

Papst Johannes Paul II., Apostolisches Schreiben *Ordinatio sacerdotalis* über die nur Männern vorbehaltene Priesterweihe, 22.05.1994 (Verlautbarungen des Apostolischen Stuhls 117), hg. vom Sekretariat der Deutschen Bischofskonferenz, Bonn 2. Aufl. 1995. [OS]

Kongregation für die Glaubenslehre, Erklärung *Inter insigniores* zur Frage der Zulassung der Frauen zum Priesteramt, 15.10.1976 (Verlautbarungen des Apostolischen Stuhls 117), hg. vom Sekretariat der Deutschen Bischofskonferenz, Bonn 2. Aufl. 1995. [II]

Kongregation für die Glaubenslehre, Schreiben über die Zusammenarbeit von Mann und Frau in der Kirche und in der Welt, 31.07.2004 (Verlautbarungen des Apostolischen Stuhls 166), hg. vom Sekretariat der Deutschen Bischofskonferenz, Bonn 2004. [Schreiben über die Zusammenarbeit von Mann und Frau]

Schlussdokument der V. Generalversammlung des Episkopats von Lateinamerika und der Karibik 2007, Aparecida. (Stimmen der Weltkirche 41), hg. vom Sekretariat der Deutschen Bischofskonferenz, Bonn 2007. [Aparecida 2007]

Bischofssynode – III. Außerordentliche Generalversammlung, Instrumentum Laboris: Die pastoralen Herausforderungen im Hinblick auf die Familie im Kontext der Evangelisierung, Vatikanstadt 2014, online: www.vatican.va/roman_curia/synod/documents/rc_synod_doc_ 20140626_instrumentum-laboris-familia_ge.html. [IL 2014]

Papst Franziskus, Nachsynodales Apostolisches Schreiben *Amoris laetitia* (Verlautbarungen des Apostolischen Stuhls 204), hg. vom Sekretariat der Deutschen Bischofskonferenz, Bonn 2016. [AL]

Papst Franziskus, Apostolische Konstitution *Episcopalis Communio*. Über die Bischofssynode, 15.09.2018, online: http://www.vatican.va/content/francesco/de/apost_constitutions/documents/papa-francesco _costituzione-ap_20180915_episcopalis-communio.html. [EC]

Bischofssynode – Sonderversammlung für Amazonien (6.-27.10.2019), Amazonien. Neue Wege für die Kirche und für eine ganzheitliche Ökologie. Instrumentum Laboris, 17. Juni 2019, hg. v. Misereor, Übersetzung aus dem Spanischen: Norbert Arntz, Thomas Schmidt, Aachen 2019. [IL 2019]

Bischofssynode – Sonderversammlung für Amazonien (6.-27.10.2019), Amazonien. Neue Wege für die Kirche und für eine ganzheitliche Ökologie. Schlussdokument, 25. Oktober 2019, hg. v. Misereor, Übersetzung aus dem Spanischen: Norbert Arntz, Aachen 2019. [SDOK 2019]

Papst Franziskus, Nachsynodales Apostolisches Schreiben *Querida Amazonía* an das Volk Gottes und an alle Menschen guten Willens (Verlautbarungen des Apostolischen Stuhls 222), hg. vom Sekretariat der Deutschen Bischofskonferenz, Bonn 2020. [QA]

Papst Franziskus, Apostolisches Schreiben *Sripturae Sacrae Affectus*, 30. September 2020, online: www.vatican.va/content/francesco/de/apost_ letters/documents/papa-francesco-lettera-ap_20200930_scripturae -sacrae-affectus.html. [SSA]

Papst Franziskus, Enzyklika *Fratelli tutti* (Verlautbarungen des Apostolischen Stuhls 227), hg. vom Sekretariat der Deutschen Bischofskonferenz, Bonn 2020. [FT]

Papst Franziskus, Motu proprio *Spiritus Domini*, 15. Januar 2021, online: www.vatican.va/content/francesco/en/motu_proprio/documents/

papa-francesco-motu-proprio-20210110_spiritus-domini.html. [SD]

[Links alle zuletzt eingesehen am 05. Juni 2021]

Autor*innen

Jadranka Sr. Rebeka Anić, Dr. theol., wissenschaftliche Forschungsberaterin am Institut für Sozialwissenschaften Ivo Pilar, Regionalzentrum Split, Kroatien; Mitglied der Kongregation der Franziskanischen Schulschwestern Christ-König. Aktuelle Publikation: „Marija Magdalena: od Isusove učenice do filmske bludnice. Teološko-kulturalna analiza".

Dorothee Becker, geb. 1964. Theologiestudium in Bonn und eine längere Familienphase (zwei erwachsene Kinder); seit 2005 Pfarreiseelsorgerin in Basel und seit November 2020 Gemeindeleiterin in Riehen/Basel-Stadt.

Christine Boehl ist Referentin der CDU/CSU-Bundestagsfraktion. Sie hat an der Universität Tübingen katholische Theologie, Geschichte und Politikwissenschaft studiert. Von 2014 bis 2019 war sie Vizepräsidentin des Katholischen Deutschen Frauenbundes e.V. (KDFB) und ist seit 2011 Mitglied der Theologischen Kommission des KDFB.

Sr. Daniela Cannavina, Mitglied der *Hermanas Capuchinas de Madre Rubatto* (Kapuzinerschwester von Mutter Rubatto), argentinische Staatsangehörigkeit. Professorin für Religionswissenschaften und Lizentiat in Dogmatischer Theologie der Päpstlichen Katholischen Universität Argentiniens (UCA). Derzeit Generalsekretärin der Lateinamerikanischen und Karibischen Vereinigung der Ordensleute (CLAR).

Margit Eckholt, Dr. theol., Dr. h. c., Professorin für Dogmatik mit Fundamentaltheologie an der Universität Osnabrück. Leiterin des Stipendienwerkes Lateinamerika-Deutschland e. V. (Intercambio cultural latinoamericano-alemán ICALA), Vize-Präsidentin der Europäischen Gesellschaft für katholische Theologie, Mitglied im Leitungsteam des Projekts Interkontinentaler Kommentar der Dokumente des Zweiten Vatikanischen Konzils. Wissenschaftliche Schwerpunkte: Interkulturelle Dogmatik; Zweites Vatikanisches Konzil; Theologie, Kirche und Kultur in Lateinamerika; Kirche und Frauen. Sie ist Mitglied des Forums „Frauen in Diensten und Ämtern in der Kirche" des Synodalen Wegs.

Sr. Makrina Finlay, DPhil Oxon, Benediktinerin in der Abtei St. Scholastika in Dinklage, Deutschland. Sie studierte Englisch und Geschichte an der Azusa Pacific University (1999) und promovierte in moderner Geschichte an der University of Oxford (2004). Sie ist Fakultätsmitglied der *School of Theology* an der St. John's University in Minnesota (USA), wo sie regelmäßig monastische Lebensformen lehrt. Sie ist Vorstandsmitglied von *Global Covenant Partners* und der Kardinal-von-Galen-Stiftung in Burg Dinklage.

Zuzanna Flisowska-Caridi hat Kunstgeschichte und Theologie in Warschau absolviert. Seit 2018 ist sie verantwortlich für das Büro von *Voices of Faith* in Rom; Mitglied im Forum „Frauen in Diensten und Ämtern in der Kirche" des Synodalen Wegs der katholischen Kirche in Deutschland.

Sr. Irene Gassmann, geb. 1965. Mit 21 Jahren Eintritt ins Benediktinerinnenkloster Fahr bei Zürich (www.kloster-fahr. ch). 1989-1993 Ausbildung zur Fachlehrerin Hauswirtschaft, danach 10 Jahre Schulleiterin und Fachlehrerin an der klostereigenen Bäuerinnenschule. Seit 2003 ist sie Priorin des Klosters Fahr; außerdem Mitglied im Kernteam „Für eine Kirche mit* den Frauen" und #Junialnitiative. Mitinitiatorin vom „Gebet am Donnerstag" (www.gebet-am-donnerstag.ch).

Sr. Jean Goulet c. s.c, geboren und aufgewachsen in der Stadt Renfrew im Ottawa-Tal, führte ihr Studium sie nach Ottawa, Rom, Boston und Toronto. Seit 65 ist sie *Sister of Holy Cross* (Schwester vom Heiligen Kreuz); sie war Lehrerin in der Provinz Ontario, Pfarrhelferin in Lake Cowichan auf Vancouver Island, Koordinatorin der Pastoralen Dienste für die Erzdiözese Ottawa und Leiterin des Büros für ökumenische und interreligiöse Beziehungen der Kanadischen Bischofskonferenz. Seit Jahren engagiert sie sich für den interreligiösen Dialog. Sie ist Gründungsmitglied sowohl der *Organisation for Spiritual Care in Secondary Schools* als auch der *Multifaith Housing Initiative*. Heute kümmert sie sich vorrangig um die Schwestern ihrer Kongregation und arbeitet ehrenamtlich mit Menschen aus verschiedenen religiösen Traditionen, um eine gerechtere und friedlichere Gesellschaft zu schaffen.

Nontando Hadebe, Dr. theol, katholische Laientheologin. Sie unterrichtet in Teilzeit am St. Augustine College of South Africa in Johannesburg und gibt darüber hinaus einen Online-Kurs zum Thema „Geschlecht und soziale Gerechtigkeit – afrikanisch-theologische Perspektiven" am Catherine of Siena College der University of Roehampton in London. Sie ist Mitglied mehrerer Organisationen, darunter *The Circle of Concerned African Women Theologian* und *Catholic Women Speak*, und hat ein regelmäßiges Programm bei Radio Veritas.

Claire Heron ist Gründerin, Moderatorin und lebenslange Unterstützerin von Frauen in der Kirche. Sie ist u. a. Gründungsvorsitzende der *Catholic Women's Leadership Foundation* (2015), war lange Jahr im Vorstand der *Catholic Women's League of Canada* (CWL) und erste römisch-katholische Delegierte Kanadas bei der *World Union of Catholic Women's Organizations* (WUCWO). Sie hat ihre vielen Positionen in diözesanen, nationalen und internationalen Organisationen genutzt, um die Rolle der Frauen voranzubringen und Wachstum und Verständnis zwischen Glaubensgruppen zu fördern.

Regina Heyder, Dr. theol., Theologin und Kirchenhistorikerin, ist Dozentin des Theologisch-Pastoralen Instituts in Mainz. Seit 2014 ist sie ehrenamtliche Vorsitzende der Theologischen Kommission des Katholischen Deutschen Frauenbunds e.V (KDFB). Sie forscht zur mittelalterlichen Exegesegeschichte, zu Frauenbewegungen, dem Zweiten Vatikanischen Konzil und zu spirituellem und sexuellem Missbrauch an erwachsenen Frauen.

Lena Jäger gehört zu den Initiatorinnen des Frauen*Volksbegehrens, ist bis heute Obfrau* des Vereins und Sprecherin. Als Projektleiterin war sie maßgeblich für die Strategie und die Umsetzung des F*VBs verantwortlich. Geboren und aufgewachsen in Norddeutschland, studierte sie in Berlin und ab 2003 in Wien. Sie hat einen Bachelor in Musikwissenschaften. Sie war und ist tätig als Lehrende, Projektmanagerin und Consultant in verschiedenen Branchen. Seit dem Frauen*Volksbegehren arbeitet sie vor allem in der politischen Kommunikation.

Sr. Nuala Kenny SC, CO, MD, FRCP, Mitglied der *Sisters of Charity of Halifax* (Schwester der Nächstenliebe aus Halifax), Nova

Scotia, Kanada, pensionierte Kinderärztin und Medizinethikerin und *Officer of the Order of Canada*. Sie war Beraterin der Kanadischen Konferenz der Katholischen Bischöfe CCCP zum Thema sexueller Missbrauch durch Kleriker. Sie war Präsidentin der Kanadischen Gesellschaft für Kinderheilkunde und der Kanadischen Gesellschaft für Bioethik und ist jetzt emeritierte Professorin an der Dalhousie University, Halifax, Kanada.

Judith Klaiber, Dr.in theol., geb. 1988, ist Ombudsperson im Finanzbereich. Zuvor war sie Assistenz-Professorin am Institut für Pastoraltheologie an der Katholischen Privat-Universität Linz. Sie wurde 2018 an der Universität Wien mit der Arbeit zu „Werte:Bildung in Führung" promoviert. Berufliche Stationen waren u. a. Referentin für Führungskräfte in der Diözese Rottenburg-Stuttgart und Universitätsassistentin an der Universität Wien. Im Rahmen dieser Anstellung hat sie den neu gegründeten Forschungsverbund „Interdisziplinäre Werteforschung" mit den Drittmittelprojekten „European Values Study 2018" und „Wertebildung: Inhalte – Orte – Prozesse" koordiniert und organisiert.

Mara Klein, geb. 1996, studiert in Halle/Saale katholische Religion und Englisch auf Lehramt, U30 Mitglied der Synodalversammlung und Mitglied im Forum „Leben in gelingenden Beziehungen – Liebe leben in Sexualität und Partnerschaft".

Karin Klemm, geb. 1964, Studium der Katholischen Theologie in Tübingen, danach Arbeit in der Pfarreiseelsorge und über 20 Jahre in der Spital- und Psychatrieseelsorge. Heute ist sie Hospizseelsorgerin, wo sie erlebt, dass kirchliches Engagement für die Würde aller Menschen viel glaubwürdiger wäre, wenn die katholische Kirche auch in ihren Strukturen abbilden würde, dass gleiche Würde von gleichen Rechten nicht zu trennen ist. Außerdem ist sie in der Aus- und Weiterbildung von Seelsorger*innen an der Hochschule Luzern und im *Clinical Pastoral Training* (CPT; cpt-seelsorge.ch) engagiert. Sie lebt mit Ehepartner und knapp erwachsenem Sohn und altem Kater in Baden (Kanton Aargau).

Janice Kristanti schloss 2019 den *Master of Divinity* und 2021 den *Master of Theology* an der Saint John's School of Theology and Seminary in Collegeville, Minnesota, ab. Sie arbeitet an der *School of Theology and Seminary* als Graduate Assistant und als Interfaith Student Leader am *Jay Phillips Center for Interfaith Learning* der Saint John's University. Ihr Forschungsinteresse umfasst das Weltchristentum und den interreligiösen Dialog in Asien. Sie wuchs in Jakarta, Indonesien, auf.

Sr. Mary John Mananzan OSB, Dr. theol., geb. 1937. Sie trat im Alter von 19 Jahren in die Ordensgemeinschaft der Missionsbenediktinerinnen ein, studierte und promovierte in Münster und Rom. In Manila gründete sie das Institut für Frauenstudien und ist auf den Philippinen einer breiten Öffentlichkeit, u. a. durch ihre Schriften und ihre im Fernsehen ausgestrahlten Talksendung *„Nun-Sense makes Sense"* bekannt. Schwester Mary John setzt sich seit vielen Jahren für Freiheit, Menschenrechte und gegen Gewalt an Frauen ein; für ihren Einsatz wurde sie bereits mit vielen internationalen Preisen ausgezeichnet und im Jahr 2011 – zum 100. Jubiläum des Internationalen Frauentags – in den Kreis der 100 wichtigsten Persönlichkeiten der Welt aufgenommen.

Sr. Caroline N. Mbonu, HHCJ, PhD, ist Mitglied der *Congregation of the Handmaid of the Holy Child Jesus* (Dienerinnen des heiligen Kindes Jesus) und Professorin für Neutestamentliche Studien in der Abteilung für Religiöses und Kulturelles an der Universität von Port Harcourt, Nigeria. Sie ist eine interdiszi-plinär arbeitende Wissenschaftlerin mit Forschungsinteresse an der kontextuellen Lektüre von heiligen Texten und Gender-Hermeneutik. Sie hat zahlreiche wissenschaftliche Arbeiten veröffentlicht.

Sr. Judith Sakwa Omusa OSB, geb. 1978, ist Mitglied der *Grace & Compassion Benedictines* (Benediktinerinnen von der Gnade und der Barmherzigkeit). Sie hat die Leidenschaft und den Traum, Jugendliche zu bestärken, Gott als Ordensmän-ner und -frauen zu dienen, besonders heutzutage, in denen viele junge Menschen das Gefühl haben, dass das religiöse Leben an Bedeutung verloren hat. Der Traum mag unerreich-bar erscheinen, aber sie glaubt, dass ihre Entschlossenheit und ihr Glaube an Gott dies möglich machen werden.

Andrea Qualbrink, Dr. theol., Referentin im Stabsbereich Strategie und Entwicklung im Bischöflichen Generalvikariat des Bistums Essen. Sie ist befasst mit Fragen der Organisa-tions-, Personal- und Kirchenentwicklung, promovierte über Frauen in kirchlichen Leitungspositionen, erhob für die Deut-sche Bischofskonferenz 2013 und 2018 den Frauenanteil in Leitungspositionen deutscher Ordinariate und entwickelte das Programm „Kirche im Mentoring – Frauen steigen auf" des Hildegardis-Vereins e. V. mit. Sie ist Mitglied des Forums „Frauen in Diensten und Ämtern in der Kirche" auf dem Syn-odalen Weg.

Sr. Birgit Weiler MMS, Dr. theol., Mitglied der Ordensge-meinschaft der Missionsärztlichen Schwestern, seit 1988 in

Peru; Professorin für Praktische Theologie an der Päpstlichen Katholischen Universität in Lima. Seit fast zehn Jahren arbeitet sie außerdem zusammen mit dem Apostolischen Vikariat von Jaén (Peru) in der interkulturellen Weiterentwicklung der Pastoral mit den ursprünglichen Völkern *Awajún* und *Wampis* im Amazonasgebiet Perus. Gegenwärtig ist sie Mitglied des Gremiums von Theologinnen und Theologen des Bischofsrates für Lateinamerika und die Karibik (CELAM).

Herausgabe, Übersetzung und Redaktion

Anna-Nicole Heinrich, geb. 1996, ist seit April 2020 wissenschaftliche Hilfskraft an der Professur für Pastoraltheologie und Homiletik an der Universität Regensburg. Nach dem grundlegenden Studium der Philosophie absolviert sie im Moment die Masterstudiengänge Menschenbild & Werte und Digital Humanities. Seit Mai 2021 ist sie Präses der Synode der Evangelischen Kirche in Deutschland.

Magdalena Hürten, seit April 2020 wissenschaftliche Mitarbeiterin an der Professur für Pastoraltheologie und Homiletik an der Universität Regensburg, studierte katholische Theologie und *Political and Social Studies* in Münster, Würzburg und Leuven und promoviert nun zur Gründungsgeschichte eines Frauenordens unter besonderer Berücksichtigung von Macht- und Geschlechterverhältnissen.

Ute Leimgruber, Dr. theol., geb. 1974, Professorin für Pastoraltheologie und Homiletik an der Universität Regensburg. Sie ist Mitglied der Theologischen Kommission des Katholischen Deutschen Frauenbunds (KDFB) und Schriftleiterin der Zeitschrift *Lebendige Seelsorge*. Forschungsschwerpunkte: diakonische Präsenz der Kirche in der Gegenwart und theologisch-feministische Forschung, v. a. zu spirituellem und sexuellem Missbrauch an erwachsenen Frauen; Mitherausgeberin von „Erzählen als Widerstand". Sie ist Mitglied des Forums „Frauen in Diensten und Ämtern in der Kirche" des Synodalen Wegs in Deutschland.

Stichwortverzeichnis

Frauen stören

Katharina Ganz hat sich in den Diskussionen um die Rolle der Frauen in der katholischen Kirche pointiert und unerschrocken geäußert.

Dabei stellt sie klar, dass diese ihren unschätzbaren Beitrag für das Leben und Miteinander nur dann glaubhaft vermitteln kann, wenn ihre Strukturen, die Verteilung von Macht, der Umgang mit den eigenen Mitgliedern und Ressourcen dem Geist Jesu Christi entsprechen.

In diesem Buch erzählt die Franziskanerin von eigenen Erlebnissen wie z.B. einer Begegnung mit Papst Franziskus, und lässt nicht locker bei der Frage, warum Frauen nicht die gleichen Rechte wie Männer haben können.

Katharina Ganz
Frauen stören
Und ohne sie hat Kirche keine Zukunft

200 Seiten · 12 × 20 cm · Broschur
ISBN 978-3-429-05674-2

Auch als eBook:
ISBN 978-3-429-05155-6
ISBN 978-3-429-06531-7

www.echter.de